프레네의 「페다고지 불변요소」 읽기

페다고지를
위하여

프레네의 『페다고지 불변요소』 읽기

페다고지를 위하여

초판 1쇄 인쇄 2017년 12월 22일
초판 1쇄 발행 2017년 12월 31일

지은이 박찬영
펴낸이 김승희
펴낸곳 도서출판 살림터

기획 정광일
편집 조현주
북디자인 꼬리별

인쇄·제본 (주)현문
종이 월드페이퍼(주)

주소 서울시 양천구 목동동로 293, 22층 2215-1호
전화 02-3141-6553
팩스 02-3141-6555
출판등록 2008년 3월 18일 제313-1990-12호
이메일 gwang80@hanmail.net
블로그 http://blog.naver.com/dkffk1020

ISBN 979-11-5930-053-0 03370

이 도서의 국립중앙도서관 출판예정도서목록(CIP)은 서지정보유통지원시스템 홈페이지(http://seoji.nl.go.kr)와 국가자료공동목록시스템(http://www.nl.go.kr/kolisnet)에서 이용하실 수 있습니다.
(CIP제어번호: 2017035147)

프레네의 『페다고지 불변요소』 읽기

페다고지를
위하여

박찬영 지음

살림터

프레네 페다고지, 학교교육의 결을 바꾸다

해 질 녘이면 미라보다리를 건너 앙드레 시트로엥 공원을 거닐다 따뜻한 바게트 하나를 품고 집으로 돌아오곤 했다. 여러 해를 프랑스어로 된 논저를 읽고, 글을 쓰고 옮기며, 그러다 저녁에는 파리 지역을 산책하며 보냈다. 내 산책에는 꽤 많은 이들, 루소, 콩디야크, 디드로, 엘베시우스, 자코토, 뷔송, 뒤르켐, 타르드, 바슐라르, 클라파레드, 드크롤리, 몬테소리, 페리에르, 피아제, 캉길렘, 프레네, 우리Oury 형제, 푸코, 부르디외, 들뢰즈와 가타리 등이 동행해주었다. 그중에서도 프레네의 사유와 실천은 오랫동안 내 산책길의 명상의 좋은 대상이었다. 아마도 그건 나 자신, 20여 년 페다고지를 연구하고 실천하면서 그래도 풀리지 않은 의문을 던졌을 때, 이들 물음에 답해줄 수 있었던 몇 안 되는 페다고그가 프레네였기 때문일 것이다.

20대부터 60대까지 프레네의 글은 여러 색깔을 가지고 있다. 1920년대에 쓴 초기 에세이를 읽을 때는 실천적인 면에서 광자狂者로 사는 후배를 (혹은 과거의 나 자신을) 보는 듯했고, 30대의 그가 발군의 페다고지 테크닉을 구가할 때는 훌륭한 동료 교사를 보는 듯했다. 프레네가 40, 50대에 이르러, 페다고지의 술어를 발명해가며 자신의 페다고시를 이론적으로 정당화했을 때는 나의 동료 철학자를 보는 듯했고, 프레네 페다고지Freinet Pedagogy를 완성해가던 60대의 그에게서는, 여전히 존경의 염을 가지고 바라보면서도 여러 가지 이유로 때로는 안쓰러움을 느끼기도 했다.

셀레스탱 프레네Célestin Freinet는 20세기 페다고지 역사상 가장 실천적이면서, 동시에 자신의 페다고지를 이론적으로 정당화한 인터내셔널한 페다고그였다. 프레네 페다고지가 20세기의 가장 국제적인 페다고지라는 것은 1986년에 출간된 프레네 페다고지에 관한 서지 목록 연구가 잘 보여준다. 그의 주요 저서는 1978년 이전에 이미 독일, 아르헨티나, 쿠바, 덴마크, 스페인(카스티야어, 카탈루냐어, 바스크어), 그리스, 헝가리, 일본, 리비아, 멕시코, 이탈리아, 노르웨이, 네덜란드, 폴란드, 포르투갈, 스웨덴, 베트남, 구소련에서 번역되었고, 그의 교육사상은 1986년까지 독일, 아르헨티나, 벨기에(프랑스어권, 네덜란드어권), 베냉, 브라질, 캐나다, 콜롬비아, 덴마크, 스페인, 미국, 핀란드, 프랑스, 영국, 헝가리, 인도, 이탈리아, 일본, 리비아, 네덜란드, 폴란드, 스웨덴, 스위스(독일어권, 프랑스어권), 튀니지, 구소련, 유고슬라비아에서 연구되었다.

물론 소수이지만, 우리나라에도 프레네 페다고지를 연구하고 실천하는 이들이 있다. 우리의 경우 프레네 페다고지에 관한 서너 권의 안내 및 연구서가 있고, 대안학교로서 프레네 페다고지를 실천하는 학교도 존재한다. 하지만 모든 페다고지의 도입과 유행이 그러하듯이 교사들의 관심은 대개 '프레네 테크닉'에 대한 관심을 크게 넘어서지 못한다. 프레네 '테크닉'에 대한 관심의 함몰은 프레네 페다고지에 대한 진지한 소개(번역) 및 이해의 결여와 맞물려 있다. 일각에서 프레네 페다고지에 대한 실천의 목소리는 있었지만, 프레네의 주요 저서가 단 한 권도 번역되어 있지 않은 것이 우리의 현실이 아닌가?

프레네 페다고지에 관한 안내 및 연구서에 국한할 때조차, 그것이 충분하지 못하다고 느끼는 것은 단순히 '프랑스어 원서'라는 언어 문제 때문만은 아니다. 프레네 페다고지는 초기, 중기, 후기를 거치면서 성장 발전했기에, 프레네의 주요 저서 전체를 읽어내야 하는 어려움이 있다. 게다가 프레네 페다고지는 프레네가 프랑스어권의 여러 페다고지를 충실하게 흡수하고 수정하며 자신의 것으로 만든 것이기 때문에, 프레네 페다고지를 이해하려면 프레네 이전의 페다고지에 대한 이해가 선결 과제로 놓여 있다. 프레네 페다고지에는 프레네가 청년 시절부터 읽어왔던 클라파레드, 드크롤리, 몬테소리, 페리에르의 주요 저서와 대결한 흔적들이 곳곳에 남아 있다. 이들과의 비교 논의 없이는 프레네 페다고지에 대한 총체적인 이해는 사실상 불가능하다. 다시 말해 우리가 이들의 논저를 같이 읽지 않으면 어디까지가 프레네 고유의 메시지이고 어디까지가 비非프레네적인 것인지 논의 자체가 미혹되어 흐를 수밖에 없다.

이상의 문제의식에 입각하여 우리는 프레네 페다고지에 좀 더 가까이 다가가서 살펴보고자 한다. 이 책 1부는 프레네 페다고지에 들어가기 위한 준비와 함께 가능한 한 친절하게 프레네 페다고지 전체를 안내할 것이다. 1장에서는 우리 교육에서의 프레네 페다고지의 의미와 가능성을 살펴볼 것이고, 2장에서는 페다고지 자체를 숙고하기 위해, '교육'과 '페다고지'에 대한 '철학 하기'를 시도할 것이다. 그러고 나서 3장에서 신화를 걷어낸, 성장해가는 페다고그로서의 프레네를 만날 것이다. 에피소드를 중심으로 프레네의 생애를 통해 프레네 페다고지의 발전과 전개를 읽을 수 있도록 고려하였다. 4장은 3장의 논의를 바탕으로, 비근한 사례를 통해서 프레네 테크닉을 살펴보고자 한다.

2부에서는 프레네의 『페다고지 불변요소』를 다룰 것이다. 이는 1964년 프레네(1896~1966)가 만년에 쓴 소책자 『현대학교총서』 25권인 『페다고지 불변요소*Les invariants pédagogiques*』를 해설하고, 비판적으로 성찰한 것이다. 이 소책자를 택한 것은 프레네의 원숙한 사상과 실천이 녹아 있고, 곳곳에 기성의 페다고지 테제가 그대로 수용되거나 혹은 비판을 거쳐 재구성되어 있어 프랑스어권 페다고지와 프레네 페다고지의 테크닉과 이념을 전체적으로 살피는 데 이보다 더 좋은 텍스트가 없기 때문이다. 우리는 2부의 논의를 통해서 프레네의 아동기 이념과 어린이 이해, 그리고 프레네 테크닉의 주요 원리들을 조망할 수 있을 것이다. 독자들은 1부와 2부를 조응시키면서 프레네 페다고지의 원리와 토대, 그 실천의 전체에 대해서 한층 더 정확하게 파악할 수 있을 것이며, 결과적으로 페다고지에 대한 시선 방식과 실천 의지를 얻을 수 있을 것이다.

이 책이 우리 교육 현실에서 프레네 페다고지를 넘어, 페다고지 자체를 회복할 수 있는 한 가지 논의의 계기가 되었으면 한다. 우리는 교사 양성 기관에서 페다고지를 가르치지 않으며, 교실과 학교에서 페다고지의 실천을 중시하지 않는다. 무엇보다 페다고지의 주체여야 할 교사는 때로는, 혹은 언제나 페다고지로부터 소외되어 있다. 안타까운 우리 교육 현실에서 이 책이 프레네 페다고지를 이해하고, 한 걸음 더 나아가서 '페다고지' 자체를 성찰하고, 교사 모두가 페다고지 주체로서 다시 서는 데 일조할 수 있는 논의의 마중물이 되었으면 좋겠다.

프레네 페다고지에 관한 심층적인 논의는 다른 연구서를 통해서 다가갈 것이다. 무엇보다 그것은 프레네의 주요 저서를 하나씩 번역하면서 채워가야 할 나의 후속 작업이기도 하다. 프레네 선집의 번역은 이후 과제로 삼을 것이다.

끝으로 여러 해를 프랑스 근현대 교육사상가의 원전을 같이 읽고 이 책 전체를 검토하며 유익한 조언을 준 김영희 선생, 여러 장들을 논하고 평해준 권철호, 오창진 선생, 프랑스와 벨기에 드크롤리 연구소까지 페다고지 기행을 같이하며 그 과정에 많은 도움을 준 다인, 끝으로 출간을 적극적으로 권해준 살림터 정광일 대표에게도 감사를 전한다.

2017년 12월
박찬영

1부

프레네 페다고지 들어서기

1.

프레네 페다고지와 학교교육

1.1 공교육에서의 대안교육, 프레네 페다고지

프레네 페다고지를 이해하려면 프랑스 근현대 학교교육, 다시 말해 공교육 논의에서부터 시작해야 한다. 프레네 자신이 공립학교 교사로 교육테크닉을 발명·실천하고 살았고, 프레네 페다고지를 실천하는 교사들 대부분이 공립학교 교사로 공교육의 자장에서 활동하고 있으며, 무엇보다 프레네 페다고지의 탄생에는 19, 20세기 프랑스 근현대 학교교육의 이념이 직간접적으로 깃들어 있기 때문이다.

프랑스 공립학교 교사들이 프레네 페다고지를 실천하고 있다는 의미에서 프레네 페다고지를 프랑스 공교육 내에서의 대안교육이라고 평가한다면 그것은 틀림없는 사실이다. 송순재/권순주는 같은 맥락에서 "프레네 교육의 가장 큰 의미는 이 교육학이 "대안교육"의 범주에 속하면서도 공교육 제도를 단순히 외면하지 않고, 오히려 공교육 제도 안에서 실현 가능한 해법을 위해 노심초사하면서, 그러한 노력에 걸맞게도 아주 흥미롭고 설득력 있는 방안들을 내놓"은 데 있다고 했다.디틀린데 바이예, 「역자서문」, 7 이러한 평가는 프레네 페다고지에 관한 프랑스어권의 논저를 읽을 때 만날 수 있는 일반적인 평가다.

그런데 프레네 페다고지를 우리 교육에 도입하면서, 앞서의 평가를 반복해서 소개한다면 그것은 어떤 의미에서 부적절하다. 왜냐하면 이는 프레네 페다고지가 전개되는 프랑스, 나아가 유럽의 학교와 우리의 학교를 잘못 등치시켰다는 점에서 오류를 범하고 있기 때문이다. 이런 오류는 프랑스 및 유럽의 학교교육을 정확히 읽지 못한 문제와 함께, 우리의 학교교육이 무엇이며, 그것이 역사적으로 어디에 서 있는지 그 자체를 성찰하지 않은 더 깊은 문제가 서로 착종되어 나타난 결과이다.

1.11 우리 학교교육의 유사 고유성

우리는 우리 교육에서 일부 실천되고 있는 프레네 페다고지를 두고, 이를 공교육의 대안교육으로 안이하게 평가할 수 없다. 우리의 이러한 비판적 시각은 프레네 페다고지 자체가 아니라, 프레네 페다고지가 실천되고 있는 우리 학교교육의 매우 독특한 성격에 주목한 데서 나온 것이다.

세계 교육사 차원에서 우리의 학교교육은, 가치평가를 떠나 대단히 오리지널한 학교문화를 갖고 있다. 그러나 엄밀하게 말해서 우리의 학교문화는 유사 학교문화에 지나지 않는다고 평할 수 있다. 왜냐하면 그것은 일본의 학교교육의 문화를 그대로, 아니 그 이상으로 철저히 계승하고 있기 때문이다. 필자의 이와 같은 평가가 정당한 것은 거의 모든 측면에서 우리 학교교육이 일본의 근현대 학교교육의 방식을 유산으로 간직하고 보존해왔기 때문이다. 이는 교사 독자들의 제일의 관심사일 터인데, '교사의 역할'을 중심으로 이를 간단하게 일별해보겠다. 자연스럽게 이 논의의 결과는 프레네 페다고지가 우리 공교육에서 대안 교육으로 평가받을 수 있을지 여부를 평가해주는 준거틀이 될 것이다.

우리나라 교사들은 일본의 학교교육에서 요구되었던 교사의 역할을 일말의 의심 없이 계승해왔다. 1997년 이후 우리나라 학교교육이 평가·상담을 위시한 교육 외 과외 활동을 실적화하는 인정제 등 경쟁을 부추기는 신자유주의 교육체제로 재편되면서, 그 영향에 풀이 되어 눕기도 하고, 일부는 저항하기도 했지만 생활세계 속의 일반 교사의 삶은 메이지·다이쇼 시대의 학교 속에서 저항 없이 살아왔다. 그 주된 근거는 교과·생활지도·행정업무 이 모두를 다 하는 우리나라 학교 교사의 역할에서 찾을 수 있다. 그러나 이는 일본의, 그리고 일제강점기의 교사 고유의 일이었다. 일본이 우리에게 전해준 이 유산은 오늘날 유럽 국가 중 그 어디에서도 찾을 수 없다. 한 명의 교사가 이 같은 교육활동을 모두 맡아 하는 곳이 어디에 있는가? 프랑스의 경우 교장과 더불어 학교 운영의 주체인 상담교사기 따로 있고, 행정업무는 행징직을 맡은 이들의 소관이며, 교사는 오로지 교수활동만을 한다. 일본 교사들이 유럽 학교를 방문하면 이런 광경에 낯설어한다. 물론 우리도 마찬가지이다. 우리나라 교사가 교무, 학교업무에 다망한 지는 꽤 오래되었다. 다음은 1937년 2월, 한 교사가 전해준 시대적 고민이다.

"또 사무적인 것을 회피하려는 것은 근래 교사들의 일반 유행이라는 말씀을 보고 나니, 정수리의 일침 같습니다"라는 함형의 글을 읽고 교사 노릇하는 날까지는 교무 제일주의를 우선으로 충실히 해야 할 것을 다시 작정하고, 4시간 수업 후 일몰 후까지 잔무 처리하고(…)."

1937년 2월 20일, 노평구 엮음, 『일기 II』, 183

1930년대에 쓴 이 글은 교사의 교육활동 차원에서 흥미로운 사실을 담고 있다. 한편에는 사무적인 것을 회피하는 교사들의 유행, 다른 한편에는 학교 업무를 충실히 할 것을 작정하는 한 교사의 다짐이 나타나 있다.

일제강점기 내내, 그 이전 1900년대 전후부터 우리나라 교육 혹은 교육학은 메이지 시기의 일본 교육학에, 김성학의 표현을 빌리면 '번역교육학'에 의존해왔다.김성학, 111 그보다 더 이전 고종의 「교육조서」의 덕·지·체 교육조차 메이지 중기 교육학자 노세 사카에能勢 의, 이른바 최초의 본격적인 지육, 체육, 덕육을 체계화한 교육학서의 영향으로 추정된다.김성학, 82 일본에서는 1910년 무렵 헤르바르트 교육이 개인주의적, 주지적 교육이론이라는 이유에서 폐기되고, 1920년대에는 독일 관념론 교육철학이 한편으로 전개되었고, 다른 한편으로 새교육의 담론과 실천이 도입되었다. 1920년대에는 독일어 텍스트를 진지하게 원문으로 읽어내는, 나토르프의 페스탈로치 연구가 진행되었고, 다른 한편에서는 듀이의 일본 방문이 결정적인 계기가 되어 듀이의 『민주주의와 교육』이 일본에 번역되면서 1920년대는 듀이를 선택할지 아니면 나토르프를 선택할지 고민하던 시대였다.Kiuchi, 46-54 때를 같이하며 1920년대 말 식민지 조선에서도 선교사 피셔에 의해 듀이 사상이 비록 실천적으로, 그리고 이론적으로 제약이 따랐지만(이윤미는 피셔에게서 일그러진 계몽의 얼굴을 발견한다.이윤미) 조금씩 새교육과 민주주의교육 이념이 보급되었다.박균섭, 29-30 1930년대 식민지 조선은 이와 같은 학문의 영향사 속에 있었다. 흥미롭게도 1930년대 일제강점기의 우리나라 교사 대부분은 일의 교육을 주장하는 케르셴슈타이너 또한 잘 알고 있었다. 1910년부터 1930년까지 일본 교육계는 케르셴슈타이너의 교육학에 의해 지배되어 있었기 때문이다.박균섭, 36

페스탈로치, 듀이, 새교육, 케르셴슈타이너를 알고 있었던 1930년대 우리 학교 교사들 중에 사무적인 것, 학교 업무를 문제 삼았던 이들이 한편에 존재하고, 위 인용문의 '함형'과 그 조언에 따라 '학교 업무'를 퇴근까지 열심히 하려고 마음을 다잡는 전통적인 학교 교사의 역할을 수긍하는 이들이 또 한편에 있었다. 흥미롭게도, '교무 제일주의'에 충실하고자 마음을 다잡는 이와 함형은 바로 내가 존경하는 김교신 선생과 함석헌 선생이다. 그이들은 사상가로서 시대의 스승이었고, 나라 잃은 시대에 '성서'로서 근본적으로 민중의 얼을 깨우려던 선지자들이었다. 둘은 모두 1920년대 도쿄고등사범학교를 다니며 엘리트 교사교육을 받았다. "등교 수업한 후에 단순한 형식적 사무 때문에 3시간을 허비하다. 생도들께도 이득益 될 것이 없고 교사나 학교에도 하등 유익함이 없는 일인데, 형식을 갖추기 위한 일로 3시간이란 시간을 희생하여 문서를 기장記帳하였다. 교사 노릇하는 비애!"1936년 12월 5일(토), 『김교신 전집 6-일기 Ⅱ』, 138라고까지 학교 업무의 폐단에 대해 토로하던 김교신은, 석 달 뒤 함석헌의 편지를 받고 '교무 제일주의'로 나아가길 다짐한다. 물론 페다고지 차원에서 분명한 것은, 김교신과 함석헌의 입장은 적어도 새교육 실천가의 그것은 아니라는 점이다. 어떤 의미에서 교사의 업무에 대한 그 시대의 감각sentiment은 오늘날 우리나라 교사들의 감각의 원형이라는 사실이다.

여기서 교사의 역할 그 이상으로 메이지·다이쇼 시대의 학교 유산으로 짚어야 하는 것은 연중 '학교행사'이다. 학교행사는 행정업무 이상으로 교사와 학생을 동시에 다망하게 하고, 교사의 자율성을 무화시키며, 암묵적으로 수업의 지위를 상대적으로 소홀하게 취급하도록 했다. 연중 학교행사만큼 우리 학교교육의 유사 고유성을 보여주는 것도 없을 것이다. 적지 않은 우리나라 교사들은 학교행사를 자연스러운 학교교육으로 생각할지 모르지만, 우리의 학교행사는 일제강점기를 거치며 강제된, 해방 이후 남은 식민지 유산에 지나지 않는다. 또 다른 저서를 통해서 제시해야 하는 것이지만 그 일단만 밝히면 우리의 학교행사는, 이를테면 입학식, 졸업식, 운동회, 소풍, 심지어 학예회까지, 이는 1세기도 더 전에 일본이 발명한 것이다.木村元, 34-35 단순한 졸업증서 수여식이던 것이 1900년을 전후로 '개회사, 교가 제창, 학사 보고, 졸업증서 수여, 기념품 수여, 학교장 말씀, 지역 인사 말씀, 재학생 대표 인사, 졸업생 대표 인사, 졸업식 노래, 폐회사'로 이어지는 식전이 일본 교육에서 형성되었다.山本信良, 今野敏彦, 139-142 일본 근현대 교육사 연구자 중에서는 소풍과 수학여행을 구미 교육에 없는 비서구적 발명이라고 평가하기까지 한다. 그러나 여기서의 그 성취는 충군=애국, 천황=국가를 위한 공동일치의 정신을 배양하기 위한 목적에 있었다.山本信良, 今野敏彦, 240 -241 운동회 역시 같은 맥락에서 만들어졌다. 그것은 한편으로 일본의 근대 국민국가가 어린이의 신체를 규율하는 장치로서 나타났고, 다른 한편으로는 제도 이상으로 마을 축제로서 등장하였는데, 그 두 관계의 길항으로서 모순을 내포한 채 발전하였다.吉見俊哉, 20-21 우리의 운동회는 일제강점기 학교행사의 일환으로 정착되었고 해방 이후에도 그 틀은 계속 유지되었다.오성철, 205 일본은 패전 후에 메이지 시기에 형성된 학교행사를 전통으로서 그대로 이어갔고青木孝賴·城南小学校, 우리는 해방이 되었는데도 일제강점기의 학교행사를 단절 없이 '전통'처럼 계속해왔다.

　1890년 '교육칙어'가 나온 뒤 학교는 학교행사를 통해 학생들에게 국가에 대한 귀속의식을 갖게 했고, 그런 취지에서 학교행사는 때로는 교과교육 이상의 의미를 지녔다. 학교행사는 일본인들이 발명하고 다시 그들에게서 비판받는, 그들 학교교육의 한 축일 수는 있다. 그러나 그것이 마치 우리 고유의 학교교육의 한 축인 것처럼 간주하여 실천해온 것에 대해서는, 오래전에 우리가 이를 비판 대상으로 삼아 성찰했었어야 했다. 메이지 교육은 인간을 변화시키는 데 수업으로는 충분하지 않다고 여겼다. 오히려 수업보다 학교행사가 학생들에게 시대의 덕, 다시 말해 충효에 기초한 천황제국가주의를 위한 덕을 갖추게 한다고 생각했다. 우리 교육은 여전히 교실수업에 대해서는 상대적으로 경시하면서(물론 열심히 하고는 있지만), 학교행사에 대해서는 지나치게 신경을 쓰고 의식하고 있다(운동회, 학예회를 위시한, 3월부터 학년말 2월까지 월중 학교행사로 학교교육의 틀이 확고하게 짜여 학교교육은 학교행사를 위한 교육으로 비칠 정도이다). 수업보다 학교행사가 강조되는 그 고고학적 연원은 메이지 시대에 있다.

1.12 프레네 페다고지는 공교육의 대안교육인가?

그토록 오래도록 해방 이후 일제강점기의 학교행사를 온존시킨 것은 우리의 굴곡진 현대사에 기인한다. 우리의 학교행사 역시 내용의 강조점만 달랐을 뿐 같은 기제가 작동되었기 때문이다. 다시 말해 일본의 천황제국가주의체제에, 반공·병영국가체제가 더해지면서 이를 재생산하기 위한 학교 기제로서 학교행사가 작동했기 때문이다.

필자가 공역으로 참여한 『핀란드에서 배우는 행복한 아이 키우기』^{아침이슬}를 보면, 핀란드에서 초등학교 자녀를 입학시키던 첫날, 입학식 없는 입학을 경험하고 연중 계속되는 학교행사의 부재에 유럽 학교에 대한 감각을 갖게 되는 일본인 학부모가 등장한다. 저자는 핀란드 교육의 장점을 강조하면서도, 수업으로 일관하는 핀란드 학교에 대한 생경함으로 연중 학교행사가 이어지는 일본의 학교 경험을 그리워한다. 우리가 배워야 할 것은 때로는 '더 배우는 것이 아니라 버려야 하는 것'이라는 통찰이다. 우리는 우리에게 소외된 교육을 그들을 통해서 더 배우는 것도 필요하지만, 적어도 핀란드를 위시한 그들 교육의 성취는 학교교육에서 수업을 제외하고는 그 밖의 것은 다 버린 데에 토대하고 있다는 것을 간과해서는 안 된다. 교사에게 수업을 남겨두고, 학교행사와 행정업무를 없애는 것은 우리 학교교육을 만들기 위한 출발점의 확보이다. 이는 우리 공교육을 풍성하게 만드는 가장 손쉬운 시작이다. 유럽의 교사는 수업을 한다. 더 정확히, 수업만을 한다. 그들의 삶을 지켜보면 교사는 수업을 하는 사람이라는 것을 있는 그대로 보여준다. 그 때문에 일본이나 우리나라 교사처럼 분주하지 않다. 물론 바쁘기도 하다. 하지만 그것은 수업을 중심으로 한 노동이 필요해서이다. 프랑스 중등 교사는 주당 15시간, 혹은 17, 18시간 가르치지만(이 수업시수의 차이는 2부 프레네 불변요소 19번에서 자세히 설명할 것이다), 주당 그 이상의 시간을 학생들의 수업 과제나 시험 결과물을 교정하며 보낸다.Renard 이는 분명한 사실인데, 필자는 5년 반 동안 실제 교사의 피드백 활동을 지켜보았다. 수학을 포함하여 모든 교과 과제와 시험은 논증이나 장문의 에세이로 되어 있기 때문에 대부분의 교사들은 거의 매일 서너 시간을 학생들의 보고서나 시험에 대해 참으로 세세하게, 자신의 의견까지 넣으며 첨삭을 하여 피드백한다.

우리의 경우 심지어 진보 교육감이 내놓는 대안조차, 행정업무 경감 같은 수준에 그치는 것을 볼 때 항상 아쉬운 마음이 드는 것은, 이런 대안이 메이지·다이쇼 시대의 교육에 머물러 있는 우리 교육과 교사의 삶을 그대로 반영하기 때문이다. 물론 우리도 때때로는 메이지 시대 교육의 문제를 의식하고 있고, 그것과 단절하고자 한 강한 역사적 의지를 보여주기도 한다. 국정화 교과서에 내한 비판이 그 한 가지 예일 것이다. 오래전에 과거로 돌려보냈어야 했던 메이지 교육을 궁극적으로 완성시킨 것은 바로 국정화 교과서였다. 20세기 초 일본 교육계의 가장 큰 문제는 검정제 교과서를 둘러싸고 일어났다. 결론은 검정제를 국정화 교과서로 수렴시키는 것이었다. 검정제 교과서를 채택하면서 출판사와 채택위원 사이에 뇌물 수뢰 의혹이 일어난 것이 1902년 의옥사건疑獄事件이었다. 이 사건을 계기로, 검정제만으로는 교과서에 교육칙어의 취지를 관철시킬 수 없다고 본 사람들이 나타난다. 귀족원과 중의원에서 적어도 수신교과서는 국비로 편집·간행해야 한다는 건의가 있었다.山住正己, 75-76 결과적으로 국정화 교과서로 "천황제국가주의 이데올로기를 침투시키고, 국민의 사상 신조를 쉽게 통일하는 등 교육에 대한 국가통제를 한층 강화할 수 있었다." 沼田裕之·增淵幸男, 176 이는 일본 교육사 연구가들에겐 주지의 사실이다. 우리에게도 국정화의 유령이 오랫동안 배회하다 이제 사라지는 듯하다. 그러나 여전히 우리의 학교교육은 메이지·다이쇼 교육의 영향 아래 놓여 있다. 여기에서 벗어나는 것, 다시 말해 학교를 정상화하는 것은 프레네 페다고지를 위시한 모든 페다고지 연구와 실천을 위해서도 선결 과제라 할 수 있다. 가장 손쉬운 해법은 앞서 말한 것처럼 연중 학교행사와 행정업무를 무로 상정하는 대안에 서는 것이다. 교사를 수업을 하는 사람으로서 재정립해야 한다. 이는 결코 업무 경감 수준으로는 가능하지 않다는 것을 명심해야 한다.

메이지 말, 다이쇼 시대에 유럽에서는 다양한 새교육, 새학교를 실험했고 무수한 페다고지를 만들어냈다. 우리가 다룰 프레네 페다고지 역시 1920년대에 탄생했던 것을 상기하면, 지금부터 1세기도 더 전에 일본 학교가 천황제국가주의체제를 위해 만든 온갖 '학교행사'라는 발명품들을 우리의 고유한 학교교육 범례로서 갖고 있다는 것은 이념을 떠나 실천 차원에서도 우리의 상상력이 얼마나 빈곤한지 드러내는 것일 뿐이다. 1941년 4월부터 1947년 3월까지, 소학교를 대신하여 전시체제의 주축을 담당했던, "황국민의 기초적 연성"을 목적으로 삼은 '국민학교', 일본은 1947년에 버린 그 명칭을 우리만 홀로 1995년까지 고수해온 것을 생각하면, 메이지, 다이쇼 시대의 '학교행사'는 이미 우리 교육의 피와 살이 되었기에, 거기서 파생되는 교육적 효과를 언급하며 이를 여전히 고수해야 한다고 주장하는 일부 사람들이 나올지도 모른다. 그러나 그렇지 않다. 그런 어처구니없는 입장은 무엇보다 우리의 학교교육이 유사 고유성에 토대하고 있다는 것을 성찰하지 못한 단견으로서, '학교행사'에 토대한 일본의 학교문화를 상대화시키지 못한 것이다. 그 결과 교사의 자율성은 축소되고, 풍성할 수 있는 학교문화는 학교행사에 치중한 메이지 교육의 문화로 함몰된다. 따라서 우리의 페다고지 논의는 이에 대해 이의를 제기할 때에야 비로소 가능하다.

앞서 지적한 것처럼 교육 실천적, 효과적 차원에서 학교행사와 교사의 행정업무를 '무'로 새롭게 상정해야 한다. 이것이야말로 페다고지 실천을 위한 선결 과제이다. 학교행사와 행정업무를 무로 상정할 때, 그때에야 비로소 n개의 페다고지와 참다운 학교문화가 논의되고 만들어질 수 있는 토대가 된다. 프레네가 프레네 페다고지를 만들 수 있었던 학교 여건 중 하나는 그곳의 교사는 우리와 같은 행정업무나 학교행사의 분주함에서 자유로웠다는 데 있다.

프랑스 교사에게 수업 외에 학교행사와 행정업무를 하도록 요구해보라. 아마 그들은 진보와 보수를 막론하고 다들 거리로 나올 것이다. 북미의 교사에게 주어진 주당 수업 이외에 보충으로 창의적 체험활동같이 주당 2시간의 특별활동을 요구해보라. 바로 지나친 요구라는 항의가 들어올 것이다. 교사는 '수업'을, '수업'만을 하는 사람이라는 것이 공교육 논의에서 반드시 전제되어야 한다. 어떤 학교행사도 교사에게 강제할 수 없다는 것을 전제로 삼아야 한다. 그 이상의 것은 개별 교사나 일군의 교사들이 필요시 '자발적으로' 하나의 문화로 구성해가야 하는 선택 사항이어야 한다. 프레네 페다고지 역시 수업만을 하는 프랑스, 나아가 유럽 학교교육의 틀 내에서 만들어진 것임을 명심해야 한다. 교사가 행정업무와 학교행사를 겸하는 것을 당연시하는 것 자체가 교육의 질을 고려하지 않는 몰상식한 발상이다. 우리의 학교교육이 어디로 나아가야 할지 숙고할 때, 실천 속에서 전개될 n개의 페다고지의 향연을 염두에 둘 때, 적어도 우리의 학교교육에 대한 상상력은 '학교행사'에 충실한 일본 메이지·다이쇼 시대의 그것에 함몰되어서는 안 될 것이다.

프레네 페다고지의 실천을 표방하는 파리의 프레네 학교로 알려진 마리퀴리초등학교를 참관했을 때이다. 나중에 프레네 페다고지를 생애사를 중심으로 다룰 때, 그리고 2부의 페다고지 불변요소에서도 자세하게 언급하겠지만, 프레네 학교라고 일컬어지는 일부 학교는 프레네 페다고지를 간접적으로 실천한다는 의미에서 프레네 학교이지만, 엄밀한 의미에서 프레네 페다고지라기보다는 프레네 페다고지를 비판하면서 파생한 또 다른 페다고지, 이를테면 제도 페다고지나 자주관리 페다고지에 가까운 경우가 있다. 어쨌든 필자가 참관한, 프레네 학교로 알려진 마리퀴리초등학교도 실은 프랑스의 대표적인 '제도 페다고지'를 실천하는 학교이다. 같이 참관하던 김영희 선생이, 점심시간에 아이들의 관계 방식에 관해 관찰하려는 목적으로 학생들의 급식 시간을 참관하고 싶다고 제안을 하니, "왜 아이들의 급식을 참관하고 싶은가요?"라며 다소 의아해하며 반문했다고 한다. 프레네 교사들에게 급식은 교육 대상이 아니다. 아니, 프랑스 초등학교 교사 전체에게 급식은 교육 대상이 아니다. 프랑스 교사는 아침 8시 반부터 12시까지 가르치고 다시 1시 반부터 오후 4시까지 수업을 한다. 교사는 12시부터 1시 30분까지 점심시간에 독립된 공간에서 느긋하게 식사를 한다. 교사는 수업을 하고, 각 시에서 고용된 급식 도우미 직원들이 아이들의 급식을 담당한다. 여기서 급식 지도가 하나의 교육인가 아닌가라는 또 다른 논의도 가능하겠지만, 일단 우리 논의의 흐름에 충실하자.

어쨌든 학기가 종료되고 방학을 맞을 때에는 방학은 교사들 각자가 자기 주도로 휴가를 보낼 뿐이다. 프레네도 그렇게 보냈다. 두 달 남짓한 여름방학 동안 교사는 아이를, 아이들은 교사를 기다리면서 휴가를 보낼 뿐이다. 교육청 단위의 의무 연수나 '자가연수'라는 명목으로 결재를 요하는 휴가는 그들에게 없다.

우리의 학교교육 혹은 학교문화의 기원을 거슬러 올라가면, 불행하게도 대부분은 '근대 일본의 교육'에 다다른다. 방학 동안의 교사의 '자가연수'? 그것은 일본 공립학교 교사의 '지타쿠自宅' 연수와 다름없다. 실제로 일본 교사들이 유럽 학교를 방문하면 유럽 교사들도 방학 때 자택연수를 쓰는지 질문한다. 일본 학교교육 문화와 현상을 두고 '우리와 같다'거나 '우리와 비슷하다'는 표현을 쓰는 건 적절하지 않다. 그것은 우리 학교의 현주소의 기원에 대한 몰상식, 몰이해를 반영하는 것일 뿐이다. 그것은 피아를 구분하지 못하는 자기중심적인 학교교육의 이해이자 우리 학교교육이 어떻게 형성, 전개되어왔는지 그간의 역사에 대한 '망각'을 보여줄 뿐이다. 우리는 그동안 일본이 남기고 간 학교교육을 성찰 없이 보존하고 지켜왔다. 이 같은 몰이해와 역사 망각을 그치게 하는 접근 중 하나가 교육 담론과 실천의 작동 방식을 계보학적으로 밝히는 것일 것이다. 물론 이 책은 우리의 교육 실천과 담론이 역사적 우연에 따른다는 것을 해명하려는 교육 담론의 계보학이 아니다. 이는 또 다른 작업일 것이다.

다시 우리의 처음 물음으로 돌아가자. 프레네 페다고지는 공교육에서 대안교육이 될 수 있나? 그렇다. 프랑스, 나아가 유럽과 같이 공교육 교사의 역할이 수업으로 한정되고, 보다 더 나은 교육을 위한 새로운 페다고지에 대한 탐구 여력과 실천의 갈망이 일어나서 프레네 페다고지를 요청한다고 하면, 그때 그것은 공교육의 대안교육으로서 가능성을 갖고 있다. 그러나 메이지·다이쇼 시대의 학교문화를 견지하고 있는 우리 학교교육의 현실에서, 프레네 페다고지가 공교육에서의 대안교육이라는 유혹적인 표현은 우리를 기만하는 수사학적 표현에 불과하다. 지금 우리는 무언가를 더 많이 해야 하는 것보다, 루소 식의 '소극적 교육', 즉 수업하는 교사의 덕arete을 해치지 않기 위해, 업무와 연간, 월중 학교행사를 '무'로 삼는 교육이 필요하다. 우리의 학교교육은 한 축으로는 그 기원이 메이지에 있는 학교행사, 다른 한 축으로는 일제강점기 공교육 교사의 역할로 주어졌던 행정업무로 인해, 정작 실천이 필요한 곳에서는 손을 놓고 있고, 멈추어야 할 곳에서는 자기 정당화를 위해 분주하게 움직이고 있다. 우리 공교육 교사는 참으로 다망하다. 나는 우리 학교교육에서 프레네 페다고지가 공교육의 '한 가지' 대안교육으로 평가받기를 참으로 소망한다. 정상화된 우리의 학교교육에서 프레네 페다고지가, 아니 그 밖의 내안의 페다고지들도 함께 탐구되고 논의되고 실천되기를 바란다.

이제 프레네 페다고지의 역사적 이해를 위해 프랑스 근현대 학교교육 논의로 다시 돌아가 보자.

1.2 프레네 페다고지와 프랑스 근현대 학교교육

프레네 페다고지는 프랑스 공교육사 차원에서 기성 교육의 모순을 적시하고 이를 극복하고자 하는 문제의식을 선명히 드러낸다. 그중의 하나가 '정교분리' 혹은 '세속성', 때로는 '탈종교'로 번역되는 '라이시테laïcité'의 지향이다. 서로 다른 이들 번역어는 근대 학교교육은 종교와 무관하게(정교분리), 기존 가톨릭의 영향에서 벗어나서(탈종교), 세속성(종교의 영향력을 받지 않는 학교교육)을 가져야 한다는 문제의식의 발로이다. 1968년 4월 9일부터 12일 사이에 포Pau에서 열린 프레네 페다고지 현대학교회의에서 채택한 '현대학교헌장La charte de l'Ecole Moderne'에서도 우리는 세속화 논의를 찾을 수 있다. '현대학교헌장'에서는 교화를 반대하고, 일의 학교, 협력, 어린이 중심의 교육을 표방하는 한편, 가톨릭에서 분리된 세속화laïcité 교육을 선명히 나타내고 있다. 프레네 역시 20대부터 세속화 교육을 분명하게 내세웠고, 30대 후반 이 문제와 관련된 사건을 절절하게 겪은 바 있다. 포 회의에서 채택한 현대학교헌장 중에서 3번과 8번에 이 문제의식이 들어 있다.

3) 우리는 교육을 조건 짓는 거대한 사회적, 정치적 조류를 벗어나서 교육 자체에 자족하려고 하는 교육의 환상을 거부한다. 교육은 한 가지 요소이다. 그러나 그것은 필수 불가결한 사회 혁명의 한 가지 요소일 뿐이다. 사회적·정치적 맥락, 부모와 아이의 일과 삶의 조건은 결정적으로 젊은 세대에게 영향을 끼친다. 우리는 교사, 학부모 학교 동료에게 세속화laïc 수업이 뛰어난 교육적 기능을 할 수 있도록 노동자 편에 서서 사회적으로, 정치적으로 투쟁할 필요성을 제시해야 한다.

8) 우리 현대학교 운동은 같은 노선에서 활동하고 있는 모든 조직과 호의와 협력 관계를 유지할 것을 염두에 두고 있다. 공립학교를 위해 최대한 애쓰고 우리의 목표인 수업의 현대화를 서두르고자 하는 바람을 지닌 채, 우리는 우리의 투쟁에 동참한 모든 세속화laïques 조직과의 성실하고 효과적인 협력을 독자적으로 계속 제의할 것이다.[1]

프레네 페다고지는 '세속화 교육enseignement laïc'을 표방한다. 프랑스 혁명기 이후의 공교육 개혁론은 거의 대부분이 '라이시테'를 함의한 교육론과 맞물려 있다. 현재의 프랑스 헌법도 라이시테를 분명히 명시하고 있다. 프랑스 헌법 1조는 "프랑스는 나눌 수 없고, 세속적이고, 민주적이고, 사회적인 공화국이다La France est République indivisible, laïque, démocratique et

---

1. Page consulté le 14 mars 2017 sur: https://www.icem-pedagogie-freinet.org/node/15376

sociable"라고 규정하고 있는데, 이와 같은 세속화의 첫 번째 논의는 거슬러 가면 프랑스 혁명기에서 찾을 수 있다.

혁명에 의해 자유, 평등, 형제애를 선언한 프랑스는 왕정을 폐지하고 종교를 개인의 자유로 간주하며, 가톨릭교회의 교육 독점을 철폐하고자 했다. 1791년 9월 3일 헌법은 "모든 인간을 위한 필수 불가결한 수업에 대해 무상의, 그리고 모든 시민에게 공통인 공교육Instruction publique을 만들 것이다"라고 확실하게 선언했다. 제헌의회는 성직자 계급에 대해 일종의 정치적·재정적 조치를 취하며 학교에서의 주된 재원을 박탈하려 했으나 해산 전야인 1791년 9월 26일, 모든 수업과 교육 시설은 현행 그대로 둔다고 포고하며 뒤로 물러섰다. 그다음 해 1792년 콩도르세가 제출한 공교육안에 따르면, 취학의무를 고집하지는 않았지만, 그는 모든 수준의 교육에 무상교육을 제시하고, 공립학교의 세속화를 제정하였으며 지식교육instruction에서 성과 연령의 평등을 선언했다. 반면 국민공회에는 로베스피에르가, 르 펠르티에가 작성한 교육안을 제출했는데, 그것은 의무교육을 규정하고 초등 단계의 공교육을 우선하는 평등주의적 정신이 두드러졌다. 앙투안느 레옹이 적절하게 평가했듯이, 콩도르세와 르 펠르티에로 대변되는 공교육 논쟁은 자유로운 인간을 형성할 것인지 아니면 국민적 영혼une âme nationale을 만들 것인지에 관한 것으로 이 논쟁은 19세기 내내 이어졌다.Antoine Léon, pp. 48-57 콩도르세는 무상교육을 위주로 했지만 의무교육은 도입하지 않았고, 르 펠르티에는 더욱 급진적으로 의무교육을 강제하고자 했다. 콩도르세가 공교육 무상교육을 제안하면서도 의무교육을 누락시킨 것은 부모의 교육권을 배려하기 위해서였다. 반면, 공화국 이념에 충실한 시민을 키우고자 했던 르 펠르티에는 부모에게서 교육권을 돌려

받고자 했다. 로베스피에르가 제시한 르 펠레티에의 교육계획안 3조는 이를 분명하게 나타내고 있다. 프랑스 혁명기의 공교육 논쟁이 차지하는 그 사적 지위를 고려할 때 이에 대한 논의는 불가피한데, 좀 더 자세한 논의는 이후에 다시 다룰 것이다.

중요한 것은 라이시테 논의가 의무교육과 결부되어, 국가가 의무교육을 규정할 것인지 아니면 부모의 재량으로 둘 것인지에 관한 논의가 담론적으로 그리고 실천적으로 19세기 말까지 이어진다는 것이다. 무상교육, 의무교육, 세속화 이념의 실현은 이렇게 19세기 내내 계속되는 학교교육 논쟁의 주된 쟁점을 이루었다.Antoine Léon, p. 69 이 논의의 구체적인 실현은 19세기 말에 이르러 가시화된다.

특히 제3공화국 교육정책을 이끌었던 쥘 페리는 프랑스 근대 공교육의 3원칙, 초등교육의 무상교육, 의무교육, 세속화를 법제화했다.

우선 무상교육부터 보자. 〈공립학교에서 교육에 관한 완전 무상을 수립하는 1881년 6월 16일 법률Loi du 16 juin 1881 établissant la gratuité absolue de l'enseignement primaire dans les écoles publiques〉에 따르면 1조는 다음과 같이 시작된다.

1조 공립초등학교는 물론 공립보호시설에서도 더 이상 수업료를 받지 않을 것이다. 사범학교의 기숙사비는 폐지된다.[2]

초등 단위에서 서서히 무상교육이 확립되면서 1833년에 200만 명이던

---

2. Page consulté le 14 mars 2017 sur: http://cache.media.education.gouv.fr/file/Les_grands_textes/01/5/loi_etablissant_la_gratuite_absolue_de_l_enseignement_primaire_dans_les_ecoles_publiques_16_juin_1881_569015.pdf

공립초등학교와 공·사립유치원 재학생 수가 1880년에 이르러서는 560만 명에 이르게 된다. 결국 제3공화국 여명기에 무상교육이 상당 부분 실현되던 중, 1881년에 이르러 완전히 전체 무상으로 법제화되었다. 그러나 이는 초능 단위에서의 무상교육 실현이었을 뿐 중등 전체까지 보급되기까지는 1933년까지 기다려야 했다.

다음은 의무교육이다. 의무교육에 관해서는 이듬해인 1882년 쥘 페리 학교교육법, 정확하게 표현하면 〈초등학교 의무교육에 관한 1882년 3월 28일 법Loi du 28 mars 1882 sur l'enseignement primaire obligatoire〉을 참고해야 한다. 이 의무교육은 두 가지 목표를 내세우고 있다. 그것은 교육을 의무로 하며, 또한 그것을 세속화 교육으로 한다는 것이다. 이에 대해서는 4조에 구체적으로 적시되어 있다.

> **4조** 초등교육은 6세에서 13세에 이르는 남녀 어린이에게 의무다. 초등교육은 초등 혹은 중등 교육기관에서, 혹은 공립이나 사립학교에서, 혹은 가정에서 가장에 의해 혹은 가장이 선택한 사람에 의해 제공될 수 있다.[3]

1882년 3월 28일의 법으로 취학 의무와 교육의 세속화가 동시에 제정되었다. 흥미로운 것은 만 6세부터 13세까지의 모든 아이들이 의무교육을 받도록 강제했지만, 공립이나 사립 외에, 가정에서 교육을 받을 수 있다는 규정이다. 콩도르세가 의무교육 대신에 부모의 교육권을 제시했고, 르

---

3. Page consulté le 14 mars 2017 sur: classes.bnf.fr/laicite/references/loi_28_mars_1882.pdf

펠르티에는 모든 아이들을 공화국 시민으로 형성할 것을 의무교육이라는 이름으로 주장했던 100년 전의 논쟁이 쥘 페리 법의 의무교육 조항에서는 가정교육과 공교육이 동거한 모습으로 변형되어 나타났다.

마지막으로 교육의 세속화에 관한 것이다. 초등교육에 요구되는 자격과 관련된 1881년 6월 16일 법에서는 무상 초등교육을 제정함과 동시에 사제와 교단 소속의 여성초등학교 교사에게 교원시험을 면제하게 했던 팔루법을 폐지했다. 그 결과 초등 교사 자격증을 갖지 않는 한, 그 누구도 공립이든 사립이든 초등학교에서 가르칠 수 없게 되었다. 물론 여전히 중등 수준의 사립시설에서는 교사에 대한 어떤 자격도 요구하지 않았다. 또한 〈초등학교 의무교육에 관한 1882년 3월 28일 법〉에서는 공교육에서의 초등교육을 세속화하고, 종교교육은 도덕, 공민교육으로 대체했다. 나아가 교육을 세속화시킨 4년 뒤, 〈초등 교육 조직에 관한 1886년 10월 30일 법Loi du 30 octobre 1886 sur l'organisation de l'enseignement primaire〉에서는 교사의 세속화를 꾀했다. 다시 말해 "모든 종류의 공립학교에서 교육은 오로지 세속화한 사람un personnel laïque에게 맡긴다"라고 규정했다. 국회는 1904년 7월 7일에 교육수도회를 금지시킨 뒤, 1905년 12월 9일 정교분리법을 가결했다. 그 결과 1880년 13,000개교 이상이었던 교단 경영 학교가 1912년에는 27개교에 불과하게 되었다.

세속화 교육, 라이시테는 지난 200년 동안 프랑스 근현대사, 근현대 교육에서 논쟁의 쟁점이었다. 프랑스 교육에 관심 있는 독자들은 다 알겠지만, 프랑스 학교교육에서 올랑드 정부 이전까지 어린이는 주중에 하루는 학교에 등교하지 않았다. 주중 휴업일은 백여 년 이상의 역사를 가진 것이다. 더 정확하게 말하자면 이는 1882년 법에 따라 세속화가 이루어지고 논의가 정리되면서 등장한 하나의 학교문화였다. 초등 교육과정이 세속화되면서 기존의 종교교육은 도덕, 시민교육으로 대체되고, 사제는 공교육 주체에서 배제되었다. 도덕, 시민교육이 종교교육을 대신하면서 프랑스 가톨릭이 고수했던 도덕교육으로서의 종교교육은 학교에서 사라지게 된다. 그렇다면 이 종교교육은 어디로 갔는가? 공교육과 종교교육의 길항 속에서 1882년 이후 종교의 몫은 가정에 돌아갔다. 가정에서 종교교육을 행할 수 있도록 매주 목요일을, 1972년부터는 이를 바꾸어 매주 수요일을 학교 휴업일로 삼게 한 것이다. 1882년 당국이 목요일을 휴업일로 정한 것은 당시 교육계에 영향력이 컸던 기독교학교형제단이 전통적으로 정한 휴업일이 목요일이었기 때문이다.

이후 20세기 프랑스 학교교육은 교육개혁의 이름으로 진행되었다. 19세기 말 프랑스 노동자들 사이에서 직업연맹의 부흥과 조합 활동이 전개되었고, 주지하듯 드레퓌스 사건을 계기로 민중과 지식인의 만남과 같은 다양한 시도가 촉발되었다. 제1차 세계대전 직후 전쟁에 참전한 이들은 그들이 겪은 고통과 연대의 경험으로 민중교육 형식의 혁신과 학제 개혁안에 영감을 주었다. 또한 1911년 창립한 프랑스세속화스카우트회가 도입한 스카우트 운동은 청소년을 도시화와 산업화의 구속에서 어느 정도 벗어나게 해주기도 했다. 폴 랑주뱅이 주도했던 청소년 조직 '민중과 문화 Peuple et Culture'와 포로수용소, 레지스탕스 속에서 문화 실험이 전개되기도 했다. 특히 '민중과 문화'는 민중교육의 지도자 양성에 전념했는데, 해방 후 랑주뱅-왈롱개혁안이 나오게 되었다.Léon, 105-106 랑주뱅은 물리학자로 프랑스공산당 당원이었으며, 왈롱 역시 1920년대부터 피아제를 줄곧 비판해온 프랑스의 대표적인 마르크스주의 심리학자로 프랑스공산당 활동을 했던 인물이다.

랑주뱅-왈롱안Projet 〈Langevin-Wallon〉은 1947년 6월 19일 교육개혁연구위원회가 교육개혁 차원으로 교육부 장관에게 제출한 것이다. 물리학자 랑주뱅은 물론, 마르크스주의 심리학자 왈롱은 프랑스새교육협회의 지도자였다. 어떤 의미에서 이 안은 프랑스 새교육 운동의 이론을 총괄하고 미래에 대한 전망을 보여주었다. "교육 구조는 사회 구조에 부합되어야 하나, 지난 반세기 이후 프랑스의 교육 구조는 근원적으로 수정되지 않았다"고 진단하며, 랑주뱅-왈롱은 다음과 같은 교육개혁의 일반 원리pincipes généraux를 몇 가지 제시하였다.

- 교육개혁의 제1원리는 정의의 원리이다. 이는 그 고유한 가치와 결과에 대한 영향으로 다른 모든 원리를 지배한다. 정의의 원리는 대립이 아닌, 평등 및 다양성이라는 상호 보완적인 측면을 제시한다. 모든 아이는 가정, 사회, 민족에 있어 그 어떤 출신이든 자신의 인격을 최대한으로 발달시킬 수 있는 평등의 권리를 지닌다. 그들은 적성의 제한 이외의 어떠한 제한도 받아서는 안 된다. (…)
- 교육의 현실 조직은 과업과 노동자 사이의 위계에 대한 오래된 편견을 갖고 있다. (…) 진보와 삶 자체가 역량의 정확한 활용에 종속되는 현대 민주사회에서 지금의 여러 가치들에 대한 재정리가 불가결하다.
- 우리의 교육개혁은 학교에서 완전한 발달이라는 젊은이의 권리를 보장해야 한다. 민주공화국의 법률은 (…) 모든 어린이, 모든 청소년의 권리를 선언하고 보장해야 한다. 이를 위해, 개체성에 대한 객관적인 연구, 어린이 심리학에 대한 인식을 토대로서 가질 것이다. 완전한 발

달이라는 젊은이의 권리는 위생적으로 교육적으로 가장 바람직한 조건의 구현을 함의한다. 특히 학급의 정원은 교사가 학생들을 잘 보살필 수 있도록, 어떠한 경우에도 25명을 넘어서는 안 된다.

- 역량을 가장 정확하게 활용할 목적으로 개별 학생의 적성을 개발하는 것이 진로지도의 원리le principe de l'orientationa를 낳는다. 학교 진학지도와 이후의 직업 진로지도는 각각의 노동자와 시민으로 하여금 자신의 적성과 능력에 따라 배치하게 한다. (…)

- (…) 어떠한 경우에도 노동자 양성formation이 인간 교육을 해쳐서는 안 된다. 노동자 교육은 풍부한 인간 발달의 상호 보완적인 전문화로서 나타나야 한다. (…)

- (…) 그 때문에 학교의 역할은 의무교육 기간 동안에만 교양에 대한 취미를 환기시키는 것으로 그쳐서는 안 된다. 새로운 교육 조직은 시민과 노동자를 끊임없이 나아지게 할 것이다. 학교는 문화 보급의 중심지이며, 과거와 미래의 연속을 보증해주는 연결 지점이다.

Le Plan Langevin-Wallon, 182

19세기 말 쥘 페리 법에 따라 프랑스는 무상교육과 의무교육, 세속화 교육을 이룩했다. 여기에 더해 랑주뱅-왈롱은 정의의 원리, 적정한 학급의 원리, 진로지도의 원리, 일반 교양에 바탕을 둔 인간 교육과 노동자 교육의 관계 원리, 의무교육을 넘어선 평생학습의 원리를 제시했다.

프랑스 근현대 학교교육의 전개를 염두에 두면, 프레네 페다고지가 지향하는 민중교육과 세속화 교육은 근대 프랑스 학교교육의 이념을 프레네의 문제의식으로 특화시킨 것으로 볼 수 있다. 또한 교육운동 차원에서 프레네 페다고지는 다른 한편으로 프랑스 공산당의 탄생과 아나키즘에서 계승된 인간 해방과 자유를 목적으로 하는 생디칼리슴에 토대하여 탄생한 운동이기도 했다.김세희, 48-51

2.

페다고지란 무엇인가?

2.1 교육 vs. 에뒤카시옹(éducation)

교육에 대한 논의는 기본적으로 분석철학 '하기'에서 시작되어야 한다. 낱말의 의미가 불명료할 때 꼭 그만큼 이해의 폭과 깊이 역시 제한되기 때문이다. 물론 여기서의 명료함이란, 낱말의 의미는 언어에서 그것의 사용이라는 비트겐슈타인의 메시지를 따른 것이다. 물론 그렇다고 해서 모든 학이 분석철학으로 환원되어야 한다는 것은 아니다. 다만 우리의 교육 담론과 실천이 때때로 언어에 대한 주의와 성찰을 놓치는 데서 오는 병폐를 염두에 둘 때, 적어도 분석철학에 대한 감수성은 교육이론과 실천에 대한 담론에서 간과할 수 없을 듯하다. 이 장에서 우리는 교육과 에뒤카시옹éducation, 그리고 페다고지의 의미에 관해 탐구하며 이후 그 성과를 바탕으로 프레네 페다고지의 논의로 이어가고자 한다.

흔히 그러하듯 필자 역시 교대나 사대에서 교육학 개론을 가르칠 때 대개 첫 시간은 자학字學에 의존해서 '교육'이라는 술어 분석으로 시작하곤 했다.

'敎'라는 한자는 갑골문과 '전문篆文' 모두 효爻와 아들 자子, 그리고 칠 복攴으로 이루어져 있다. 이에 대해 '자학' 차원에서 아이에게 때려가며 무언가爻를 가르친다는 해석으로 설명한다. 여기서 이 무언가爻를 셈하기로 간주하기도 하고, 줄 꼬기攴 등 생활 속의 노동교육으로 보기도 하는데, 이는 오늘날의 언어를 빌리면 교육과정攴을 함의하는 활동으로 해석할수 있다. 그러나 다른 한편으로 이를 아이를 때려가며 가르치는 것도, '교육과정'도 아닌, 신성한 장소攴로서 해석하는 경우도 있다. 이때 복攴은 장로가 갖고 있는 교권을 상징하는 도구로 해석한다. 이는 시라카와 시즈카가 『자통字統』에서 제시한, 교차한 '爻'는 고대 건축에서 지붕 양쪽 끝에교차시킨 목재로서, 신성한 건물을 가리킨다는 해석을 참고한 것이다.『자통字統』, 201 다음은 육育이다. 『설문』에서는 "자식을 선을 행하도록 기른다養子使作善也"고 한어를 해석했지만, 다른 해석이 가능하다. '육' 자는 둘로 나뉠 수 있다. 육育 자의 윗부분은, 아들 '子' 자가 거꾸로 된 것이다. 시라카와에 따르면 이는 머리를 아래로 하고 나오는 형체를 의미한다. 물론 아래의 '月'은 '달월'이 아니라 이른 바 '육달월'로서, 사람의 몸을 가리킨다.이 낱말은 아이를 낳는다는 의미를 함의한다. 이와 같이 '교'와 '육'의 자학적 논의를 통해 우리는 '교육'을 설명할 수 있다.

한편으로 라틴어 어원을 탐구하며 education의 어원학적 의미를 살피기도 한다. 흔히들 '밖으로 데려가다' 혹은 '밖에 두다'라는 라틴어'educere'에서 이 낱말이 나온 것으로 생각하지만, 사실 이는 부정확한것이다. 또한 이 낱말을 또 다른 라틴어 동사 'educare'에서 나온 것으로보지만, 그 뜻은 식물과 동물을, 나아가서 그 의미가 확장되어 어린이를보살피는 것을 의미하기도 한다.

그다음, 우리나라의 적지 않은 교육사/교육철학 교재는 우리말 '교육'이 등장하는 텍스트로 『맹자』「진심장」을 찾곤 한다.

『맹자』「진심장」에는 군자삼락에 관한, 특히 '敎育'이라는 한자어가 등장하는 잘 알려진 구절이 있다.

맹자가 말하였다. 군자에게는 세 가지 즐거움이 있으나 천하에서 왕 노릇하는 것은 거기에 있지 않다. 부모가 모두 계시고, 형제가 무고한 것이 첫 번째 즐거움이고, 하늘을 우러러 부끄러움이 없고 사람을 굽어보아 부끄러움이 없는 것이 두 번째 즐거움이고, 천하의 영재를 얻어 그를 가르치고 기르는 것이 세 번째 즐거움이다孟子曰, "君子有三樂, 而王天下不與存焉. 父母俱存, 兄弟無故, 一樂也, 仰不愧於天, 俯不 怍於人, 二樂也, 得天下英才而教育之, 三樂也. 君子有 三樂, 而王天下不與存焉."

나는 학생들에게 성리학자들은 '군자삼락' 중 어떤 즐거움을 권했을지 묻곤 하는데, 그럴 때 학생들은 대개 세 번째 것, 즉 가르치는 즐거움을 말하곤 했다. 그런데 주자의 집주에 따르면 첫 번째 즐거움은 내가 어찌 할 수 없는 것, 다시 말해 부모 형제가 구존하고 무고한 것은 하늘에 달려 있는 것이고一係於天, 세 번째 즐거움, 영재를 얻어 가르치는 것 역시 나에게 달려 있는 것이 아니라고 한다. 후자의 경우도 천하의 영재를 가르치고 기르는 것은 결국 영재를 얻는 데 달려 있으므로 이 즐거움의 근원은 영재라는 타자에게 의존하는 것이기 때문이다一係於人. 주자가 단 세주細註를 보면, 그들이 두 번째 즐거움을 강조했음을 잘 알 수 있다. 주자는 "하늘에 부끄럽지 않고 인간에 부끄럽지 않은 것이 근본이고, 그럴 수 없다면 영재를 얻더라도 무엇을 가르치고 무슨 즐거움이 있겠는가"라는 남헌 장씨南軒張氏의 글을 인용했다.『經書』, 718[1]

대개 교육학 혹은 교육사/교육철학 강의는 이와 같이 '자학' 차원에서 여기까지 설명하고 그치기 마련이다. 하지만 그렇게 끝낸다면 그것은 교육학 강의로서 여러 가지 문제를 갖게 된다. 그것은 우선 르불이 지적한 것처럼 어원학은 때때로 위험하기 때문이다.Reboul, 15 탐구를 거듭하면 할수록, 우리는 그 낱말의 역사에 만족할 수 없게 된다. 그것은 교육 개념의 역사에 머문 한계 때문만은 아니다. 문제는 '자학' 수준의 안내가 '교육'의 다양한 맥락적 지식을 함의하지도 않거니와, 더 큰 문세는 이런 식의 접근은 사실적 차원에서도 오류를 범하기 때문이다. 주의 깊게 보면 독자들은 영어education, 프랑스어éducation, 독일어erziehung이 명사로서 오늘날의 낱말 '교육'에 대응되지만, 그것들이 『맹자』 「진심장」의 '교육지敎育之'에 대응하는 낱말이 아님을 어렵지 않게 알아차릴 것이다. 앞서 살펴본 『맹자』 「진심장」의 구절에서 '교육'은 명사가 아니라 '교육지敎育之', 다시 말해 '그(영재)를 가르치고 기른다'는 '동사'로 사용되고 있다.

우리는 '교육'이라는 낱말을 친숙하게 사용하고 있지만, 정확하게 말하면 동양에는 1860년대까지 서구 근대 학교교육의 'education'에 대응하는 낱말이 없었다. '교육'이라는 낱말은 서구어 education 혹은 éducation을 번역하기 위해 근대 일본이 발명한 낱말이다. 일본의 학제, 다시 말해 의무교육, 교육의 기회 균등을 표방한 1872년도의 '오오세이다사레쇼[피앙출서被仰出書]'에도 '교육'이라는 낱말은 없었다. 앙출仰出에 의한被 글, 다시 말해 '천황이 말씀하신 글'이라는 '오오세이다사레쇼'는 1872년 문부성이 제시한 학사장려에 관한 글로 '학제서문學制序文'이라고도 하는데, 여기서도 '교육'이라는 낱말이 사용되지 않았다. 1880년대에 교육 혹은 교육

---

1. 장남헌은 주자의 '중화(中和)'에 관한 논설에서 비판 대상이 되었지만, 주자가 깊이 존숭했던 인물이다.

학이라는 낱말이 점차 유통되기 시작했지만, 기무라 하지메가 잘 지적했듯이 '교육'이라는 낱말은 학교의 보급에 따라 정착된 것이다. 그 결정적인 역할을 부과한 것이 '교육에 관한 칙어'이다.木村元, 4 다시 말해 우리가 빌려 온 '교육'이라는 낱말은 교육칙어가 가리키듯 국가에서 의무교육을 강제하는 학교교육, 즉 공교육의 맥락에서 사용된 것이다. 이런 맥락에서 우리의 일상 언어 '교육'은 사용되었고, 그렇게 흘러왔다. 이와 같이 우리의 '교육'은 학교교육을 근본적으로 함의하고 있다.

요컨대 '교육'이란 일본의 발명어로서 지난 130년 동안 동아시아에서 새로운 문화의 요청으로 등장한 신조어였다. 이는 근대 중국에서도 마찬가지였다. 19세기 중국의 일상 언어에도 교육이라는 낱말은 없었다. 미국 공사로 갔던 모리 아리노리森有禮가 13인의 미국 인사들과 나눈 교육에 관한 질의 답변을 묶어 펴낸 『Education in Japan』이 1873년에 간행되었다. 흥미롭게도 1896년 이 책의 중국어 번역판이 출판될 때 책 제목은 『문학흥국책文學興國策』이었다王智新. 물론 여기서의 '문학'이 좁은 의미의 문학은 아니지만, 중요한 것은 교육이라는 낱말이 19세기 후반 동아시아 전체에서 아주 낯선 낱말이었다는 점이다.

우리는 'Education'을 대신할 낱말을 발명할 최소한의 여유와 여력도 없이 일본의 '학교'교육과 제도에 편입되면서, '교육'이라는 낱말을 전방위로 쓰게 되었다. 우리는 이를 정확히 의식하지 못한 채 학교교육을 배경에 두면서 각자 이상적인 의미의 '교육론'을 덧붙여왔다. 중요한 것은 우리의 '교육' 담론이 '학교' 담론의 자장에서 움직였다는 것이다. 근현대 교육에서 '학교'의 지위는 그 자체가 거의 '선'으로 간주되었는데, '학생은 학교에 다녀야 한다'는 일상 언어도 그 한 가지 방증일 것이다. 물론 사회적 삶의 변화에 따라 학교를 둘러싼 일상 언어도 변했고, 지금도 급격하게 변하고 있다. 그렇지만 그동안 우리에게 '교육'을 받는다는 것은 바로 학교를 다닌다는 것이었고, 교육은 이와 같이 학교교육을 암묵적으로 함축하고 있었다.

한편 우리 교육 담론이 학교교육에 함몰된 것도 문제지만, 학교교육을 함축하는 '교육'이라는 낱말이 엄밀한 구분 없이 관련된 거의 모든 서구어를 일양 번역해버린다는 것도 문제로 지적해야 한다. 분화되지 않는 이 '번역어' 문제는 특히 프랑스 근현대 교육을 연구할 때 하나의 장애로 등장한다. 그것은 근현대 학교교육을 대변하는 '교육'과 '학교교육'을 넘어선 교육 본래의 의미를 탐구할 때 고려해야 하는 '교육'의 의미를 구분하지 않은 데서부터(학교교육에서의 '교육'의 논의 중심은 '가르침'에 있지만, '학교교육'을 넘어서서 교육 본래의 대상을 탐구할 때, 가령 동양의 전통적인 교육을 대변하는 한 가지로 주자학에서 사용되었던 '학學'의 경우 논의 중심은 '배움'에 있다), '덕교육éducation', '지식교육instruction, 知育', 수업을 한다는 의미에서의 교육enseignement, 특정 직업인을 가르치는 의미의 '양성formation', 교사가 교육 실천에서 길러낸 이론인 '페다고지pédagogie' 등을 분별하지 않은 채 모두 '교육' 혹은 '교육학'이라고 옮기고 명명하는 문제를 낳는다. 전문 술어 '교육'을 이처럼 거의 무제한으로 사용하는데, 이러한 오용의 문제는 다음 절에서 분명히 확인할 수 있듯이, 프랑스 혁명기 공교육 담론에 관한 독해에 걸림돌이 된다.

'교육'이라는 일상 언어는 여러 맥락에서 사용되었고, 그만큼 교육에 대한 우리의 이해는 제각각이었다. 이는 전근대적 교육과 근현대 교육의 지향 차이에서도 나타난다. 전통적인 '학'을 탐구하는 이들에게 '교육'은 배움의 의미로 다가갔고, 근현대 '학교교육'의 중요성을 고려하는 이들에게 '교육'은 가르침(교수)의 맥락에서 읽혀졌다. 동양의 '교육'에서 배움의 목적과 대상은 궁극적으로 자기 자신에게 있었다. 이를테면 성리학에서는 본연지성이, 중국 교학불교에서는 청정심 혹은 본각심이 배움의 궁극적인 진리로서 주체 내에 갖춰져 있기 때문에, '교육'의 대상은 배움 자체, 혹은 배우는 주체의 심心 혹은 성性의 회복에 있었다. 반면, 서구 근대 학교교육의 교육은 그것이 덕교육éducation이든 지식교육instruction이든 이미 마련된 '교육과정'을 가르치는 데 주안을 두고 있기 때문에 주된 논의는 어떻게 가르칠 것인가에 관한 것이 앞섰다. 오늘날의 '교육'은 서구 근현대 학교교육의 이념에 따라 등장했고, 실제 그 맥락에 따라 충실하게 작용해왔기 때문에 우리 교육 담론은 원하든 원하지 않든 가르침을 필연적으로 함축하고 있다.

요컨대 근대 동양의 '교육' 담론은 '교육칙어'에서 나타나는, 모든 사람이 배운다는 '국민개학'의 이념에서 시작되었다. 근대 학교교육이 도입되기 이전에, 동양에는 education 혹은 éducation에 해당하는 낱말이, 그리고 그에 대응하는 삶의 방식이 없었다. 따라서 우리의 낱말 '교육'은 서구의 근대 학교교육, 공교육을 도입하면서 따라 나온, 근대학교의 틀에서 읽어야 할 '교육'이었음을 간과해서는 안 된다. 우리가 다룰 프레네 페다고지 역시 공교육 담론에 서 있다. 이상의 논의를 전제하여, 프레네 페다고지의 '페다고지' 논의를 위한 선결 논의로 18세기 말 프랑스 공교육론에서의 '교육' 논의로 돌아가고자 한다.

2.2 교육(éducation) vs. 지식교육(instruction)

프랑스 혁명기의 공교육 개혁안들은 무엇을 가르쳐야 할 것인지를 두고 논쟁하였다. 그 가운데 한 가지 논쟁은 '공교육'이 지식교육instruction에 중심을 두어야 하는지, 아니면 공화국의 시민으로 키우기 위한 '도덕' 교육éducation을 중심으로 해야 하는지에 관한 것이었다.

1789년부터 1794년 사이의 프랑스 혁명은 공교육 개혁론 제출과 상응하여 전개되었는데, 다음 몇 가지 보고서의 명칭에 주의해보자. 탈레랑은 1791년 제헌의회에 『공교육보고서10 septembre 1791 Rapport sur l'instruction publique』를 제출했고, 콩도르세는 1792년 4월에 『공교육 전체 조직에 관한 보고 및 법령안Rapport et projet de décret sur l'organisation générale de l'instruction publique: présentés à l'Assemblée nationale, les 20 et 21 avril 1792』을 냈으며, 1793년에는 르 플르티에의 『국민교육안29 juillet 1793 Plan d'éducation nationale』이 이를 이었다.

위 세 보고서의 공'교육'과 국민'교육'의 원어에 주목해보면, 탈레랑과 콩도르세는 '공교육'으로 'instruction publique'을 썼고, 르 플르티에의 국민교육에서는 'éducation nationale'을 썼다. 'instruction'과 'éducation'의 차이는 단순한 낱말의 차이가 아니다. 이 낱말들은 우리말 번역에서는 공교육으로 같이 옮기기도 하지만, 엄밀하게 말하자면 그것들은 무엇을 가르치고, 무엇을 요구할 것인가에 관해서는 전혀 다른 관점에서 제시된 기술어technical term이다. 프랑스 근현대 교육, 학교교육을 탐구할 때 주의해야 할 한 가지가 바로 이 점이다. 대개 18세기 말 혁명기에 사용된 instruction은 '지식교육'에 방점이 있고, 반면, éducation은 도덕, 시민교육의 함의가 녹아 있다. 위 세 보고서의 내용을 일별하면 이들의 의미 차이가 더 선명하게 드러날 것이다.

탈레랑의 제안은 여성을 공직생활에서 배제하고 가사에 전념케 하는 등 전통적인 관점에 머물러 있어정동준, 133, "모든 시민이 모든 사람에게 주어질 수 있는 교육을 공평하게 받을 수 있도록 보장한다"Barnard, 79는 공화주의의 이상을 담고 있는 공교육 제도를 살피려면 콩도르세의 논의를 기다려야 한다. 간략하게 콩도르세와 이에 대해 반박하는 르 플르티에의 공교육론을, 'instruction' 'éducation' 관점에서 차례로 비교해보자.

20대 초반에 수학자로서 『적분론』을 저술하고 경제학자로서 활약했던 콩도르세Marie Jean Antoine Nicolas de Caritat, margus de Condorcet, 1743~1794는 만년에 공교육 개혁론을 제출한다. 특히 1792년에 제출한 보고서 1권 『공교육의 본질과 목적Nature et objet de l'instruction publique』은 교육의 중요 원리를 강조했다. 그는 모든 인민에게 교육을 평등하게 제공하고, 어린이뿐만 아니라 성인에 이르기까지 평생교육을 강조하며, 루소와 달리 남녀의 교육과정 역시 동일해야 한다는 성 평등의 사고와 함께 남녀공학은 도덕적으로도 유익하다는 흥미로운 제언을 했다. 그가 모든 단계의 교육을 무상으로 제시한 점에도 주목해야 한다. 르 플르티에가 콩도르세에게는 의무교육이 없다고 비판했지만, 그들 사이에 어린이 교육이 무상이어야 한다는 원칙에는 견해 차이가 없었다.

콩도르세의 공교육에는 여러 원리가 있지만, 그것은 지식교육과 도덕교육의 관점에서 말한다면 지식교육instruction에 한하는 것이다. 물론 그는 아이들에게 전하는 도덕에 관한 이야기나 어린이의 도덕관념 형성에 대해 문제의식을 갖고 있었다. 그러나 콩도르세는 분명 공교육L'éducation publique은 지식교육l'instruction을 넘어서는 안 된다고 명시하는데, 그 이유는 다음과 같았다[아래 인용문은 장세룡장세룡, 2002의 번역을 참조하면서 필요에 따라 필자가 수정했다].

왜냐하면 그것은 부모의 권리를 해칠 것이기 때문이다.

공교육이 지식교육으로 그쳐야 하는 또 다른 이유는, 공교육의 역할 확대는 공권력이 존중해야 하는 권리를 해치지 않고서는 그것을 확장시킬 수 없기 때문이다.35

'교육l'éducation'은 우리가 그것이 갖는 모든 의미를 고려할 때, 결코 실증적 '지식교육instruction', '사실과 계산의 진리 교육l'enseignement'에만 한정되는 것이 아니라, 모든 정치적, 도덕적, 종교적인 의견들을 포함한다. 그러나 이런 의견의 자유는 사회가 그들에게 태어나는 세대들에게 그들이 믿어야 할 것을 강요한다면, 그보다 더 헛된 것도 없을 것이다.35

이 같은 관점으로 그 작용은 자의적이어서도, 보편적인 것이어서도 안 된다. 우리는 이미 종교적 견해들이 공통 교육l'instruction commune의 일부가 될 수 없다는 것을 보았다. 왜냐하면 독립적인 양심의 선택이 되기 전에, 어떤 권위도 하나가 다른 하나를 우선시할 권리가 없기 때문이다. 바로 그로부터 도덕교육l'enseignement de la morale은 종교적 견해들과는 엄격하게 독립시켜야 할 필요성이 나온다.   Condorcet, 37

우리는 세 가지 서로 다른 함의를 갖는 원어들을 모두 '교육'이라는 하나의 우리말로 담아낸다. éducation도 교육, instruction도 교육, enseignement도 교육으로 옮긴 것이다. 참고로 일본어 번역에서는 éducation은 덕육, instruction은 지육, enseignement은 교육으로 옮기고 있다. 아무튼 우리말 '교육'을 맥락에 따라 읽으면, 콩도르세는 우선 공교육의 이름으로 자녀교육을 독점하는 것에 이의를 제기하며 '공교육'을 문제 삼고 있다. 그러나 콩도르세의 공교육L'instruction publique에 관한 보고서는 '교육(l'éducation, 덕육)'이 아닌 '지육'에 기초해 있다. 백과사전학파를 계승하는 콩도르세는 한편으로 로크와 콩디야크에게서 경험론의 영향을 받았고, 다른 한편으로 지식의 성장은 인류 진보의 조건이자 결과로 간주하며 지식 증가의 합리적 형식은 수학이라고 믿었다.Michèle Crampe-Casnabet, 18-26 ; 68-71 콩도르세가 교육l'éducation과 지식교육l'instruction을 구분하는 것은, 실은 40년 전에 루소가 견지하던 입장이기도 하다. 어쨌든 콩도르세는 가치교육을 배제한 지식교육에 공교육을 국한시키고자 하였다. 자녀교육에 대한 부모의 권리를 고려해야 하고, 특정 이념이나 종교가 공교육의 이름으로 강제되어서는 안 된다는 이유에서였다.

한편, 르 플르티에는 그동안의 공교육 개혁안이 지식교육에 편중된 점을 지적한다(인용문은 정동준의 번역에 기초했지만, 일부 오역을 바로잡기 위해 필자가 원문을 참조하며 수정하였다).

인간을 기르는 것과 인간 지식을 보급하는 것, 이는 우리가 해결해야 하는 문제의 두 측면이다.
전자는 교육l'éducation을, 후자는 지식교육l'instruction을 구성한다.

지식교육은 모든 이에게 제공된다 하더라도, 사물의 본성 그 자체에 의해, 직업과 능력의 차이 때문에 소수의 사회구성원의 배타적 소유물이 된다. 반면에 교육은 모든 이에게 동일하고 보편적으로 유익하다. 위원회는 하나만 다루었고 유익한 시각을 제시했지만 다른 하나는 철저하게 무시하였다. 한 마디로, 위원회의 공교육instruction publique 계획은 꽤 기대에 부응하는 것처럼 보이지만, 그것은 교육l'éducation을 전혀 다루지 않았다.[2]

르 플르티에는 콩도르세가 구분하듯이 교육l'éducation과 지식교육l'instruction을 나눈다. 콩도르세가 공교육에서 교육(덕육)을 제외시킨 것에 반하여, 르 플르티에는 공교육에 교육(l'éducation, 덕육)을 도입한다. 르 플르티에가 교육을 인간을 기르는 것former des hommes으로 정의하면서, 공교육의 중심 내용을 콩도르세와 다르게 강조했지만, 그들은 교육l'éducation을 도덕교육의 함의를 갖는 것으로 보는 데서는 일치했다.

콩도르세와 르 플르티에가 교육l'éducation을 도덕교육의 맥락으로 읽는 독법은 이미 루소에게서 찾을 수 있다. 루소의 『에밀』은 원제가 'Émile ou De l'éducation(에밀 혹은 교육에 대하여)'이다. 여기서 '교육'은 'l'éducation'이다. 루소는 『에밀』에서 인간 되기와 시민 되기는 필연적으

---

2. "Former des hommes, propager les connaissances humaines; telles sont les deux parties du problème que nous avons à résoudre.La première constitue l'éducation, la seconde, l'instruction.Celle-ci, quoique offerte à tous, devient, par la nature même des choses, la propriété exclusive d'un petit nombre de membres de la société, à raison de la différence des professions et des talents; Celle-là doit être commune à tous et universellement bienfaisante. Quant à l'une, le comité s'en est occupé et il vous a présenté des vues utiles. Pour l'autre, il l'a entièrement négligée. En un mot, son plan d'instruction publique me paraît fort satisfaisant; mais il n'a point traité l'éducation"(Le Peletier, 2).

로 상반되는 두 가지 목적이라고 했다. 또한 그는 조국patrie과 시민이 없기에, 공교육l'éducation publique을 가르칠 공공 기관L'institution publique은 존재하지 않고 존재할 수 없다고 했다. 그럼에도 그는 『에밀』 전편에서 인간homme의 교육 가능성을 전제로 '인간의 교육'을 찾아간다. 흔히들 루소의 교육론을 '소극적 교육'이라고 명명한다. 맞는 말이다. 그러나 '소극적'이라는 낱말의 의미도 그 자체로 탐구 대상이지만, 루소의 '교육'은 그 이상으로 분석철학적 탐구가 필요하다. 루소의 '교육'의 의미는, 우리가 일상적 의미에서 사용하는 '교육'이 아니라 콩도르세와 르 플르티에 식의 구분에 따르면 도덕교육l'éducation의 맥락에서 읽어야 한다. 주의할 것은 루소의 교육의 의미는 도덕교육의 함의를 띠지만, 앞서 검토했듯이 우리의 일상 언어 '교육'을 명료하게 사용하지 않으면 루소의 교육론을 놓치게 된다는 것이다.

『에밀』의 다음 장면을 보자.

> 나는 돌멩이 하나를 쥔다. 그것을 공중에 놓으려는 시늉을 한다. 나는 손을 편다. 돌멩이는 떨어진다. 내가 하는 일을 자세히 보고 있는 에밀을 지켜보며, 그에게 묻는다.
> "왜 이 돌이 떨어졌지?" (…)
> 누구나 "돌멩이가 무거워서 떨어지지"라고 대답할 것이다. 그럼 무겁다는 것은 무엇인가? 그것은 떨어진다는 것이다. 그렇다면 돌멩이는 떨어지니까 돌멩이는 떨어지는 것이라는 건가? 여기서 나의 어린 철학자는 생각에 잠긴다.   Rousseau, 443

자, 위의 장면을 떠올려보라. 교사가 돌멩이를 쥐고, 펴고, 떨어뜨린다. 무거움의 관념에 대해 가르치고자 한다. 그렇다면 이 또한 교육이 아닌가? 교육의 개념을 분화시켜, 이를 교육l'éducation)에 해당하는지, 아니면 지식교육l'instruction에 해당하는지 물어야 하는가? 루소의 이 에피소드는 궁극적으로 사물에 대해 많이 가르치는 것이 아니라 어린이에게 올바르고 명석한 관념을 심어주는 교육을 보여준다. 지금 여기서 우리는 다시 '교육'이라는 표현을 썼지만, 루소 식의 표현에 충실하면 이 '교육'은 교육이 아니라 수업의 함의를 지니는 'enseignement'이다. 루소가 12~15세까지의 소년기에 암기 대신 사물 교육을 강조한 것은 사물을 통한 가르침만이 '올바르고 명석한 관념'을 보증해준다는 믿음에 토대해 있었다. 위 인용문에서 보여준 루소의 교육enseignement 목적은 교육l'éducation, 곧 덕육이 아니다. 그렇다고 그것은 지육l'instruction도 아니다.

루소의 저 문답법을 다시 한 번 생각해보자. 루소는 명석하고 올바른 관념을 심어주기 위해, 암기 대신에 대화를 한다. 여기서 루소는 철학 페다고지의 하나인 '어린이를 위한 철학'의 철학적 문답에 가까운 시도를 하고 있다. '무거운 것은 무엇인가'라는 루소의 저 문답법은 루소가 사용했던 낱말 '교육l'éducation'이 함의하는 바가 아니다. 루소의 언어 게임에서 그것은 궁극적으로 수업을 지향하고 있다. 실제 루소는 이를 '상식의 수업une leçon de bon sens이라고 명명하기도 했다. 그런 의미에서 루소의 저 문답은 도덕교육에서도, 직접적인 지식교육에서도 벗어나 있다. 우리는 이를 무엇으로 명명할 것인가?

루소에게 위의 에피소드는 도덕을 함의하는 교육이 아니라 '가르치다'라는 '교수'의 맥락에서 제시되었다. 교사들은 도덕교육과 지식교육만이 아니라, 교사가 아이와 삶을 나누고 소통하고 가르치고 배우는 실천의 장을 항싱 경험하고 있는데, 혹자는 그것이야말로 참된 교육이라고 생각할지 모른다. 그러면 이 교수에 대한 탐구 혹은 이론, 다시 말해 교육 실천에 대한 혹은 교육 실천을 통한 이론 혹은 탐구를 무엇으로 명명할 것인가? 그것이 바로 우리가 살피고자 하는 페다고지이다. 페다고지는 이 교육 실천의 장을 이론적으로 다루고 있다. 프레네 페다고지를 이해하려면 페다고지에 대한 성찰에서 시작해야 한다는 것은 말할 것도 없다.

2.3 페다고지 vs. 교수학

교대나 사대 교과 교육을 전공하는 학생들은 3학년이 되면 교과별 교재 연구와 함께 교과 '교수법'을 배운다. 교과 교수법 시간에는 주로 교과별로 다양한 수업 모델을 다루며, 이를 습득해간다. 교과 교수법을 그렇게 배우고 학교현장에 가더라도 수업을 자신의 존재 근거로 여기면서 자신의 가르침을 교과 이해와 교수법을 통해서 더 탁월하게 가꾸어가는 경우는 흔치 않을 것이다. 그것은 한편으로 교대와 사대 교육과정에서 가르치는 교수법이 충실하지 못한 문제일 수 있고, 다른 한편으로 앞서도 언급했듯이 우리 교육에서 기대하는 교사의 역할이 '교수'가 아니라, 학교행사와 업무 등을 강조하는 메이지 시대 교사관의 영향사에서 자유롭지 못한 현실 때문이기도 하다. 참고로 일본은 1958년 국가가 강제하는 학습지도요령에 저항하면서, 결과적으로 전후 메이지 시대의 교사관에서 어느 정도 벗어날 수 있었다. 가령 그들은 1950년대의 '교육과정 연구'

에서 1960년대에는 '수업연구'로 들어간 뒤, 교수학을 연구하는 교육방법 학회를 만들었다.安彦忠彦, 15-16 어떤 의미에서 이 시대 연구자들의 문제의 식을 계승한 후학 중 한 명이 '배움의 공동체'를 제출한 사토 마나부라고 할 수 있다. 물론 우리 역시 지금은 비록 담론 차원의 모색이지만, 교사의 바람직한 역할을 '반성적 실천가'에서 찾는 등, 교사의 존재 근거를 수업 에서 구하는 논의가 우리 교육에서도 하나의 상식이 되었다.

교사의 존재 근거가 수업에 있고, 그 수업의 핵심에 교과 이해와 교과 교수법이 있다고 할 때, 우리는 이를 가리켜 교수학didactique이라고 명명 한다. 물론 교대나 사대에서 학습하는 교과 교수법이 교수학의 전부를 의 미하는 것은 아니다. 좁은 의미의 교수학은 교과 교육 방법과 관련되어 있지만, 넓은 의미의 일반적 교수학은 "수업을 위한 방법, 테크닉 그리고 절차 전체"Gaston Mialaret, 159를 의미하기 때문이다.

교육사/교육철학을 수강한 이들은 '교수학'과 관련해, 다음의 저서에 대해 들어본 바 있을 것이다. '디닥티카 마그나Didactica Magna'. 코메니우스 가 1633~1638년에 집필한 뒤 1657년에 출판한, 우리말로 『대교수학』이라 고 부르는 책이다. '대grand 교수학(디닥티카)'. 코메니우스의 교수학은 좁 은 의미의 교과 교수법이 아니라, 수업을 위한 방법과 절차 일반을 가리 키는 일반 교수학을 의미한다.

이 책의 부제는 주지하듯 '모든 사람에게 모든 것을 가르치는 보편적 기술'로 되어 있다. 코메니우스는 각 학교를 1. 유아기(1~6세), 2. 소년기 (7~12세), 3. 청소년기(13~18세), 4. 청년기(19~24세)로 나누어 단계별로 교 육과정을 제시하고, 저서 『세계도해orbis sensualium pictus』1658에서는 150개 항목마다 이름, 그림, 설명문을 넣어 아이들을 문자 세계로 들어가게 한다. 코메니우스의 교수학은 지금은 전통적인 것으로 비판받고 있지만 당시로서는 가장 효율적이었던 '일제수업'을 제시했다. 한 명의 교사가 전체 학생을 10명씩 나눠 각각의 조장을 정해 그들의 도움을 전제로 교사는 수업을 전개한다. 물론 학생에 의한 지식의 능동적 구성에 강조를 두는 새로운 교수학의 관점에서 볼 때 이는 낡은 것이다. 하지만 이와 같은 코메니우스의 학교 구상은 19세기 학교교육의 기원으로 평가받았고, 그의 교수학 이념과 체계적인 교수학은 새로운 지식 체계 보급을 위해 감각적인 학습이 필요했던 17세기를 준비했다는 점에서 의의가 있었다. 아무튼 코메니우스는 디닥티카의 한 전형을 보여주었다.

교수학을 교과 교육 방법으로 정의하든, 보다 넓게 수업을 위한 일체의 절차와 테크닉으로 정의하든, 그것은 일련의 교육 테크닉으로서 궁극적으로 수업을 중심으로 전개되고, 수업을 위해 존재하는, '수업'에 달려 있는 '학'이다. 오늘날 학교교육이 교과 교육으로 이루어질 때, 교과 교수법의 고유한 의의를 인정하지 않을 수 없다. 문제는 교직에 들어선 적지 않은 교사들은 그것이 갖는 실천적 한계 역시 충분히 느낀다는 점이다. 우리가 교실에서 학생들을 만날 때, 배움에 대한 의지와 열망을 가진 탁월한 학생만을 만나는 것은 아니지 않은가? 오히려 현실은 적지 않은 학생들은 공부가 좋아서, 즐거워서 하는 게 아니라 그 반대의 경우가 대부분일 것이다. 따라서 교과 교육, 나아가 교실 교육의 실패는 단순히 해당 교과의 교수법 실패로 환원시킬 수는 없는 일이다. 학급 담임교사들은 대개 학년 초에 학생들과 토론하고 협의하여 학급 규율을 만들 것이다. 그런데 이 규율을 최소한의 존중 없이 누군가가 어길 때, 규칙 지키기와 존중의 주제는 도덕과에서 논의되기 어려울 것이다. 뿐만 아니라 같은 반

친구에 대해 더 이상 '친구' 관계가 아닌 방식의 폭력과 이지메를 일삼는 학생이 있을 경우, 이에 대해 적극적인 조치 없이 방관하는 분위기가 팽배할 때, 민주주의와 정의, 배려 등을 다루는 사회과 제재는 교실 수업에서 설득력 있게 전개되기 어려울 것이다.

교실 교육의 파국을 매일 직면할 때 교사는 무엇을 어떻게 해야 하는가? 이 상황에서 교수법은 특정 교과 교육에서 그 의의를 갖고 있음에도, 현실적으로 때때로 무력해질 수 있다. 이때 요청되는 것은 교과 교육과 함께 교사의 교육 실천에 관한 총체적인 대안이다. 그것은 교육 실천을 거치면서 얻게 된, 해법으로서의 이론과 실천의 변증법적 논의이다. 매일 만나는 어린이에 대한 주의 깊은 관찰, 교실 구성, 듣기 연습, 학습과 교수를 위한 질문 형성, 교육과정 창조, 개별적이면서 협력적인 교실 공동체의 조직과 운영을 통해 얻은 경험의 축적, 이를 통해 터득한 어린이론과 교과와 비교과 활동 사이를 가로지르는 교육 테크닉, 넓은 의미에서 어린이와 함께 하는 현장에서의 '실천'을 통해 얻게 되는 교육이론이 요청된다. 이는 "교수와 학습 과정에 영향을 미치는 복합적 요인을 포괄"Leach & Moon, 266하는 것이다. 우리는 현장 교사의 실천을 통해 터득한 이 교육이론을 페다고지로 명명한다.

물론 교수학과 페다고지는 때때로 대립하는 것처럼 설명되기도 하지만, 실제로 교수학과 페다고지는 차이 이상으로 공유되는 지점이 큰 것 또한 사실이다.Bruno Robbes, 2013 그러나 일반적으로 교수학은 좁은 의미의 가르치는 방법, '어떻게 가르칠 것인가'에 중점을 두고 있는 데 반해, 페다고지는 보다 넓은 의미의 학생의 배움과 교육 실천을 다루는 이론을 가리킨다.

우리나라 교사들은 페다고지 담론에 익숙하지 않다. 교수학, 교육방법학에 대한 남론과 실전은 상대적으로 부족하고, 프레이리의 '피억압자의 페다고지'를 제외하면 페다고지에 관한 논의 자체가 거의 전무한 편이다. 그것은 한편으로 학습지도요령을 떠올리게 하는 국가수준교육과정에 의해, 그리고 연간, 월중 학교행사로 진행하는 단위 학교 수준의 교육과정과 교과서에 의해 교사들의 자율성이 통제된 결과이고, 다른 한편으로는 페다고지 담론이 상대적으로 부재한 영미 교육학의 영향으로도 볼 수 있다. 후자의 경우에 한정해서 말하면, 페스탈로치, 헤르바르트를 위시한 유럽 대륙의 교육사에서는 페다고지가 영광스러운 지위를 갖고 있지만, 영국 같은 경우는 그렇지 못했다.Simon, 34 미국 교육학 역시 별반 차이가 없다. 영국과 미국 교육학에서는 1980년대 초반까지 페다고지에 대해 상대적으로 주의를 기울이지 못했고Smith, '페다고지pedagogy' 혹은 '교수학didactics' 같은 낱말은 드물게 사용되었다. 이는 1990년 휴스턴이 펴낸 권위 있는 『교사교육 연구편람handbook of research on teacher education』 색인에 이들 낱말이 아예 들어 있지 않은 데서 분명히 드러난다.Leach & Moon, 265

페다고지에 대한 우리의 논의는 올리비에 르불의 다음과 같은 진술에서 시작하고자 한다.

> 페다고지라는 낱말은 최소한 두 가지 의미를 지닌다. 우선 수업하고 인성을 기르는 기술, 특히 실천으로 익히게 되는 노하우를 가진 페다고그가 존재한다는 사실이고, 그다음은 이 기술에 대한 이론, 인성을 기르는 기술에 인문학을 적용시키는 '실천이론'이다. Reboul, 51

르불은 페다고지를 한편으로 페다고그와 관련시키고 다른 한편으로 페다고지를 가르치는 기술에 관한 이론, '실천이론'으로 정의했다. 르불의 이와 같은 논의는 어원적으로 페다고지가 어린이를 기르는 기술이라는 '파이다고기아Païdagogia'와 어린이를 책임지는 교육을 전담하는 노예라는 '파이다고고스paidagôgos'와 관련되어 있다는 것을 분명히 나타낸 것이다. 르불이 페다고지를 '수업하고 인성을 기르는 기술에 대한 이론', '실천이론'이라 언급하는 데서 그것은 뒤르켐의 정의를 연상시킨다. 그러나 갸스통 미알라레의 말처럼 페다고지에 관한 정의는 그렇게 간단하지 않다. 때로는 페다고지의 의미가 교육에 관한 성찰의 의미로 사용되기 때문이다. 이를테면 칸트의 페다고지 논의가 그것이다.

1910년 뤼시앙 셀르리에 이르면 페다고지는 보다 구체적으로 정의된다. 그는 페다고지를 "현실에서 출발하고 이상적인 것에 거리를 두며, 개별적 경험, 개인적 방법을 보편적 원리에 의해 연결한 굳건한 시스템을 갖춘 교육 기법의 일반 이론"으로 정의했다.Mialaret, 334 여기서 주목해야 하는 것은 페다고지를 현실과 교사의 개별적 경험, 교사 개인의 방법 차원에서 정의하고자 한다는 점이다. 현장, 교사의 개인적 경험이 말해주듯, 페다고지에 대한 권리 요구는 실천하는 현장 교사들에게 있다. 프랑스에서 페다고지를 연구한 적지 않은 이들은 초·중등 교사의 경험을 가졌던 이들이었다. '집단자유학습' 교육 방법을 만들고 1920년 어린이글모음집 『파랑새』를 만든 쿠지네는 초등 교사로서, 나중에는 장학사로 페다고지를 전파했고, 제2차 세계대전 이후에는 소르본에서 페다고지를 가르쳤다. 초등 교사 재직 경험이 있는, 프랑스 페다고지와 교육과학의 대표적인 연구가 가스통 미알라레는 페다고지 연구를 체계화했으며, 오늘날 프랑스 페다고지 담론을 아주 적극적이고 대중적으로 전하고 있는 필립 메리외는 고등학교 철학 교사였으나 초등에서 어린이를 가르치고자 다시 교육대학교를 다녔다. 20세기 페다고지의 집대성자인 프레네는 평생 초등 교사로 살았고, 20세기 후반 프랑스를 대표하는 제도 페다고지의 창시자 페르낭 우리와 레이몽 퐁비에유 역시 파리 외곽의 초등 교사로서 삶을 마쳤다. 또한 자주관리 페다고지를 제시한, 프랑스 사회학자이자 철학자인 조르주 라파사드도 한때는 초등 교사였다. 여기서 중요한 것은 페다고지를 실천하고 연구한 이들이 초·중등 교사 경험을 가졌고, 그 경험이 이론의 세례를 거쳤다는 것이다. 무엇보다 중요한 것은 페다고지가 본성상 현장의 교사 실천에 뿌리를 두고 있다는 것이다. 개별 교사의 경험과 방법이 이론을 요청하고 이론은 개별 경험에 의해 평가받는, 이론과 실천의 변증법에 기초한 실천이론이 페다고지 개념의 요체이다.

뒤르켐은 페다고지에 대한 정의를 일찍이 내렸는데, 이를 통해 우리의 논의를 보강하고자 한다.

> 페다고지는 교육학la science de l'éducation과는 다른 것이다. Durkheim, 22

이 관념이les idées이 행동이 아니라고 하더라도, 그것은 적어도 행동 프로그램이며, 바로 그 때문에 기법l'art에 속한다. 의학 이론, 정치 이론, 전략론이 그것이다. 이와 같은 사색의 절충적 성격을 나타내기 위해 우리는 그것을 '실천이론théories pratiques'으로 부르고자 한다. 페다고지는 이 같은 종류의 실천이론une théorie pratique이다. 페다고지는 교육 체계를 과학적으로 연구하는 것이 아니라, 교사를 이끌고 갈 관념을 활동에 제

공할 목적으로 교육 체계를 성찰하는 것이다. Durkheim, 23

뒤르켐은 페다고지를 실천이론으로 규정하면서 그것을 교육과학과 구분한다. 이를 염두에 두면, 페다고지와 교수학의 공통분모가 적지 않다 하더라도, 조금 전에 적시한 것처럼 페다고지는 교육 현상을 과학적으로 탐구하는 교육과학이 아닐 뿐만 아니라 교사의 실천 활동에 관념을 제공한다는 데서, 교수학보다 실천적인 성격이 훨씬 더 짙고 적용 범위가 넓다는 데 특징이 있다. 장 우세가 페다고지를 "교육 실천과 이론의 상호 변증법적인 포개짐"Houssaye으로 정의한 것도 같은 맥락에서 이해할 수 있다. 현장 교사가 교육 실천을 해나가는 가운데 필요에 따라 이론을 요청하고, 그 이론은 실천에 의해 검증받으며, 실천을 통해서 하나의 '실천 이론'으로 전개되고, 다시 필요에 의해 이론이 요청되고 실천으로 재통합되는 이론과 실천이 서로 기대어 있는 것이 페다고지이다. 페다고지는 궁극적으로 실천 세계의 한가운데 있는 교사의 실천적 삶을 이론화한 것이다. 페다고지의 세계에서는 더 이상 이론이 일방적으로 실천을 규정하지 않는다. 오히려 교육이론은 실천 속에서 평가, 검토, 수정되고, 다시 이 실천에 의해 또 다른 이론이 요청된다. 프레네의 말처럼 페다고지에 도움이 되는 어떤 이론도 무시해서는 안 되지만, 이론은 반드시 실천하는 교사에 의해 검증을 거쳐야 한다. 이러한 페다고지의 정의는 무엇보다 교사를 교육 실천의 주체로서 요청하는 것이다. 페다고지 자체가 본성상 실천하는 교사를 함의한다. 춤은 춤추는 자 없이 따로 존재할 수 없듯이 페다고지는 실천하는 교사가 없이는 본성상 존재할 수 없다.

페다고지의 이러한 여러 정의를 염두에 두면, 우리가 Pédagogie를 왜 우리말 번역어 대신에 '페다고지'라고 쓰는지 이해할 것이다. 일부 사람들은 그동안 페다고지를 '교육학'으로 번역해왔다. 그러나 이는 페다고지에 대한 성찰, 최소한의 합의된 정의를 반영하지 못하는 일차적인 문제가 있다. 페다고지를 뒤르켐에 따라 '실천이론'으로 정의하면, 페다고지 번역어로서의 '교육학'은 좀 더 분명한 수식어로 한정되어야 한다. 적어도 '교육실천이론'과 같이 교사의 '실천', 그 '현장'을 강조하면서 번역어가 만들어져야 한다. 그렇지 않고 페다고지를 단지 '교육학'으로만 제시한다면 그것은 실천하는 교사를 함축하는 페다고지의 원 의미를 담아내지 못할 뿐만 아니라 우리 일상어와 충돌하는 문제도 있다. 일상에서 우리는 프랑스어 'les sciences de l'éducation'와 영어 'science of education'을 학문으로서의 교육학으로, 다시 말해 교육과학을 줄여 나타낸 '교육학'으로 번역, 사용해왔음을 간과해서는 안 된다. 우리가 일상 언어에서 '교육학을 전공한다'거나 '교육학과 소속'이라고 할 때, 그것은 '페다고지'를 전공한다는 의미에서 '교육학' 전공이나 '교육학과'를 의미하지 않는다. 우리는 일상 언어에서 교육과학을 줄여서 교육학으로 사용하고 있는데, 이 쓰임을 존중한다면 페다고지를 안일하게 교육학으로 번역할 순 없다. 게다가 앞서 말했듯이 페다고지의 원 의미가 다의적일 뿐만 아니라, 교육에 있어서 실천과 이론의 변증법적 전개, 다시 말해 실천이론이라는 적어도 합의 가능한 최소한의 정의를 염두에 두면, 이를 교육학이라고만 해서는 그 의미를 놓쳐버리는 문제가 생긴다.

끝으로 페다고지에 대한 일각의 비판을 상기해보는 것도 페다고지의 이해를 위해 도움이 될 것이다.

페다고지는 뒤르켐의 말처럼 교육 현상의 진위를 가릴 수 있는 과학적 언명의 체계가 아니다. 보편적인 진리를 상정하고 검증 혹은 반증의 절차를 추구하는 과학의 기준에 설 때 페다고지는 과학적 언명의 층위를 갖지 못하는 이론이 된다. 그러면 헴펠 식의 논리실증주의적 기준에 따라, 혹은 포퍼 식의 비판적 합리주의의 반증 가능성의 논리에 따라, 페다고지를 '사이비' 이론이라고 해야 하는가? 실제 페다고지에 대한 비판적 시각이 없지 않다. 올리비에 르불은 페다고지가 꽤 이데올로기적이라고 지적한다. 그는 서로 양립 가능하지 않은 복수의 페다고지 자체가, 페다고지의 이데올로기적 속성을 증명하는 것이라고 말한다. 그러나 이런 식의 진단은 한편으로는 '이데올로기'라는 수식어를 남용하면서 논점을 과장, 확대하는 것이며, 다른 한편으로는 교육이 불가피하게 가질 수밖에 없는 '이데올로기적 속성'을 부정적으로 단정 짓는, 어떤 의미에서는 그것 역시 편향된 시각임을 드러내는 것일 수 있다.

실제 페다고지에서는 교사 개인의 교육 실천과 이를 뒷받침하는 혹은 아우르는 n개의 실천이론이 가능하다는 점에서, 어떤 의미에서 이를 교육의 진영 논리로 볼 수도 있다. 그러나 페다고지는 본성상 그 실천이 갖는, 다시 말해 교육 실천에 연루된 교사들의 이데올로기를 함축할 수밖에 없다. 파울로 프레이리 저서 『피억압자의 페다고지』가 좋은 예이다. 프레이리의 페다고지는 '페다고지'와 '억눌린 자the oppressed'를 연결시키면서 비판적 페다고지를 제시한다. 그러나 프레이리 식의 비판적 페다고지 또한 비판 대상이 될 수 있다. 이를테면 그것은 젠더 감수성이 충분히 고려되지 못했다는 비판이 있다. 양립 가능하지 않은 페다고지의 혼거는 지난 100년 전에 나타난 새교육 페다고지들의 양상이기도 했다. 프레네 페다고지와 몬테소리 페다고지 사이에는 동거 지점이 일반인이 상상하는 것 이상으로 넓다. 반면, 프레네 페다고지와 슈타이너 페다고지 사이에는 통약 불가능한 지점이 더 크다. 그러나 페다고지 사이의 이견과 충돌은 부정되어야 할 것이 아니라 오히려 교육 실천의 견지에서는 보편이란 것은 없다는 진리를 확인해주는 증표일 수 있다. 그러니 이를 이데올로기적 속성이라고 할 수만은 없다. 물론 인식론적 무정부주의자 파이어아벤트 식으로 우리는 과학조차 모두 이데올로기라고 부를 수는 있지만, 르불처럼 '페다고지'에만 이 딱지를 매기는 것은 편향적이다. 다른 한편으로 우리는 페다고지를 르불 식의 부정적 평가가 아니라 긍정적으로 평가할 수 있다. 실천교육이 지닌 고유한, 특수한 맥락을 고려할 때 말이다. 반복적으로 말하지만 페다고지는 특정한 문화적, 역사적 맥락에서 실천하는 교사를 본래적으로 함축하고 있다. 그 때문에 페다고지라는 실천적 진리는 긍정적인 의미에서 이데올로기적일 수밖에 없다. 프레이리의 말처럼 '교육 실천에서의 근본 문제는 이데올로기 문제'이고, "이데올로기의 존재는 우리가 생각하는 것보다 훨씬 더 크다."프레이리, 152 쟁명하는 n개의 페다고지들이 이를 잘 보여준다.

이렇게 페다고지는 교육학science of education이 아니라, 실천이론, 다시 말해 실천하는 현장의 교사를 가운데에 두고 이론과 실천의 계속되는 포섭을 의미한다. 이미 우리에게도 다양한 페다고지가 지나갔고, 어떤 것은 머물러 있으며, 또 다른 것은 생성 중이다. 현장 교사의 교육 실천을 통해서 지난 10여 년 동안 한국에 도입되고 연구, 실천되는 사토 마나부의 '배움学び의 공동체'는 전형적인 우리 시대의 한 가지 페다고지이며, '어린이를 위한 철학' 역시 20세기 후반에 큰 영향을 끼친, 1998년 유네스코가 주목한 하나의 '철학' 페다고지였다.박찬영, 2008 또한 프레네 페다고지와 제

도 페다고지, 슈타이너 페다고지가 그러하고, 피아제나 비고츠키의 이론을 통해서 축조 가능한 복수의 페다고지도 같은 범주의 것으로 간주할 수 있다.

우리의 삶이 숱한 맥락을 갖고 있고, 교사와 아이들이 만나는 삶의 방식 역시 복수일 때, 특화된 이론들에 의거하고, 혹은 실천 속에 이들을 검토하면서 주어진 교육적 모순을 극복하려는 교사들의 노력이 이어질 때 n개의 페다고지는 계속될 것이다. 앞으로 도래할 페다고지들의 백가쟁명은 페다고지가 필연적으로 함축하는 실천적 교사, 바꿔 말해서 교사의 존재 근거인 페다고지가 비로소 교사에게 회복되는 징후일 것이다.

3.

프레네 생애사로 보는
프레네 페다고지의 형성과 전개

프랑스어를 읽을 수 있다면 프레네가 1947년 그의 동지들과 같이 만든 운동 단체인 '현대학교협회ICEM'의 이름을 딴 인터넷 사이트를 통해 프레네 페다고지에 관한 교과서 차원의 이해를 갖출 수 있을 것이다. 이를 대신하여 우리말로 프레네 페다고지의 전체 얼개에 다가갈 수 있는 것으로는 황성원의 『셀레스탱 프레네』황성원, 2010가 있다. 이 책은 프레네 페다고지에 관한 입문서 수준의 논의에 도움을 줄 것이다. 다만, 프레네 페다고지에 관심이 있을 유·초·중등 교사들의 물음에 대해, 소개서가 그렇듯이 참으로 묻고 싶은 물음에 친절하게 답해주지 않는 한계가 있다. 이 장에서는 프레네 페다고지가 탄생하고 전개되며 완성되어가는 가운데 프레네를 중심으로 일어난 에피소드를 중심으로 프레네 페다고지를 가까이서 조명하고자 한다.

3.1 바쉬르루에서의 교직생활

1896년 프레네는 남프랑스 시골 중의 시골, 갸르Gars에서 태어났다. 이 해는 페다고그들에게 매우 의미 있는 해다. 왜냐하면 페다고지 이론과 실천에 관련한 주요 인물이 잇달아 태어났기 때문이다. 1896년 8월에는 피아제가 태어나고, 10월에는 프레네, 11월에는 비고츠키가 태어났다. 피아제와 비고츠키는 세련된 문화 환경에서 학문적으로 성장한 반면, 프레네는 궁벽한 시골에서 살다 10대 후반에야 니스로 나오게 된다. 1912년 10월 니스사범학교에 들어간 프레네는 1914년 학기 중에 자기 고향 그라스 인근 지역인 생세제르Saint-Cézaire로 발령이 난다. 일반적으로는 3학년 때 교생실습을 가야 하는데, 이것을 생략하고 제1차 세계대전 발발로 사범학교 3년을 채우지 못하고 교사로 발령이 났다. 그는 근무한 지 6개월이 지난 1915년 4월 10일 징집된다.

사범학교를 다녔지만 페다고지와 교육학에 관해 크게 배운 바가 없었다. 프레네는 짧은 교사 생활을 끝으로 1915년 9월 소위 후보생으로 들어간다. 1916년 2월 샹파뉴 참호에 도착한 뒤 1년 반이 지난 1917년 10월 23일 슈맹 데 담 전투에서 총탄으로 오른쪽 폐에 부상을 당한다. 그때가 만 21세였다.

이 부상으로 프레네는 상이용사가 되었고, 병원에서 병원을 옮겨 다니며 4년간 요양을 한다. "소나무 옆에 있는 둥근 의자가 딱"이라는 불치의 선고를 들었지만 이를 거부하고 초등학교 교사로 돌아온다. 예나 지금이나 초등학교 교사의 삶은 녹록지 않은데, 프레네는 장애까지 있었다. 프레네는 부상으로 오래도록 말을 하는 것이 힘들었다.

1964년에 나온 프레네의 『현대학교의 프레네 교육법Les techinques freinet de l'ecole moderne』에는 프레네가 자신의 과거를 회상하는 한 대목이 등장한다.

많은 동료들처럼 나 역시 별다른 노력이나 걱정 없이 퇴직 때까지 주어진 대로 편안하게 사는 것에 만족할 뻔했다. 1920년에 제1차 세계대전에서 돌아왔을 때 나는 쇠약했다. 나는 숨이 차서 교실에서 몇 분도 말할 수 없는, 폐를 다친 '영광의 상이용사'였다. 호흡은 위태로웠지만 다른 교수법이 있으면 내가 사랑하는 일을 정상적으로 할 수 있지 않을까 생각했었다. 그러나 주의 깊게 듣지 않고 이해도 못하는 아이들(아이들의 멍한 눈빛이 그것을 웅변해준다)을 앉혀놓고 하는 수업은 한눈팔고 말을 듣지 않은 아이들을 바로잡느라 중단되기 일쑤였다. 나는 과거에 했듯이 다음과 같이 꾸짖었다.

"너, 잘 듣지 못하겠니!"
"너, 의자 발로 차는 거 멈추지 않을래?"
"내가 한 말 다시 해 봐."

이런 것은 내 신체 능력을 넘어서버린 교실의 폐쇄적인 분위기에서는 쓸데없는 일이었다. 물에 빠진 사람이 가라앉지 않으려고 바동대듯 나는 살아남을 방법을 찾아야 했다. 나에게 그것은 사느냐 죽느냐의 문제였다.

내가 동료들처럼 말과 몸짓으로 학생들을 조용하게 통제할 정도로 폐가 좋았다면 내 기술은 누가 뭐래도 그만하면 괜찮다고 스스로 확신했을지도 모른다. 나는 우리가 전통적 학교라고 부르는 그것의 제1 도구, 즉 말로써 계속 수업을 했을 것이고 그 결과 내 실험은 아주 일찍 끝나버렸을지 모른다.

Freinet, 1964a, 15

이렇게 프레네 페다고지의 탄생에는 그가 참전 중에 입었던 폐 부상이 놓여 있었다.

프레네가 첫 교직에 들어선 바쉬르루 초등학교는 남학생 두 학급이 전부인 학교로, 동료이자 학교 운영을 맡았던 교장이 있었다. 프레네의 아내 엘리즈의 말에 따르면 교장은 아주 선량했다고 한다. 여담이지만, 혹자는 프랑스에서는 교장도 수업을 한다고 하는데 이는 반은 맞고 반은 틀린 이야기다. 초등학교의 경우 교장은 교사일 뿐이다. 교장에게는 행정적 권한이 없다. 다시 말해 교사에 대한 근무 평가나 감독을 할 권한이 없다. 초등학교 교장은 학교위원회conseil d'ecole를 주재하고 학교 관리를 하며 교육 지도를 할 뿐이다. 14학급 이상인 경우에는 학교장은 행정업무에 전념할 수 있지만 그보다 작은 규모의 학교에서는 수업을 병행해야 한다. 그러나 중·고등학교 교장은 우리나라 학교장과 거의 같은 역할과 권한을 갖는다. 직원과 교사를 관리 감독하고, 학교 의결사항을 준비하고 집행한다. 따라서 프랑스에서 학교장도 수업을 한다는 것은 외견상 학교장으로 보이는 소규모 초등학교 교장에 한할 때는 타당하다. 그러나 엄밀하게 말해서 초등학교 교장은 인사관리 등 행정적 권한이 없기에, 우리나라 식으로 말하면 동학년 부장교사 정도의 의미를 넘어서지 않는다.

이런 배경도 있어서 전통적으로 프랑스 초등학교 교장은 대개 허물이 없다. 행정적으로 위계가 없는 동료 교사이기 때문이다. 그러나 프랑스도 중등 학교장과 일반 교사의 위계는 상대적으로 엄격한 편이다. 파리에 살 때 내 이웃이었던 중학교 프랑스어 교사는 학교장과 만나는 일은 불편한 일이라고 말했다. 아무튼 프레네는 친절한 동료 교장과 근무했지만 교장 선생이 전해주는 조언이래야 학부모와 잘 지내는 방법이나 장학사가 왔을 때 무사히 장학을 마치는 팁이 전부였다. 프레네 자신도 사범학교를 다니면서 특별히 배운 것이 없었고, 페다고지 차원에서는 여느 일반 교사와 똑같은 처지였다. 그렇지만 프레네는 이후 실천에 있어서 위대한 페다고그가 된다. 그런 의미에서 교대, 사대 교육이 좋은 교사의 성장을 언제나 함축하는 것은 아닌 듯하다. 국내외를 막론하고 탁월한 페다고지를 실천하는 적지 않은 교사들은 거의 대부분 현장에서 배우며 자신의 세계를 완성해간 이들이기 때문이다.

어쨌든 아는 것 없고, 호흡까지 좋지 않아 설명 중심 수업도 할 수 없었던 프레네는 한동안 재래의 수업을 반복한다. 맞은편 교실의 학교장은 목소리가 우레와 같았고, 가끔은 자로 책상을 두드리며, 글쓰기 숙제를 내주거나 따라 써야 할 낱말을 제시하고, 어떤 경우에는 말 안 듣는 아이들을 골마루로 거칠게 쫓아내버렸지만, 프레네는 그조차도 할 수가 없었다. 그런 고민 끝에 프레네가 찾은 방법은? 학급인쇄기?

아니다. 프레네는 사범학교 3년 중에 2년밖에 다니지 않았고, 전쟁으로 그나마 1년은 교생실습 없이 교사가 되었으며, 짧은 교사 생활 끝에 징집되어 상이용사로 돌아왔다고 하지 않았던가? 이런 상태에서 훗날 프레네 페다고지를 대표하는 혁신적인 방법이 바로 나올 리가 없다. 1923년까지도 프레네는 미숙한 초임 교사였다. 한 명의 페다고그로서 성장 소설과 같은 삶을 보여준 프레네에게서 우리가 찾을 수 있는 것은 정직한 실천과 공부다. 물론 프레네에게는 실천과 공부 이상의 삶에 대한 낙천적인 희망이 깃들어 있었다. 어쩌면 후자가 일반 교사와 탁월한 페다고지를 실천하는 교사를 가르는 구획 기준이라 할 것이다. 절망하지 않는 힘. 아무튼 페다고지 실천 경험도 없고, 몸도 불편했던 초임 교사 프레네는 무엇을 선택했을까?

프레네가 선택한 것은 장학사 시험이었다. 어떤 이들에게 이 선택이 실망스러울지 모르겠지만, 실제 프레네의 처지에서 할 수 있는 가장 좋은 선택이었을지 모른다. 무엇보다 '말'로 하는 수업을 하지 않아도 되고, 동료 교장까지 전전긍긍했던 장학 에피소드를 들으면서 교장, 교원 평가 권한을 가진 장학사의 길에 매력을 느꼈을 수 있다. 게다가 20세기 전반기의 일부 프랑스 장학사는 새교육의 전도사 역할을 했다. 이를테면 초등교사에서 장학사가 되었던 쿠지네의 경우 프랑스 교육을 새교육으로 다시 세우는 데 그 얼마나 열성적이었던가! 프레네는 시험을 준비했다. 장학사 시험을 공부하면서 교재에 들어 있는 심리학자의 글을 읽었지만, 그 메시지는 추상적이고 주지주의적이었다. 대신 라블레, 몽테뉴, 페스탈로치, 루소에게서는 그와 반대되는 생명력을 발견했다. 스펜서, 윌리엄 제임스, 분트, 리보 등을 읽었지만, 참으로 즐거운 시간은 가르강튀아와 팡타그뤼엘, 특히 페스탈로치와 함께했을 때였다. 하지만 프레네는 장학사 시험에 합격하지 못한다.

셀레스탱 프레네의 이름에 가려졌지만 프레네보다 더 논리적으로 글을 썼고(프레네의 글을 읽으면 답답한 게 사실이다. 번역하기가 쉽지 않다. 그의 책 『마티외의 어록』을 영역한 시벨의 말처럼 프레네의 글은 남프랑스 사투리와 만연체로 가득하다), 프레네 이상으로 프레네 페다고지에 삶을 바쳤던 이는 아내 엘리즈 프레네다. 프레네가 자기 이름을 딴 '프레네 페다고지'라는 명명에 망설일 때에도 적극적으로 권한 것이 그녀였고, 프레네가 우유부단한 상태에 놓일 때는 항상 독려하며 굳세게 걸어가도록 종용했다. 그런 그녀는 자신의 책 『민중 페다고지의 탄생*Naissance d'une pédagogie* *populaire*』에서 프레네가 1922년 문학교사직 시험professorat de lettres에 합격하여 에콜 쉬페리외르 드 브리뇰르Ecole supérieure de Brignoles로 가게 되었지만 그 직을 포기하고 바쉬르루로 돌아왔다고 썼다.

특정 페다고지에 대해 지나치게 충성스러운 이들은 때때로 창시자에 대한 신화 만들기를 하곤 하니 주의해서 읽어야 한다. 왜냐하면 우리는 1920년대 프랑스 장학사 합격자 명단에서 프레네 이름을 찾을 수 없고, 이 '문학교사직' 건에 대해서도, 프레네 일대기에 관한 가장 많은 사실적 보고를 갖고 있는 미셸 바레의 경우, 엘리즈 프레네가 적시한 해당 구절에 대해 어떤 사실적 자취도 찾지 못했다고 고백하기 때문이다.Michel Barré, 1995, 17 물론 엘리즈 말대로 사실일 가능성도 있지만, 그때조차 프레네를 이해하는 데 방해가 되는 불필요한 아우라는 피해야 한다. 우리가 프레네 페다고지를 탐구하면서 확인할 수 있는 것은 프레네는 끊임없이 성장해간 페다고그였고, 그의 페다고지는 무수한 암중모색의 실천 속에서 얻은 이론이었다는 것이다.

우리나라에 프레네 페다고지를 성실하게 소개해온 송순재의 경우 "1923년 그는 교수 자격시험에 합격했지만 교수로 일하기를 포기하고 그 대신 다시금 가난한 사람들의 아이들이 있는 옛 일터로 돌아갔다"송순재, 212고 밝히고 있다. 그러나 프레네가 교수를 포기하고 아이들로 돌아갔다는 송순재의 기술은 사실이 아니다. 어쩌면 독일어 연구서의 오역에 기초한 설명일 수도 있었을 것이다. 독일어로 번역된 프레네 선집의 질은 결코 높지 않다. 내가 번역하고 있는 프레네의 『프랑스 현대학교』의 경우 독일어, 스페인어, 일본어 번역을 모두 참고했는데, 일본어 번역도 문제가 많지만 독일어 번역 역시 그에 못지않았다. 1920년대 프랑스 학제에 밝지 못한 독일인들이 프레네 저서 및 안내서를 그런 식으로 직역하거나 아니면 오역한 것에 의지한 결과였는지도 모르겠다. 어쨌든 프레네가 에콜 쉬페리외르 드 브리뇰르의 프로페서가 되었다고 엘리즈는 말하고 있지만, 이것이 사실이라 하더라도 이 에콜 쉬페리외르는 고등사범학교가 아닌, 초등학교를 마친 이들 중에 중등교육으로 가지 못하고, 대신 초등 이후 3년간의 '보충교육'을 제공하는, 오늘날 식으로 말하면 일종의 '중학교' 수준의 학교에 해당한다. 1920년대 프랑스 초·중등 학제는 복선형을 취했던 것이다.

기타 페다고지 연구에서도 발견되지만, 특정 페다고지에 대한 지나친 충성과 페다고지 창시자에 대한 과도한 신화는 페다고지에서 일반적으로 나타나는 현상이다. 몬테소리나 드크롤리에 대한 신화도 얼마나 많은가! 현대 페다고지 테크닉을 마치 프레네에게서 기원하는 것처럼 기술하는 경우가 있는데 그 역시 그렇지 않다. 프레네의 테크닉 대부분은 다른 데서 빌려 온 것을 수정해서 재구축한 것이다. 이런 지적은 나만의 것이 아니라, 프레네 페다고지 연구에서 사료적 집대성을 이룬 빅토 아커의 지적이기도 하다. 프레네는 소심했고, 때때로 페다고지 실천에서 좌절했으며, 이론 투쟁에서는 소극적이었다. 그러나 프레네는 끊임없이 낙천적인 삶의 희망 속에서 암중모색하며 성장해갔던 인물이다. 한국의 페다고지 실천가가 프레네에게 배울 것이 있다면 그것은 바로 이런 점들이다.

바쉬르루에서 재직할 동안 프레네는 1923년 몽트뢰에서 열린 국제새교육연맹 모임에도 참여하였고, 1925년에는 구소련에 가서 레닌의 아내 크룹스카야를 만났다. 바쉬르루 재직 시절, 우리의 최대 관심은 그의 인쇄기 발명이다. 프레네 테크닉 중 제일의 위치를 점하는 이 발명은 그로 하여금 교육 전체를 재검토하게 한 위대한 발견이었다. 때는 프레네가 브리뇰르 중학교 교사직에 합격했지만 이를 거부하고, 바쉬르루에 돌아왔다고 엘리즈 프레네가 말했던 그다음 해다.

프레네는 인쇄된 종이에 주목했다. "흠결 없고 깔끔한 한 장 한 장은 영구성과 위엄을 갖고 있다." 이는 유의미한 기술이다. 프레네가 인쇄기를 교실에 들고 온 것은 페다고지 차원의 함의 이상의 것이 있다. 닐 포스트먼의 지적처럼 인쇄술이 발명된 후 글을 읽을 수 있는 사람과 읽을 수 없는 사람 사이의 구분이 확실해지고, 모국어의 영향력은 커졌으며 교양 있는 인간이라는 시각이 만들어졌다. 인쇄술 시대부터는 아이들은 읽기를 배우면서 성인이 되기 위해 노력해야 했다. 유럽 문명은 학교를 재창조하지 않으면 안 되었고, 아동기는 이러한 과정에서 생겨난 필연적인 결과물이다. 닐 포스트먼은 아이들은 더 이상 축소판 성인이 아니라 아직 완성되지 않은 성인으로 간주되었다고 했다.Postman, chap II, III 어린이가 지식 세계에 편입되려면 인쇄된 인쇄물의 학습이 불가결한데, 프레네는 아이들에게 인쇄기를 쥐어준 것이다. 이는 하나의 상징적인 행위이다. 왜냐하면 이는 어린이에게 성인과 같은 지식 구성 세계의 정회원 자격을 주는 것으로서, 어린이와 어른의 지위가 둘이 아니고 어린이의 학습과 성인의 일이 다름이 없다는 것을 시사하는 것이기 때문이다. 물론 학급에 인쇄기를 도입할 때 프레네가 이를 의식하고 했던 것은 아니다. 그러나 그것이야말로 페다고지적 상상력의 발로이다.

프레네는 우리나라 사람들에게도 여행지로 잘 알려진 향수의 마을, 그라스 지역에 들러 향수 대신 인쇄 아틀리에로 갔다. 인쇄공들은 이렇게 반응했다.

그러나 인쇄공들은 웃었다.

"천만에요. 선생님은 그놈들과 어떤 것도 하지 못할 겁니다. 그 애들은 활자를 잃어버릴 것이고, 몰래 훔쳐갈 겁니다. 선생님은 돈만 버릴 겁니다."

우연은 때때로 훌륭한 일을 한다. 프레네는 잡지를 넘기다가 할인 판매 중인 시뉘Cinup 인쇄기 광고를 보았다. 그는 편지를 썼다. 그것은 '바쉬르루의 페다고지' 중심을 잡고, 앞으로 해마다 민중교육 운동을 일으키게 할 도구의 발견이었다. Freinet, Elise., 33

이후 프레네와 아이들은 함께 작업하여 최초의 인쇄물을 얻고 때로는 감격하고, 때로는 더 나은 것을 꿈꾸었다.

사실 맨 처음 만든 인쇄물은 그렇게 훌륭하지는 않았다. 단지 네댓 줄의 문장에 지나지 않고 압착도 제멋대로였다. 그들의 작품을 아무리 관대하게 봐주더라도 신규 식자공들은 그것은 기대했던 것만큼 멋진 인쇄물이 아니었다는 것을 인정해야 했다.

그러나 아이들은 쉬이 만족했다.

"선생님, 보세요. 전부 아주 잘 읽을 수 있어요." Freinet, Elise., 33

아이들은 자신들이 만든 인쇄물을 교장 선생님에게 보여줄 때도 있었다. 때로는 성공하고 때로는 실패하면서 말이다. 프레네는 아이들과 같이 만든 것 중에서 가장 잘된 것을 골랐다. 니스에 생디카(조합) 모임이 있는 날 동료들에게 보여주기 위해서였다. 기차에서 내려 모임 전에 몸을 녹

이러고 몇몇 동료들이 모였던 골목 가게에서 프레네는 자신이 시도한 것을 보여줄 기회를 엿보았다. 그는 머뭇거리며 작품을 꺼내고 교육 현실에서의 그 가치를 설명했다. 마음씨 좋은 동료 여교사가 글을 주의 깊게 읽었다. 프레네는 떨렸다. 학급에 인쇄기를 도입하여 실천한 이 결과물에 대한, 활동가인 조합(생디카) 동료의 반응을 긴장하면서 기다렸다. 그녀는 이렇게 말한다.

"불쌍한 프레네. 당신은 실천적인 건 못 할 것 같네요." Freinet, Elise., 35

다른 동료들은 관심도 없이 커피만 마시고 있었다고 한다. 전통적인 수업에 적응할 수 없었던 프레네가 하나의 대안으로 인쇄기를 학급에 도입했다, 그랬더니 동시대 교사가 열광을 한다? 그것은 이후 프레네 페다고지가 형성되고, 보급되면서 이를 사랑하고 연구하고 실천하는 이들에게서 기대할 수 있는 반응이다. 프레네는 조합 동료들의 평가에 실망했다. 그러나 실망은 오래가지 않았다. 프레네는 삶에 대한 낙천적인 희망으로 가득한 사람이었다. 게다가 작가이자 잡지 『빛Clarté』을 운영하던 코뮈니스트 바르뷔스가 그를 일찍부터 알아보았다.

프레네는 이후 학교 인쇄기를 활용하는 교사 운동을 만들었고 인쇄물을 학교 간에 교환하며 학교통신을 이어갔다.

3.2 생폴에서의 교직생활

바쉬르루, 원래 이름은 정관사 '르(Le)'를 붙여 르 바쉬르루라 해야 하지만 프레네의 명명법대로 우리도 바쉬르루 학교라 부르자. 바쉬르루에서 프레네는 8년을 근무했다. 이때 오늘날의 프레네 테크닉의 대부분이 암중모색되면서 형성된다. 게다가 프레네가 바쉬르루에 근무했을 때, 이 마을에도 새교육의 바람이 불어오고 있었다. 이를테면 1923년에는 프랑스 당국이 나서서 '초등교육 교육과정과 방법'을 보급해 새교육의 메시지에 공명하며 프랑스 공교육을 변화시키고자 한 노력이 있었다. 유럽 새교육 페다고지와 페다고그가 소개되었고, 아이들과 '산책'을 권장했다. 같은 시기에 프레네는 오후에 '산책'을 시도한다. 엘리즈 프레네의 표현대로 그것은 '대담하게' 시도되었다. 이는 오후 시간에 학교 밖을 나가는 '산책'에 대해 동시대 동료 교사와 학부모의 시선에는 불안과 우려가 섞여 있었다는 것

바쉬르루 코뮌 안을 들어가면 프레네의 옛 학교 터가 있다. 오른쪽 중간에 프레네가 근무했던 사실을 적시한 표지가 있다.

여기 바쉬르루의 옛 초등학교에서 셀레스탱 프레네는 1920년부터 1928년까지 현대 민중 페다고지의 토대를 고안했다.

을 말해주는 것이기도 하다. 하지만 바쉬르루의 교장 선생님은 담담하게 이를 받아들이고, 학부모는 내심 아이들을 게으르게 만드는 것은 아닌지 염려했지만 별일 없이 지나갔다.

바쉬르루는 산골이다. 인근 그라스는 향수로 잘 알려진 관광지이지만, 바쉬르루는 그렇지 않다. 다니는 버스도 적고 관광객이 들를 만한 곳도 아니다. 바쉬르루는 낙후되었지만 그만큼 푸근하기도 하였다. 프레네가 근무하던 학교는 더 이상 존재하지 않지만 필자는 일부러 바쉬르루를 찾은 적이 있었다. 기초자치단체인 코뮌commune에서 프레네가 근무한 학교 교실을 개조하여 프레네에 관한 홍보, 전시를 하고 있었다. 해가 지면 돌아갈 버스가 없을 정도로 한적하고, 세련된 건물도, 생폴과 같은 중세적인 고풍스러운 건물 하나 없는 곳이지만 사무소에는 프레네가 근무했으리라 짐작되는 곳에서 프레네 교육 관련 사진을 보여주며 우리를 반겨주었다. 한국에 프레네가 알려져 있는지 묻기도 했는데, 정작 이곳에 한국

바쉬르루 프레네학교
를 에워싼 풍광

인으로서 방문한 것은 우리가 처음이었다. 바쉬르루에 대해 필자의 인상
을 이렇게 소개하는 것은, 바쉬르루 시절 프레네가 주민의 지지를 얻었던
것은 그가 지역민과 적극적으로 관계하고 협동조합 운동에 열심이기도
했지만, 무엇보다 이곳이 그만큼 소박하고 넉넉한 곳이었기 때문에 그를
받아들였을 수도 있었다는 생각에서이다.

　1928년 프레네가 생폴(생폴드방스로 이름이 바뀐 것은 최근의 일이다)
로 전근을 갔을 때, 프레네는 세속화 교육을 싫어하는 전통적 가톨릭교
도들의 반발과 함께, 지역 주민들과 갈등을 겪을 수밖에 없었다. 생폴은
우리나라 사람들에게도 잘 알려진 관광지이다. 니스로 여행을 가면 인근
의 생폴드방스는 지역의 필수 여행코스이다. 산 위의 마을에 다시 미로
가 이어지는 중세 성곽은 상당히 고풍스럽다. 훗날 샤갈이 약 20년을 살
았고 마티스도 머물며 작품을 남긴 이곳의 근사한 풍경은 전근을 앞두
고 답사했던 프레네 부부를 매혹시켰다. 프레네는 인쇄기 운동이 국내에

서 자리 잡혀가자 벽촌인 바쉬르루를 떠나, 환경이 좀 더 나은 니스 근접 지역인 생폴로 학교를 옮기고자 했다. 그러나 생폴은 바쉬르루가 아니었다.

프레네가 1932년까지 4년 동안 근무를 했던 이곳 생폴 역시 프레네가 일했던 교실은 남아 있지 않다. 물론 그 흔적이 없지는 않다. 일반 관광객들은 프레네가 관심 대상이 아니니 그저 지나쳤을 것이다. 코뮌 건물의 부속건물에 프레네 학급이 위치해 있다는 것을 아는 이도 많지 않을 것이고, 혹 안다 하더라도 공공시설이라 일반인의 출입을 허가하지 않는다는 코뮌 사무소의 안내 표시가 접근 자체를 가로막았을 것이다. 필자는 담당 공무원에게 부탁해서 사무소 안으로 들어갔는데, 한쪽 담벼락에는 아이들의 작품이 남아 있었고 엘리즈 프레네가 자신의 저서에서 학교 풍경을 묘사했던 넝쿨이 그 시절처럼 뒷담에 드리워져 있었다.

프레네는 바쉬르루 시절, 작가 바르뷔스의 지지를 얻고, 스위스 몽트뢰

생폴드방스 프레네 학교 옛터

생폴드방스 부속 건물로 들어가면 입구에 "페다고그 셀레스탱 프레네 1928년부터 1933년까지 이곳에 근무하다"라고 간단하게 쓰여 있다.

에서 클라파레드, 페리에르, 쿠지네 등 세계적인 새교육 인사를 만나고, 소비에트에 여행을 가서는 레닌의 아내 크룹스카야와 조우하고 혁명 중에 추진되던 학교에 감명을 받는다. 1926년 레닌주의자인 아내 엘리즈 프레네를 만나 코뮈니스트가 된다. 한편으로 학교 인쇄기, 자유 텍스트, 학교 간 통신 등 프레네 테크닉을 발명하면서 페다고지 운동을 이어갔다. 다시 말해 프레네가 생폴에 부임할 때 그는 자신의 페다고지 세계를 어느 정도 형성해놓은 준비된 페다고그였다. 그러나 그가 이곳으로 부임했을 때, 처음부터 '볼셰비키 첩자'라는 루머가 돌았고 이후 '산책 수업'을 했을 때는, 프레네 학교까지 먼 길을 걸어오는 아이들에게 지역 주민들은 혀를 찼다.

"저 봐라, 게으름뱅이들! 하루하루가 학교 빼먹기l'école buissonnière다! 너희들 참 뻔뻔하기도 하구나."

이른바 생폴 사건이 일어났던 당시 이층 건물이 보존되어 있다.

"프레네가 우편물을 받거나 보내는데, 그걸로 무얼 하고 있는지 알고 있나요? 그 봉인된 편지는 뭘까요?

"러시아로 보내는 스파이 행위지."

Elise Freinet, 168

해결책을 전혀 찾을 수 없는 나날이었다. 그러던 어느 날, 1932년 12월 2일 새벽 마을 성벽에 두 종류로 된, 90×60센티미터 크기의 포스터 50개가 붙여져 있었다. 붉은 포스터에는 거의 1년 전에 인쇄했던 아이들의 글이 다시 수록되어 있었다. 한 아이의 글이 문제가 되었다. 마을 주민은 그 아이의 글에서 교사 지도의 유해성을 지적했다. 다음이 엘리즈 프레네가 소개하는 문제의 그 글이다.

꿈에, 우리 반 아이들은 우리에게 필요한 무료 학용품을 주지 않는 시장에 대해 화가 났다.

나는 돌격했고 다른 아이들은 무서워했다. 시장은 칼을 꺼내 내 허벅지를 찔렀다.

화가 난 나는 칼을 쥐고 그를 죽였다. 프레네 선생님이 코뮌의 장이 되었다.

나는 병원으로 갔다. 퇴원할 때 1,000프랑을 받았다.　　Elise Freinet, 171

어떤가? 이 글을 읽고 반발한 마을 주민의 반응을 용납할 수 있는가? 무상교육이 이루어지지 않아 아이는 화를 내고, 시장은 아이 허벅지를 찌르고, 아이는 시장을 칼로 찔러 죽인다는, 아이가 꿈을 꿨던 내용을 기술한 것이다. 엘리즈 프레네는 이 글을 문제로 여겼었는지, 이 학생에 대해 "정서가 불안정하고, 이상한 얼굴 표정을 하며, 글쓰기는 언제나 결투나 살인, 피비린내 나는 사건만 쓰는 아이"라고 적시해두었다. 그러나 이 글은 '꿈'에 관한 글쓰기 작품이다. 아이가 꾼 '꿈'을 소재로 글쓰기 지도

방스 프레네학교의 정문. 지금 이 학교는 문화유산으로 지정되어 전통적인 옛 프레네 테크닉을 보존하고 있다.

를 한 것인데, 아마 프레네는 프로이트의 영향을 받고 이를 교육에, 특히 글쓰기 교육에 응용하려 했던 듯하다. 그러나 해당 글 다음, 또 다른 포스터에는 다음과 같은 글이 쓰여 있었다.

여기에 한 교사가 무책임하게 학생들에게 강요한 받아쓰기가 있다. 우리는 어린이에게 유해한 교육자의 개탄스러운 교육에 항의하기 위해 일어설 것이다. 그리고 우리는 사회나 국가가 그 일을 하는 데 월급을 지불하는 것을 이해할 수 없다고 힘주어 말하고자 한다.
사인: 부모 일동. Elise Freinet, 171-172

그렇게 생폴 사건이 커졌다. 이 글의 주인공은 인근 방스 지역에서 다니는 스페인 소년이었다. 이것은 한낱 꿈 이야기에 지나지 않았다. 행간에 아이의 개성이 표현되어 있었고, 이 글쓰기는 교사에게 어떤 주의나 비판을 받을 필요가 없었다. 엘리즈는 그것을 두고 "어린이의 영혼에서 자발적으로 나오는 모든 것으로 페다고지 차원에서 흥미로운 심리학적 자료"라고 했다. 그런데 아이를 이해하기 위한 심리학적 자료가 부도덕과 범죄의 상징이 되어버렸다.

프레네는 다음 날부터 마을 주민을 찾아 나선다. 이 포스터 건이 부당하며, 자신이 그동안 실천한 페다고지에 대해 정당하다고 지지해주는 서명을 받기 위해서였다. 생폴에서는 카페 주인과 미장원을 하는 두 아이의 부모를 제외하고는 사인을 해주었다. 이후 프레네는 대학구 장학관 Inspecteur d'Académie에게 조사를 요구했지만, 대학구로부터는 어떤 해답도 없었다. 그러다 우익 신문《악시옹 프랑세즈 l'Action Française》 1면에 프레네 관련 기사가 등장한다. 거기서 프레네는 죽음과 살인을 정당화하고 아이의 건강을 위태롭게 하는 붉은 깃발을 흔드는 무책임한 광인으로 나타나 있었다. 이어서 여러 우파 신문이 더 가세하고, 한편으로는 《위마니테 *L'Humanité*》를 위시한 좌파 매체와 세속화 교육을 지지하는 이들이 프레네를 응원했다. 이후 프레네는 지역에서 토론회를 열었지만 일부 군중은 '모스코바에나 가라A Moscou!'고 고함을 치고, 지역자치단체장은 프레네를 두고 "살인을 하게 만드는 그런 교사에게 아이를 맡길 수 없다"고 대놓고 말한다. 프레네는 이 단체장을 고소했지만, 유죄로 나오지 않았다. 이 지역은 이제 두 진영으로 나뉘었다. 엘리즈는 노동자와 부르주아로 나뉘었다고 했지만, 사실 세속화 교육에 대한 반대 진영이 그 사이에 개재되어 프레네 학교를 둘러싸고 대립했다고도 보아야 한다.

12월 말 대별장 여주인 집에서 성대한 저녁 식사가 있었다. 주임 신부는 환대의 분위기로 가득한 파티에 초대받았다. 치즈와 디저트를 먹는 시간에 사람들은 '이번 사건'에 대해, 자유학교 창립의 가능성에 대해, 학교거부에 대해 이야기를 나눴다. 리쾨르를 마시던 주임 신부는 자신이 브르타뉴 사람이라고 밝혔다. … 다음 날 주임 신부는 집집마다 방문하며 "어린 아이들을 나에게 보내주세요"라며 감언으로 사람들을 꾀면서 다녔다.

그러나 그의 말은 받아들여지지 못했다. 부모들은 자녀교육에 대한 사제의 간섭에 반발했다. 사제의 방책은 실책이 되었다. 두 명의 아이만이 그에게 남겨졌다. 그래서 사람들은 소작인들에게 압력을 가하기 위해 대지주 특권계급을 움직였다.

"당신이 프레네 학교에 아이를 보낸다면 우리 집이 아니라 생 미셸과 같은 다른 곳에서 일해야 힐 겁니다."

"아이를 프레네에게 돌려보내면 빚진 것을 지금 갚아야 합니다."

Elise Freinet, 184

3일 동안 대학구 장학관이 시찰을 했지만 해결책을 제시하지 못했다. 12월 말 일부 학부모들은 자녀를 학교에 보내지 않았다. 결국 학교에는 14명이 남았고 12명의 아이들이 프레네 학교를 떠났다.

부활절이 왔다. 휴가가 끝나기 전날, 사태를 심상치 않게 여긴 한 학부모가 프레네에게 찾아와 자신의 '권총'을 건넨다. 물론 프레네는 거절했지만 몸을 지키기 위한 용도로 갖고 있으라는 권면에 이를 받아들이게 되었다. 개학을 앞두고 프레네를 지지하는 학부모 모임이 열렸다. 비장한 분위기였다. 개학날 월요일 아침. 7시 45분. 일군의 학부모와 아이들이 학교 근처에 줄지어 있다. 8시. 통제를 맡은 헌병대는 아직 도착하지 않았다. 프레네는 발코니 위에 서서 이를 지켜보고 있었다. 갑자기 교회 뒤에서 솥을 두드리며 여성들과 아이들이 행진을 했다. 그로테스크해서 웃지 않을 수 없다고 했지만, 그 광경 속에는 프레네 반의 아이들도 있었다. 아이들의 목소리가 들린다. "프레네를 끌어내려! 우우~. 처단하자!" 학교에는 프레네를 따르는 14명의 아이들이 있었다. 이어서 위협적으로 몰려 든 군중들은 창문을 깼다. 창문이 흔들렸다. 교문을 넘어서지 말라고 말했지만, 분위기는 더 험악해졌다. 학교의 아이들을 지키기 위해 프레네는 군중 머리 위 하늘께로 권총을 발사한다. 고함이 끓어 일었고 드디어 헌병대가 도착했다. 헌병대위는 군중을 자극하기에 프레네 부부에게 학교를 떠나라고 권고했다. 오전 11시. 곳곳에서 조롱이 들려오지만 정문을 열고 아이들을 귀가시켰다. 해당 부모들은 아이를 데리고 귀가했다. 바깥의 군중들은 '프레네는 물러가라'며 집회를 계속했다. 이후 사태를 수습하기 위해 방문한 대학구 장학관은 프레네에게 학교 인쇄기 보호와 3개월간 휴가 등 모든 조치를 약속하고 떠났다. 그런데 대학구 장학관은 학부모들에게는 프레네에게 졸업준비시험을 맡기지 않겠다고 말하고, 학교 인쇄기 관련 문제에 자신이 책임을 지겠다는 말을 철회했으며 휴가 또한 3일에 한한다고 수정했다. 이는 프레네 지지자들을 격분시켰고 소요가 일어났다. 결국 프레네는 이후 전근 발령을 기다려야 했다.

프레네는 초임 발령을 받고 8년간 자신의 페다고지를 만들어갔던 바쉬르루로 돌아갈까도 생각했다. 그러나 바쉬르루의 발령이 프레네의 직무 무능력에 대한 강등으로 간주되기에, 그의 동료와 지지자들, 특히 친우 랄르망이 생폴에 새학교를 만들자는 안을 제안한다. 이후 프레네는 이 제안을 받아들여 공립학교 교사를 그만두고 방스에 자신의 학교를 세웠다.

프레네에게 생폴 사건은 자신이 추구한 학교 인쇄기와 세속화 교육에 대한 최초의 시험이자 난관이었다.

3.3 1950년 이후 두 가지 사건

3.31 프랑스 공산당과의 갈등

제2차 세계대전이 일어나면서, 특히 1939년 9월 많은 코뮈니스트 활동가들이 그랬듯이 그는 경찰의 요주의 인물이 된다. 프레네는 1940년 3월에 생막시망에서 구금생활을 하고, 4월 남프랑스의 여러 수용소에 감금당한다. 방스의 프레네 학교는 1940년 5월에 국민교육부장관의 정지 명령으로 문을 닫게 된다. 1941년 10월 29일 석방되는데, 여기에는 아돌프 페리에르의 계속되는 석방 요청 등의 노력이 있었다.Barré, 1996, 67 프레네는 이후 집필을 하고, 후속 집필을 준비한다. 『부모에게 전하는 조언Conseils aux parents』이 1942년에 출간되고, 『프랑스 현대학교L'École modernes française』가 1943년에 탈고되어 1945년에 출간된다. 동시에 프레네는 1942~1943년에 『일의 교육L'Éducation du travail』 저술에 들어갔는데 이는 1949년에 발행된다. 프레네는 페다고지를 실천하는 페다고그에서 자신의 페다고지 테크닉을 정당화하고 이를 다듬는 저술가로 거듭난다. 물론 프레네는 만년까지 실천가로 살았고, 그렇게 자임했기에 이론가로서 철저하게 자신의 페다고지를 체계화한 것은 아니다. 때때로 논쟁에 들어서게 될 때는 논거를 보강하기보다는 실천가의 베일 속에 스스로를 가두곤 했다.

어쨌든 프레네가 생폴에서 겪은 사건은 어떤 의미에서는 행복한 사건이다. 실존적으로는 힘들었지만 프레네 페다고지의 존재를 부각시키고, 페다고지 실천에서 내외적 장애들을 인식하고, 이후 방스에 자신의 학교를 일굴 수 있는 계기가 되었기 때문이다. 그런데 1950년 이후에 나타난 두 가지 큰 논쟁은 프레네 페다고지의 성장과 발전에 기여하지 못했다. 오히려 프레네 페다고지의 '의의'보다는 '한계' 혹은 '제한적인 의의'를 간접적으로 드러내준 사건들이다. 하나는 프랑스 공산당과의 관계 속에서 일어난 논쟁이고, 다른 하나는 프레네 페다고지를 실천한 일군의 교사, 지식인들이 프레네 페다고지에 도전하며 만든 새로운 페다고지와의 갈등이다. 여기서 새로운 페다고지란 스위스 교육철학자 암린이 '20세기 후반

제일의 프랑스 페다고지'로 간주한 '제도 페다고지'다. 제도 페다고지는 프레네 페다고지에서 출발했지만, 이를 타고 넘어간 페다고지이다. 그러나 논쟁을 두고 보여준 프레네의 태도는 그렇게 아름답지만은 않았다.

1950년 프레네 페다고지에 대한 비판이 정식으로 제기되었다. 1940년대 프레네에 관한 중상모략이 있었지만, 이번에는 상황이 달랐다. 젊은 철학자 스니데르는 프레네 페다고지를 분명히 적시하면서 '중상'도 '모략'도 아닌 하나의 비판적 성찰을 제시했다. 1950년 4월 15호 『신비평지 La Nouvelle Critique』에 스니데르J. Snyders의 글 「'새로운' 페다고지는 어디로 가는가? '프레네 방법'에 관하여Où va la pédagogie "nouvelle"? A propos de la méthode Freinet」가 실렸다. 거기서 스니데르는 프레네의 페다고지가 마르크스주의적 분석의 모든 내용을 망각하며, 학교 내부에서만 생각하여 결과적으로 투쟁이 약해졌다고 비판한다.

> "중요한 것은 (…) 페다고지를 인간의 투쟁에서 떼어놓는 모든 것은 페다고지를 약하게 하고 페다고그를 기만한다는 것을 이해하는 것이다. 참으로 혁명적인 페다고지의 길은 교육의 민주화와 확장을 위해 투쟁하는 것이다. 어린이와 진보주의 운동과 프롤레타리아의 승리를 연결시켜 주는 것이 바로 교육이다. 학급에서 교사의 말은 그가 바깥에서 했던 실천에 의해 풍성해진다. 마카렌코와 소비에트의 실천, 이미 민중 민주주의에 도달한 결과가 그 길을 보여준다."   Snyders, 89

특히 스니데르는 프레네의 『학습도서BT』의 한 구절을 예로 들면서 이를 비판한다. 프레네 페다고지의 한 가지 성과라고 할 수 있는 BT는, 1932

년부터 만들어졌는데 이는 아이들을 위한 『학습도서Bibliothèque de travail』
로 일종의 항복별 소책사이다. 스니데르는 몇 권의 BT를 적시하며 비판
한다. BT 57권 로렌 지역의 야금 공장에 관한 글에서는, 삽화가 왼쪽에는
'1910년의 노동자 집'을, 오른쪽에는 '1945년의 노동자 집'과 멋있는 별장
을 나타내면서, "현재의 도시에는 더 이상 과거의 광부촌의 아주 음산한
면이 없습니다. 사람들은 쾌적한 도시 정원을 만들려고 합니다"Snyders, 88
라고만 되어 있고, 노동자의 처지, 노동자에게 주어진 상황에 대한 최소
한의 비평도 포함하고 있지 않다고 비판한다. 같은 맥락에서 스니데르는
1948년에 나온 BT 『카빌 마을Le Village Kabyle』을 특히 길게 인용하며 이
를 문제 삼았다. 이 책은 카빌 지역 전반에 걸쳐 물 긷기, 생활, 기후, 교
통수단, 좁은 골목길, 축제, 휴식, 음식, 결혼, 문화, 직업, 시장, 주거를 설
명하는데, 스니데르가 지목한 것은 어린이를 위한 책에 나타난 계급과 가
난에 대한 성찰 없는, 무비판적 시선이다. 다음을 보자.

> 골목길은 일반적으로 매우 더럽고 온갖 종류의 쓰레기로 더럽혀져
> 있다. 비가 와서 씻어주고 가끔 쓰레기를 먹기 위해 위험을 무릅쓰고
> 마을까지 내려오는 재칼에 의해 깨끗하게 치워진다.
> 그러나 재칼은 밤에 갓난아이 울음소리 같은 기이한 울음소리를 낸다.
>
> Le Village Kabyle, 7

스니데르는 학습도서 『카빌 마을』이 왜 이런 쓰레기가 있는가 하고 자
문하는 것으로 아이들을 이끌지 않는다고 지적한다. 게다가 지역사회의
모순에 대해 비판적 시선을 던지지 않은 것에 대해 주목한다.

"카빌 지역에서 사회의 불평등은 다른 유럽 현대 사회보다 덜 두드러진다. 물론 카빌 지역에도 부자와 가난한 사람이 있다. 그러나 돈이 많다고 반드시 존경과 평판이 따르는 것은 아니다. 오히려 자주 올바름, 정의, 신앙과 관습을 존중하는 것에 대해서도 존경과 평판이 따른다.

부자는 가난한 자를 형제로 대하고, 동등하게 여긴다."

『Le village Kabyle』, 9-10

스니데르는 "어디에서든 우리는 어린이의 경험에 한 걸음 한 걸음 따르는 것 이외의 것은 보지 못한다. 그저 풍경의 세부 사항을 묘사하는 것 이상을 넘지 않고, 근본적인 원인에 대해 어떤 것도 말하지 않을 뿐이다. 결국은 세계, 식민지 세계에서 이루어지는 모든 것을 축복할 뿐"이라고 지적한다.Snyders, 88 프레네의 『학습도서BT』는 어린이들이 참여하여 교사나 해당 전문가의 수정을 거치는 것으로 되어 있지만, 때때로 도서는 비판적 성찰을 충분히 다루지 못하는 한계가 있다. 스니데르는 프레네의 주장과 달리, 프레네 페다고지가 "어린이의 인상, 자신의 작은 정동, 자신의 거의 우연에 가까운 발견의 좁은 틀에 갇혀 있다"고 지적한다. 이를테면 "인쇄기는 단지 어린이가 일상에서 이야기하는 '자유로운 텍스트'를 보급하고 배포하는 데 기여할 뿐"이고, "학교 신문은 어린이의 작은 세계에서만 연결을 만들"며, 어린이의 세계를 "어른의 세계로 열고자 하지 않"았다고 비판한다.Snyders, pp. 85-86 이는 프레네 페다고지가 교실 바깥에서의 실천과 투쟁을 교실 내로 연결하지 않은 것에 주목하고 비평한 것이다. 한마디로 스니데르의 비판은 프레네 페다고지에는 보다 직접적인 어린이의 정치사회화가 결여되어 있다는 것이다. 자크 테스타니에르도 잘

짚었듯이 스니데르의 비판은 "교사의 역할을 과소평가하고, 현상에 국한한 어린이의 경험에 머무르며, 어린이로 하여금 세계를 이해하고 변혁시킬 수 없게 한" 부분에 대한 지적이다.Testanière, 64

　스니데르는 프레네가 교사의 역할을 과소평가했다고 비판했지만, 프레네로서는 이 비판이 부당할 수 있다. 프레네는 주지하듯 1920년대부터 교사의 사회적, 정치적인 역할을 강조하고, 실제 참여해왔기 때문이다. 게다가 프레네의 관점에서는 어린이에 대한 직접적인 정치사회화가 페다고지 차원에서 정당한지는 재검토될 여지가 있었다. 물론 스니데르가 지적하듯이 BT에는 보다 성찰적인 기술이 아쉬울 때가 있다. 여기서 한 가지 지적할 수 있는 점은 프레네는 교사의 역할이든 교육과정이든, 그것이 무엇이든 어린이의 욕구besoin에 따라야 한다는 문제의식을 일찍부터 지녀왔었다는 것이다. 프레네는 1920년대 초반부터 오늘날의 학교는 자본주의의 자녀이기에 프롤레타리아 학교로 바꿔야 한다고 주장했다. 또한 그는 교육을 발전, 개선시키는 것이 아니라 교육 변화와 교육 혁명이 필요하다고 역설했다.Freinet, 1924 그러나 전통적인 학교를 대신하여 제시한 프레네의 학교는 '프롤레타리아 학교'에서 '민중 학교'로 이름을 바꾸어가지만, 그 과정 중에 프레네는 어린이에게 직접적인 사회정치화를 시도하지 않았다. 그것은 교육이 어린이의 욕구besoin와 '흥미복합'에 기초해야 한다는 그의 페다고지 신념에 따른 것이다. 이는 그의 신념일 뿐만 아니라 클라파레드, 드크롤리, 페리에르 등 새교육 선구자들의 입장이기도 했다. 다시 말해 프레네는 스니데르와 같은 식의 주문을 그의 교육 실천에서 전개할 수도 없고, 전개해서도 안 된다고 생각했다. 프레네는 프롤레타리아 교육의 이름으로 어린이에게 일을 장려하고, 학급 인쇄기 작업을 도입하며, 어린이의 사고와 정동을 고양시켰지만, 직접적인 정치사회화 교육은 하지 않았다. 마치 프레네가 새교육 페다고그들이 그러했듯이 도덕교육의 필요성은 절실하게 여겼지만 직접적인 도덕 교과서를 사용해서 가르치는 것은 지양했던 것처럼 말이다.

1996년 프레네 탄생 100주년 기념호를 낸 공산당 주간지 프랑스 '르가르'는 스니데르를 다시 인터뷰한다. 그는 과거의 입장과는 달라졌다고 말하면서 어린이의 자유로운 사고와 글쓰기를 장려하는 프레네의 자유 텍스트를 높이 평가한다. 그렇지만 프롤레타리아 교육을 지향하면서 아이들이 읽는 텍스트의 내용이 그것과 불일치한 것에 대해서는 여전히 동의할 수 없다고 했다「Entretien avec Georges Snyders」. 어쨌든 엘리즈 프레네는 스니데르에게 반박 편지를 쓰고, 가로디는 엘리즈 프레네에 대해 강력히 비판한다. 그러는 한편으로 1951년 이후에는, 1948년 프랑스 공산당 공동대표를 지냈고 1948년 말에 시작한 『신비평』지 창립자 중 한 명이었으며, 무엇보다 프레네를 잘 알았던 조르주 코니오Georges Cogniot가 프레네 비판에 나선다. 이후 논쟁은 계속되었지만 프레네 개인의 반박은 두드러지지 않았다.

미셸 바레는 이 논쟁의 후유증이 컸다고 한다. 프레네는 프랑스 공산당과의 논쟁 이후 트라우마를 겪었고, 편집증적 망상처럼 보일 정도로 불신이 생겼다고 한다. 문제는 그것이 교육운동에서 두 가지 나쁜 결과를 낳았다는 것이다. 하나는 프레네가 중심이 된 잡지 『교육자L'Éducateur』를 점점 더 진열장처럼 만들고, 창간 이후 그 특징이었던 융합성이 사라졌다는 점이다. 다른 하나는 지도자와 운동 혹은 조합을 더욱더 동일시하는 문제를 낳았다는 점이다. 바레는 그렇지 않았다면 1960년대의 내부 갈등은 그렇게 심하지 않았을 것이라고 지적한다.Barré, 1996, 124-125 실제 프레네가 제도 페다고지와 어떤 식으로 갈등을 일으키고, 수습에 실패하게 되는지 목도할 때 이는 분명한 사실이다. 이후 프레네는 어느 정도 유연성을 잃었고 경직된 상태에 빠졌다. 그것은 프레네의 트라우마에도 기인한 것일 수 있겠지만, 다른 한편으로 여러 담론을 수용하던 지적 유연성과 열정적인 학문적 소화력을 상실한 데서 온 것일 수도 있다. 다시 말해 인문학, 정신요법에 기초하여 프레네 페다고지를 재구축하고자 했던 새로운 페다고지, 이른바 제도 페다고지는 프레네의 인식 범주를 넘어선 것이었다. 프레네는 이에 대해 인식론적 차원에서 적극적인 대응을 하지 못했다.

3.32 현대학교 파리협회와의 갈등

미셸 바레가 말한 내부 갈등이란 지금 다루고자 하는 프레네와 현대학교 파리협회와의 갈등으로, 거기서의 한 가지 사건을 언급하며 이 장을 마무리하고자 한다.

국내에는 지금까지 제도 페다고지에 관한 소개가 전혀 없다. 그 때문에 사건 설명을 위해서 가급적 소략하게(제도 페다고지와 자주관리 페다고지는 이후 별도의 독립된 저서에서 다루고자 한다. 프레네 페다고지와 함께 이들 페다고지의 문제의식은 우리 교육에, 좁게는 우리 자신의 페다고지를 만들어갈 때 적지 않은 도움을 줄 것이다) 제도 페다고지에 대해 기술하며 시작할까 한다. 제도 페다고지는 프랑스어 'la pédagogie institutionnelle'의 역어이다. 제도적 페다고지, 제도론적 페다고지로 번역할 수 있지만, 우리는 언어의 경제성을 고려하여 제도 페다고지로 옮길 것이다.

제도 페다고지는 제도 정신요법la psychothérapie institutionnelle의 문제의식을 페다고지 차원에 적용한 것이다. 제도 정신요법은 프랑수아 토스켈 1912~1994의 실험에서 시작되었다. 토스켈은 스페인의 정신과 의사로서, 마르크스주의통일노동당 활동가로서 반독재 투쟁에 참여했고 1936년 스페인 내전이 발발했을 때는 군 정신과 주임 의사로 남부 전선으로 갔지만, 1939년 스페인 공화국이 붕괴하자 아내와 함께 프랑스로 망명하였다. 토스켈은 남프랑스의 작은 마을 생탈방 정신병원에 도착한다. 이 병원에는 공개 모임과 토론의 장에서 정신분석, 공산주의, 초현실주의 등 다양한 움직임이 있었고, 레지스탕스 기지로서 부상자 치료와 지하출판이 동시에 이루어졌다. 거기에는 푸코의 스승 조르주 캉길렘도 있었다. 생탈방 Saint-Alban 병원은 의사도, 환자도, 간호사도 기아선상에서 모두가 빈터를 일구고 먹을 것을 자급하기 위해 같이 일하면서, 의사와 간호사, 혹은 의사와 환자는 더 이상 수직적 위계 속에서 자신의 기능을 다하는 관계를 지양하며, 모두를 위한 아틀리에를 운영하였다. 토스켈은 이 치료시설을 '제도institution'로까지 높여가고자 했다. 여기서의 제도는 새로운 구조, 변증법적으로 발달된 구조로서, 변용되어가는 생활공동체를 의미한다. 정신병원이라는 격리의 장을 새로운 인간적 관계의 구조화로 바꾸어, 공동체 분업으로 작업, 놀이, 연극 집단을 만들고, 병동을 개방하려고 했다. 장 우리와, 들뢰즈-가타리의 그 '펠릭스 가타리'가 토스켈을 사사하며 여기에 합류한다. 이후 장 우리는 가타리를 라보르도 정신병원으로 불러들여 병원을 '제도'로서 만드는데, 그들은 병원 일상에서 필요한 노동을 의사와 간호사, 환자가 나눠 갖고, 소통하고 자주관리 하려고 했다.Guattari

장 우리는 정신병동과 학교가 구조적으로 유사하며, 정신요법이 학교에서도 적용될 수 있다고 통찰해냈다. 그에 따르면 새로운 구조들, 다시 말해 제도들은 교차로, 매개를 이용하며 변증법적으로 발달하는 구조를 갖는다.Jean Oury, 79 장 우리는 1953년에 프레네에게 보낸 편지에서 학급 인쇄기의 도입은 단순한 테크닉이 아니라 인쇄기, 자유 텍스트와 학급신문을 판매할 때의 일 자체가 새로운 구조를 만들어내는 것이라고 적시했다.Imbert, 124

장 우리의 형이 바로 제도 페다고지의 창시자 중 한 명인 페르낭 우리Fernand Oury이다. 1947년에 초등 교사가 된 페르낭 우리1920~1998는 1949년부터 일반 학급과 개선 학급class de perfectionnement에서 프레네 테크닉을 사용했다. 일찍부터 그는 유순한 학생들을 만드는 참된 공장, '병영 학교l'école-caserne'가 프레네 학급을 만드는 데 장애가 된다는 것을 알았다. 1940년대 프레네와 그 밖의 페다고그들은 대부분 기존 학교가 병영과 다름없음을 간파했다. 다만 이들은 철학자가 아니었기에 푸코처럼 행동을 통제하는 권력 기제로서의 규율을 성찰하지 않았다. 대신 그들은 바로 현장에서의 실천으로 기성의 학교제도의 모순을 실천적으로 극복하고자 했다.

어쨌든 IPEM(현대학교 파리협회, 프레네 운동 파리 지부Institut Parisien de l'École Moderne) 회원이었던 페르낭 우리는 과밀 학급과 병영 훈련을 고발했고, 학급을 위한 해결책을 찾았다. 다른 한편으로 1958년 IPEM에서 정신분석학자인 장 우리는 프레네가 참석한 파리회의에서 처음으로 일련의 테크닉, 도구, 개선된 제도를 '제도 페다고지'로서 명명했다.

아이다 바스케와 페르낭 우리는 그들의 저서에서 제도 페다고지를 '활동적인 학급의 실천에서 생기는 테크닉, 조직, 학습 방법, 내부 제도들의 총체'로서 정의했다.Aïda Vasquez & Fernand Oury, 81 물론 제도 페다고지는 정신분석, 행동의 띠, 화폐, 제도화된 교실 등을 입고 다시 태어났지만, 여전히 프레네 현대학교의 여러 테크닉, 즉 회의, 자유 표현을 공유한다는 것을 간과해서는 안 된다.Pain, 355 그 때문에 혹자는 제도 페다고지를 프레네 페다고지와 같은 것으로 간주하기도 하지만, 그런 접근은 프레네 페다고지에 대한 이해도, 제도 페다고지에 대한 정확한 요해도 놓치는 것이다. 프레네 페다고지와 제도 페다고지는 운용하는 방법 차원에서 적지 않은 공통 영역을 갖고 있지만, 제도 페다고지는 프레네에게 없는 '무의식적 현상의 영향력'을 적극적으로 고려한다는 점에서 이들은 다른 길로 나아갔다.Connac 아마도 우리나라 교사들도 대체로 학급회의를 시민성 교육 차원에서 진행할 것인데, 그것이 아이들의 욕구와 요구를 일으키지 못한다는 의미에서 학급은 제도 페다고지의 '제도'와는 거리가 멀다. 이에 대해서는 2부 프레네의 「페다고지 불변요소」를 강해할 때 다시 언급할 것이다.

현대학교 파리협회IPEM의 영향력이 커지자 프레네와 갈등의 기미가 나타났다. 그때까지 프레네 운동은 거의 대부분이 프레네처럼 시골이나 지역학교에서 실시되었다. 1951년 ICEM 회의에서 파리만이 유일하게 '도시 학교' 위원회에 있었던 것도 이를 방증한다고 할 수 있다. 또한 프레네와 동고동락을 해오던 과거의 활동가들과는 달리 현대학교 파리협회 활동가들은 상대적으로 젊은 교사들이었다. 게다가 정신분석학과 제도요법에 관심을 갖고 집단을 형성하는 파리지앵들은 그간의 프레네 페다고지 실천에 없었던 인문학을 도입하는 낯선 학문적 배경을 갖고 있었다. 이런 차이 외에도 그들이 갈등을 일으키고 분리되게 된 것은, 앞서 바레가 말한 것처럼 프레네가 프랑스 공산당과의 갈등을 겪고 난 이후, 다양한 목소리를 허용했던 과거와 달리 협소해진 프레네의 품에도 원인이 없지 않을 것이다. 다음은 파리협회의 기관지를 두고 그 폐단을 지적하는 목소리다.

> 프레네 부부만이 교육에 관한 일반적인 사상, 다소 철학적인 사상을 『교육자 L'Éducateur』에서 피력할 수 있었다는 것은 이 잡지 어디를 보더라도 알 수 있는 사실이다. 원고 기고자들은 학급에서의 일상적 실천에 국한했고, 기고자들 중 극히 일부만이 테크닉 방법을 제시하는 데 열중했다.
>
> Fonvieille, 104-105

1957년 재정 확보를 위해 현대학교 파리협회는 적극적으로 외부와 관계를 맺는다. 파리협회는 국립페다고지연구소 L'Institut pédagogique national의 거점으로 독자 확보에 노력했다. 그러나 제도요법 등 다양한 인문학에 개방적이었던 이 협회는 1961년 프레네와 단절하게 된다. 여기서 겉으로 드러난 단절의 원인은 둘이었다. 하나는 재정 문제고, 다른 하나는 다른 외부 단체와 맺은 파리협회의 관계 방식이었다. 특히 프레네의 허락 없이 독자적으로 활동하고, 외부 단체에 프레네 운동 자료를 무상으로 제공한 것이 제명 사유가 되었다. 파리협회 및 대표자 제명 건을 두고 연 1961년 3월 29일 생테티엔 회의에서 프레네 측은 최종 요구 사항으로 다음을 제시했다.

> 1961년 5월 29일 수요일, 도 대표 협회에 퐁비에유가 제출해야 하는

응답. 프레네는 파리지앵들에게 다음을 요구한다. 당신들은 다음을 받아들이겠는가?

1) 교사 아닌 사람들과 우리에게 우호적이지 않은 행정가에게 파리협회 잡지 『일드프랑스 교육자』를 제공하는 것을 그만두겠는가?

2) 지금까지 파리협회는 국립페다고지연구소로부터 도움을 받았는데, 그 도움을 이제는 현대학교협회가 대신 받도록 하겠는가?

　예, 아니오

예 1표, 아니오 8표, 기권 3표로 표결이 나왔다. 그 결과 현대학교 파리협회 대표를 맡았던 퐁비에유Fonvieille, 1923~2000와 페르낭 우리 등은 제명되고, 1961년 현대학교 파리협회IPEM는 문을 닫는다. 파리협회는 사라졌지만, 중심인물들은 보다 더 적극적으로 제도 페다고지로 나아가고, 이어서 자주관리 페다고지로 분화되어갔다. 제도 페다고지는 20세기 후반 프랑스를 대표하는 제일의 페다고지로 간주될 정도로 독자성을 갖추어갔다. 앞서 언급한 바도 있듯이 필자가 파리의 프레네 학교 마리퀴리초등학교를 참관하러 갔을 때, 제도 페다고지의 대표적인 테크닉을 보고 우리는 담당자에게 "제도 페다고지를 실천하시는군요." 하고 말했다. 우리를 담당했던 포르테 교사, 특히 베로니크 데커 학교장과는 '마리퀴리초등학교'의 제도 페다고지 실천의 의의와 한계에 대해 터놓고 이야기를 나눈 기억이 있다.

아무튼 장 우세의 말처럼 만년의 프레네는 30, 40대 자신의 페다고지를 형성하며 개방적 정신으로 가득했던 존경할 만한 프레네는 아니었다. 바레가 지적하듯 프랑스 공산당과의 논쟁으로 트마우마가 생겼던 결과일

파리 외곽 생드니 보
비니에 있는 마리퀴리
초등학교.

수도 있고, 퐁비에유가 평가하듯 그 이후 파리 지식인 자체를 불신하고
두려워했던 프레네의 정신에 기인하는 것일지도 모른다. 어쨌든 프랑스
공산당에 의해 축출된 프레네가 10년 후 충분한 명분을 갖추지 못한 채
현대학교 파리협회를 제거하고, 대표자를 제명한 일은 분명 아름다운 일
은 아니다. 만년의 프레네는 프레네 페다고지를 인문학적 층위에서 키워
가는 데 스스로 제한을 두었던 것은 분명한 사실이다. 앞서의 페다고지
정의를 상기해보자. 페다고지는 현장 교사의 실천에서 말미암고, 거기에
제출되는 다양한 이론들은 실천에 의해 조정을 받으며, 교육 실천과 교육
이론이 상호 변증법적으로 포개져서 전개하는 실천이론이다. 그런데 프레
네는 여러 가지 이유로 만년에 프레네 페다고지에 제도 페다고지의 이론
이라고 할 수 있는 제도요법의 통찰을 담아낼 수 없었다. 양자는 방법에
서 통약 가능한 여지가 있었음에도 이후 서로 다른 페다고지로서 자리매
김될 수밖에 없게 되었다.

마리퀴리초등학교는 프레네 페다고지를 실천하는 학교로 알려져 있지만, 동시에 내부적으로는 제도 페다고지를 병행하고 있다. 자세히 보면 행동의 띠 칸에는 학급 학생들의 이름이 들어 있다. 오른쪽 표는 흰색, 노란색, 주황색, 초록색, 파란색, 밤색으로 올라갈수록 행동의 자율성이 탁월함을 나타낸다. 학교 내에서 어린이의 규율 지키기와 자율성의 능력에 따라 이를 행동의 띠로 나타낸 것이다. 페르낭 우리는 유도인이었다. 제도 페다고지는 공적인 공간에서 아이들이 일상생활과 일/학습을 할 때 자신의 마음과 몸을 성찰하고, 관리하고, 제어할 수 있는 공부 또한 요청하기에 이를 자율성의 척도로서 행동의 띠에 반영하였다. 여기서 학생들의 행동의 띠는 정기적으로 열리는 자율적인 학급회의에서 결정된다.

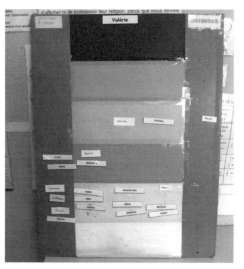

Les ceintures de comportement

Ceinture	Je dois	J'ai le droit de
MARRON	• Etre un jeune citoyen actif et responsable (faire des propositions pour la classe et pour l'école, prendre des initiatives)	• Diriger n'importe quel atelier a... ture marron pour trois autres élè... ceintures marron pour six autre... • Avoir un métier marron
BLEUE	En plus des devoirs précédents • Travailler en groupe sans gêner • Etre capable d'organiser un atelier: matériel, effectif, horaire, etc. • Faire le bilan de l'atelier • Prévenir un adulte en cas de problème	En plus des droits précédents • Animer des ateliers sauf ceux (vélo, roller...) avec une ceintu... trois autres élèves et deux cein... pour six autres élèves • Avoir un métier bleu
VERTE	En plus des devoirs précédents • Travailler sans gêner • Respecter toutes les lois et les règles • Régler mes conflits calmement • Aider un camarade • Ranger le matériel que j'utilise • Reconnaître ses torts • Mener mes projets jusqu'au bout	En plus des droits précédents • Circuler seul dans l'école • Rester en classe pendant la r... • Apprendre à présider le Cons... • Participer à des ateliers auton... par des élèves (bleu ou marron... • Avoir un métier vert
ORANGE	En plus des devoirs précédents • Travailler seul en essayant de ne pas gêner • Tenir compte des décisions du Conseil • Essayer de régler mes conflits par la parole ou la critique au Conseil • Monter et descendre tranquillement les escaliers • Essayer d'aider un camarade • Respecter les lois et règles (loi 6 obligatoire) • Essayer de ranger le matériel que j'utilise	En plus des droits précédents • Descendre et monter seul po... tions ou l'accueil du matin • Présider la réunion • Aller aux toilettes seul • Travailler seul ou à deux à l'ét... salle d'arts plastiques) • Avoir un métier orange
JAUNE	En plus des devoirs précédents • Etre regroupé à la sonnerie • Rentrer en classe calmement • Aller aux toilettes tranquillement accompagné • Respecter le matériel de l'école • Essayer de respecter les lois et les règles de l'école • Essayer de travailler	En plus des droits précédents • Circuler dans la classe • Apprendre à présider la réuni... • Avoir un métier jaune
BLANCHE	• Venir à l'école	• Aller aux toilettes accompagné • Participer à la vie de la classe • Circuler dans la classe avec l'... de l'enseignant(e)

〈행동의 띠〉

그는 행동의 띠가 흰색인 아이는, 다시 말해 자신의 몸과 마음을 전혀 통제할 수 없는 아이는 선생님의 지시에 따라 아틀리에를 하고 교실을 다녀야 할 것으로 규정해놓고 있다. 반면, 행동의 띠가 노란색을 거쳐 주황색이 되면 자율적으로 일/학습을 할 수 있고, 교실 안팎을 혼자서 자유롭게 이동하며, 회의를 주재할 수 있게 하였다. 어떤 이는 제도 페다고지를 실천하는 학교가 아이들로 하여금 학교에서 마음대로 다닐 자유를 박탈하는 것은 아닌가 하고 생각할지 모르지만, 간과해서 안 되는 것은 어린이의 참된 자유는 자율을 전제로 제공되어야 한다는 점이다. 고학년인데도 교실이나 복도, 계단에서 뛰지 않고 걸어 다니는 연습을 해야 할 정도로 타자와 '공적인 공간'에 대한 어린이의 존중이 결여되어 있다면 그것이야말로 자유 이념을 오용한 대표적인 유사 자유주의의 실패다. 제도 페다고지는 무엇보다 어린이의 자유로운 표현을 중시하고, 학급회의를 통해서 자유로운 의사의 개진을 통해 어린이들의 일반의지를 모은다. 그러나 우리는 어떤 의미에서 자유로운 표현과 어린이들의 일반의지를 학급회의로 모으는 데에는 소극적이면서, 교실 내외에서의 거리낌 없는 행동에 대해서는 지나치게 관대한 듯하다.

그러나 이와 같은 한계에도 개인 프레네를 떠나서, 프레네 페다고지는 그 자체의 논리와 방법을 가지고 있고 여전히 그 유효성은 계속되고 있다. 왜냐하면 그 테크닉은 평생토록 초등 현장에서 암중모색하며 터득하고, 수정하며, 재조정한 프레네와 프레네 동료들의 결과물이었기 때문이다.

4.

프레네 테크닉

1923년 프레네는 몽트뢰에서 열린 국제새교육연맹 회의에 참석한다. 거기서 프레네는 페리에르와 보베, 클라파레드, 쿠지네, 쿠에를 만난다. 그는 자발적인 교육으로 아이에게 적극적인 역할을 부여하고자 하는 새교육의 이론들을 잘 간파했고 그들을 만나 몹시 고무되었다. 하지만 새 학년 새 학기가 시작되는 10월 바쉬르루 학급으로 돌아왔을 때 그는 좌절한다. 아무것도 없는, 먼지 날리는 작은 학교에서는 그동안 읽고 들었던 이론들 중에 실현할 만한 것이 거의 없었기 때문이다. 그 덕분에 엘리즈 프레네의 말처럼, 프레네는 학교교육의 물적 조건에 대해 다시 생각하게 되었고 오늘날의 '세속화 교육 협회C. E. L: Cooperative de l'enseignement laic'의 필수 프로그램인 교육 테크닉 연구로 나아갈 수 있었다. 이는 프레네로 하여금 학교와 사회 사이의 긴밀한 관계를 숙고하게 하였다. 사회가 얼마나 학교와 교육을 결정하는지 그는 자각하게 되었다.

그렇지만 프레네는 여전히 예전에 하던 전통적인 교재와 방법으로 돌아왔고 아이들이 이해하지 못하는 수업을 할 수밖에 없었다. 교사도 아이들도 재미없는 수업을 반복하고 있을 때, 동료는 이런 조언을 주었다.

"곧 익숙해질 거네."

"살고 싶으면 생각하지 말고 해오던 관례를 따라야 하네."

프레네는 교사가 된 지 만 3년이 되지 않았을 때, 더 나은 선택지도 없는 그 상황에서 하나의 실험으로 엘리즈 프레네가 '산책'이라고 부르던, 더 정확히는 '산책 수업classe-promenade'을 했다. 프레네는 '산책 수업'이라는 낱말이 그렇게 좋은 선택이 아니라고 생각했는데, 그것은 산책이 기존의 학교교육의 정상성에서 벗어나기 때문이다. 프레네가 근무한 학교는 근대 학교의 연장선상에 있는 학교였다. 근대 학교는 야나기의 말처럼, 근대 학급제, 다시 말해 '동연령', '같은 공간', '동일한 교육과정'을 배우는, 근대 이전에는 있지 않았던 사전 제어된 교육에 토대해 있다.柳治男 프레네는 근대 학교교육과정과 학교 공간을 문제로 삼았다.

청년 프레네가 자신의 처지에서 선택할 수 있는 최후의 수단이 '산책 수업'이었다. 아이들은 거리를 거닐다가 대장장이나 목수, 직조공의 몸짓을 보고 감탄했고 흉내 내고 싶어 했다. 봄에는 지천으로 널려 있는 꽃이나 곤충, 돌과 개울가를 교과서적으로 조사하는 것이 아니라 자연스러운 감각으로 만났다. 허물없는 말투로 이야기를 나누었고 교실로 돌아왔을 때는 산책하며 보고 듣고 느낀 것에 관해 글을 썼다. 그러나 이때의 프레네는 특별한 페다고지 테크닉을 갖추지 못한 채 읽기 책을 재래식으로 가르치고 있었다.

4.1 학급 인쇄기

프레네 페다고지는 한편으로는 학교 인쇄기를 위시로, 자유 텍스트, 학교 간 통신, 학교 신문 등의 실천적 접근에 기초해 있고, 다른 한편으론 '일(일-놀이와 놀이-일travail-jeu et jeu-travail', 흥미복합complexes d'intérêt과 '실험적 암중모색tâtonnement expérimental' 등 이론적 토대에 기초해 있다. 이론석 토대, 원리와 이념은 이후 '페다고지 불변요소'에서 관련 사항이 나올 때 다루기로 하고 여기서는 프레네 테크닉 위주로 살필 것이다.

프레네는 '산책 수업'을 하고 나서도, 교실에 돌아오면 재래식 수업으로 회귀했다. 그러던 그가 어린이의 '일'을 장려하고, 어린이의 '욕구'에 부응하는 테크닉을 발견한 것은 인쇄기 덕분이다. 프레네는 인쇄기를 통해서 교과서를 대신할 국어 교육을 모색했다. 다시 말해 산책 수업에서 얻은 경험을 글로 쓰고, 이것을 인쇄해서 교재로 만들 수 있다면, 읽기 능력뿐만 아니라 인쇄 제작 중에 글쓰기 능력도 저절로 키워질 것이라고 생각했다. 앞서 프레네의 인쇄기 에피소드에서 보았듯이 프레네는 숙고하고, 한동안 망설인 끝에 그라스 지역에 들러 수동식 인쇄기를 샀다. 수동식 인쇄기와 활자 조합 상자를 사고 프레네는 10.5×13.5cm 종이에 조금씩, 5, 6, 7줄씩 글을 인쇄했다. 인쇄기 도입 이상으로 중요한 발견은 아이들은 인쇄기 작업 중에 장시간 열중했다는 것이다. 아이들은 활자를 맞추는 일이 즐거웠고, 자신의 글이 인쇄되는 텍스트에 감동했다.

엘리즈 프레네의 평가대로 그것은 교육 전체를 재검토하게 만든 최초의 발견이었다. 전통적인 교육에 가려 있었던 자연의 회로를 회복시키고, '인쇄기'를 매개로 아이의 사고와 생활이 교육의 주된 요소가 되었다.

프레네는 어린아이들과 함께 특히 인쇄 실험에 열중했다. 그는 어린이의 사고에 의해 힘들이지 않고 자연스러운 읽기 학습으로 이끄는 테크닉의 장점을 개인 공책에 바로 정리했다. 물론 그는 이미 전년도에 음절 학습을 폐지하였고 그것이 아이들의 정신을 붕괴시키는 영향에 대해 말했다. 그러나 비로소 아이들의 사고가 일상적으로 인쇄되는 짧은 문구에 한정되자, 프레네는 자신의 직관적 연구의 정당성을 더욱 확실하게 증명할 수 있었다.

1월에 활자 36개를 교실 수업에 도입했고, 7월 말에는 대부분의 아이들이 자신들이 인쇄한 글을 전부 읽을 수 있었다. 서너 명은 글을 분석적으로 읽을 수 있었다. 분명 이와 같은 증거들은 읽기 학습에 대해 근본적으로 재고하게 한다. 프레네가 자연스러운 방법에 의한 전체적 globale 읽기의 새로운 측면의 본질, 곧 '학교인쇄'라는 테크닉을 수립하는 데까지는 2년이 더 필요했다.   Elise Freinet, 45

엘리즈는 1926년 3월 6일 프레네와 결혼을 했는데, 그녀는 같은 해 3월 프레네 학급을 방문했을 때 거기서 본 인쇄기의 소감에 대해 이렇게 밝혔다.

인쇄기는 위엄을 지키고 있었다. 롤러, 프레스, 케이스, 종이 등은 두 개의 커다란 책상을 점유하고, 분필로 경계선을 그어둔 교실 마루를 넘어갔다. 여기는 신성한 제단이다.   Elise Freinet, 49

그해 여름 1926년 7월 4일 일간지 '르 텅le temps'은 바쉬르루의 실험을 「구텐베르크 학교에서」라는 제목으로 1면 기사로 실었다. 다음은 그 일부이다.

페다고지 전문가들이 현대학교에 적용할 수 있는 바람직한 교육 방법을 논의하고 있는 동안에 현재 알프 마리팀의 작은 마을에 사는 아이들에게 과학의 혜택을 제공하고 있는 교사 프레네 씨는 결과가 아주 좋을 것으로 보이는 개성적인 시도를 하고 있다. 그가 시작한 방법에 대해 저널리스트들은 무관심해서는 안 될 것이다. 왜냐하면 그것은 우리의 일상적인 테크닉이 지니는 고귀함과 그 설득력을 공식화해주기 때문이다. 이 심리학자는 실제 어떤 아이는 인쇄된 자신의 생각을 볼 때 강하고 지속가능한 인상을 받는다는 것에 주목했다. 거기에는 말하자면 확실히 효과적으로 만드는, 저자들이 잘 아는 가치의 연금술적 전환과 변화가 있다.

이 교사는 그렇게 비싸게 보이지 않는 수동식 인쇄기를 샀다. 잉크, 종이, 연간 활자 수리 등의 예측되는 예산 외에는 다른 경비는 사용하지 않았다. 교사는 아이들에게 흥미 있는 것에 대해 말하고 쓰게 했다. 그 이야기가 잘 구성되었을 때 아이들에게 인쇄 조판할 수 있는 영광을 주었다. 이렇게 해서 학급 전원이 만든 글을 읽는데, 특히 협력에 참가했던 아이들이 열성적으로 읽는다.

바로 거기에 아주 정확하게 관찰한 점이 있다. 인쇄는 아이들이 깊이 매혹될 수 있는 낱말un mot에 위엄을 준다. 금속에 아이의 생각을 주조한다는 것은 아이에게 아름답게 보이는 외양에 견고함과 영속성을 보증하는 것이다. 그것은 조각가나 메달 모형 조각가의 행위가 지니는 아름다움과 같은 행위이다. 활자 하나하나가 문자의 지위를 지지하는 작은 토대이다. 조판 기기에서 아이들은 낱말의 찬양과 문장의 예찬을 준비한다. Elise Freinet, 50

사실 어린이를 위한 인쇄기를 고려하는 것 자체는 새로운 것이 아니다. 이미 오래전 루소는 『에밀』에서 어린이를 위한 인쇄기 아틀리에에 관해 말한 바 있었고, 폴 로뱅은 프레네에 앞서 학급에 인쇄기를 도입하였다.Acker, 28 벨기에의 드크롤리 학교에서도 매달 『학교 통신Le Courrier de l'École』을 인쇄로 찍어냈고, 쿠지네 역시 『파랑새』를 인쇄했다. 그러나 드크롤리나 쿠지네, 그리고 로뱅의 경우 인쇄기 작업은 어린이가 아니라 어른의 몫이었다.

학급 인쇄기라는 프레네 테크닉의 훌륭함은 단순히 교육을 위한 흥미로운 도구가 아니라, 어린이를 일하는 존재로 상정했다는 것이다. 그것도 지식, 활자화된 텍스트를 생산하는 과정에 종사하게 하고 그 결과를 이용하게 했다는 점이다. 지역의 인쇄공은 활자를 다루는 데는 능했지만, 아이들이 유능한 조작자가 될 것이라는 건 확신하지 못했다. 물론 프레네 역시 이 도구가 어린이의 욕구에 부응하는 교육적 도구가 될 것이라고 처음부터 확신한 것은 아니었지만, 인쇄기에 교육적 의미를 부여하고 과감한 시도를 했다. 인쇄기의 효과는 프레네의 기대 이상이었다. 이후 학교 인쇄기는 프레네 페다고지를 고려할 때 토대가 되는 최초의 발견으로 간주되었다. 프레네 페다고지를 유물론적 페다고지로 간주하는 것도 이 때문이다. 그는 우리에게 이에 대해 이렇게 말한다.

우리는 "자유 텍스트의 방법을 실천하십시오"라고 결코 말하지 않는다. 대신 우리는 "학교에 인쇄 기구를 갖추십시오. 그것이 없으면 부속품이 부착된 등사판이라도 좋습니다. 그리고 이 도구가 허용하는 활동으로 여러분의 교육을 바꿔주십시오. 우리는 그 활동에 대해 모든 조언

을 해 드리겠습니다"라고 말한다. Freinet, 1957, 96

프레네 테크닉의 학급 인쇄기는 교사들로 하여금 아이들에게 자유 텍스트를 실천하라고 권하는 것이 아니라, 자유 텍스트를 실천하지 않을 수 없는 '인쇄기'를 통해서 교육 환경과 과정, 다시 말해 문화culture에 대한 정상적이고 자연스러운 과정, 관찰, 사고, 표현을 확보하게 한다. 인쇄기 작업은 그것으로 자유 텍스트나 학교 간 통신 등 교육활동을 야기한다는 의미에서 프레네 페다고지는 유물론적 페다고지에 의해 정초되어 있다. 그렇게 프레네 페다고지를 실천하는 이들은 '인쇄기를 학교에!'라는 슬로건 아래에 섰다.

4.2 자유 텍스트

페다고지 차원에서 인쇄기 도입이 더 큰 의의를 갖게 되는 것은 그것이 인쇄 제작 과정을 수반하는 어린이의 글쓰기로 이어진다는 것이다. 자유 텍스트란 "어린이가 쓰고 싶을 때 자기 마음에 드는 주제에 따라 자유롭게 쓰는 것이다."Freinet, 1957, 51

어린이가 원하는 주제에 따라 쓰고 싶은 대로 쓴다는 것은, 글쓰기를 어린이의 일 욕구에 따른다는 것이다. 프레네는 자유 텍스트의 절차에 관해 다음과 같이 들려준다. "어린이는 친구들에게 자기 텍스트를 읽어준다. 아니면 우리가 그것을 스스로 읽는다. 글쓴이가 우리를 도와주게 하면서 말이다. (…) 그다음 읽었던 텍스트 중에서 투표를 한다. (…) 아이들이 선택하고 조율한 텍스트는 읽기 주제에 관해 가장 훌륭하고 시사점이 많을 것이다. 어린이들은 공책에 그것을 베껴 쓰고, 삽화를 그려 넣을 것이다."Freinet, 1947a 그런 의미에서 학급 인쇄기와 자유 텍스트는 함께 간다. 이는 프레네가 '인쇄 텍스트texte d'imprimerie'라고 명명한 데서 잘 드러난다.Freinet, 1957, 100 아이들은 서로의 글을 읽고, 칠판에 나와 제목을 쓰고, 어떤 것을 인쇄할 것인지 투표로 정한다.

자유 텍스트라는 표현은 1945년 출간된 프레네의 『프랑스 현대학교』에서는 '자유 작문rédaction libre'으로 되어 있었다. 자유 작문이라는 표현이 '자유로운 주제로 (강제적인) 작문'을 하던 그 시대 일부 교사들의 실천을 연상시키기에, 이와 차이를 부각시키기 위해서 프레네는 자유 텍스트라고 바꾸었다.Barré, 1996, 66 흥미롭게도 이와 같은 프레네의 글쓰기 교육은 전혀 다른 상황과 조건에서 나타난, 1930, 1940년대의 일본의 생활글쓰기와 공명하고 있고, 기존의 글짓기와 변별하여 생활과 자유로움에 토대한 '글쓰기'를 강조하던 이오덕의 문제의식도 이 큰 흐름 속에서 살필 수 있다.

프레네에게 자연은 "언제나 가장 풍부한 환경이자, 아이들의 다양한 욕구에 가장 잘 부합하는 환경"Freinet, 1957, 34이다. 그러나 프레네 학교는 자연 환경만을 고려하는 데 그치지 않는다. 그것은 인문, 사회 환경 또한 살펴야 한다. 이렇게 프레네 학교는 자연 환경과 생활 환경 모두를 존중하고 고려한다. 프레네 학교는 궁극적으로 생활과 잘 조화된 학교를 지향하기에, 아이들은 텃밭 일을 하고 산책과 견학, 혹은 학교 아틀리에에서 지역 농민과 장인, 노동자의 일과 생활을 만날 수 있다. 환경은 어린이의 욕구뿐만 아니라, 어린이의 일/학습에도 부응해야 한다. 여기서 어린이와 생활을 이어주는 자유 텍스트의 또 다른 역할이 나타난다. 왜냐하면 자유 텍스트에 의해 비로소 "어린이의 가정과 사회생활은 학급으로 들어가고, 그 삶은 학교 신문에 의해 마을로 들어가며, 이후 학교 간 통신으로 그 삶이 더욱 확대되어 타지역의 어린이의 삶과 경험을 마주할 수 있"기 때문이다.Vergnioux, 96

아래의 두 글 중 위의 것은 아이들이 뽑은 것이고Freinet, 1957, 103, 다른 하나는 엘리즈 프레네가 무작위로 고른 것이다.Elise Freinet, 39

작은 물놀이

그저께, 르네와 페드로, 나는 정원에 물을 주었다. 물을 다 주고 난 뒤 우리는 이렇게 말했다.

"물 쏘기 놀이를 하면 재미있겠다!"

르네는 한 번에 물줄기를 두 개로 만들어 쏘면서 말했다. 날아가는 물이 힘찼다. 페드로는 맞은편에서 르네 말을 귀 기울이고 있었다. 르네는 숨을 헐떡였고 페드로 얼굴은 물에 다 적셔졌다.

이번엔 내 차례라고 말했다. 한 줄기의 물이 내 얼굴을 뒤덮었다. 르네는 호스를 수도꼭지에 장착했다. 나에게 말했다.

"다른 쪽 끝을 꼭 잡아!"

나는 손으로 힘차게 꼭 막았다. 갑자기 물이 나에게 날라 왔다. 나는 완전히 다 젖었고 화가 났다. 나는 이번에는 르네에게 꼭 뿌리고 싶었다. 물을 거꾸로 보내려고 했지만 이런! 물이 다시 나에게 날라 와 나는 또 젖었다.

엄청 웃었다.

앙드레

오노레는 털이 희고 하얀 작은 귀여운 고양이가 있어요.

고양이는 오노레와 같이 침대에서 자고

아침이면 얼굴을 핥아서 오노레를 깨웁니다.

프레네가 낸 어린이 문집 글을 보면 짐작하듯이 우리나라 이오덕과 전 한국글쓰기연구회 교사들이 낸 어린이 글 모음집과 비슷하다. 일본의 생 활글쓰기 실천 결과도 읽어보면 물론 그러하다. 앞에서도 언급했지만, 이 미 1910년대 이후 어린이 생활 글쓰기는 새교육을 실천하는 곳에서는 유 럽, 일본 가리지 않고 등장했다. 내용을 살피면 대개 비슷한 정조를 갖고 있다. 그것은 글쓰기가 주어진 어린이의 생활을 반영하고 있고, 자유로운 상태에서 어린이의 입말이 적극적으로 살아났기 때문일 것이다.

야나기 하루오는 생활글쓰기를 통해서 학생의 내면 조작 기술이 보급 되었다고 평하기도 했지만, 자유 텍스트는 단순한 자료가 아니라, 사회 적, 심리학적 검사 방식이기도 하다. 우리는 그것으로 어린이에 미치는 환 경의 작용을 알고, 거꾸로 환경에 미치는 어린이의 작용도 알기 때문이 다.Elise Freinet, 39 실제로 1928년 르루Leroux 역시 어린이의 텍스트가 어린 이의 심리에 관한 많은 정보를 알 수 있게 한다고 했다. 프레네는 글쓰기 가 갖는 심리학적 유용성을 인정하고 있었다. 어린이의 자유로운 표현이 자신에게 놓인 모든 것에서 자유롭게 하도록 하는 점에서 심리적 문제를 피하게 해준다고 믿었다.Barré, 1996, 67-68

학교 인쇄기와 자유로운 텍스트로 얻은 글쓰기 묶음집,『생활의 책livre de vie』을 발간하고, 다른 지역 학생들이 같은 조건에서 제작한 문집을 교 환해가면서, 프레네는 1928년 「더 이상 교과서는 필요 없다Plus de manuels scolaires」는 글을 쓴다. 여기에는 자유 텍스트에 기초한 실험이 있었기에, 프레네는 좀 더 적극적으로 기성의 교과서를 비판할 수 있었다.

교과서는 바보 만들기의 수단이다. 그것은 때때로 비굴하게 공인 교육과정에 기여한다. 일부는 지나친 주입식 교육의 어리석음으로 교육과정을 더욱 악화시킨다. 그러나 교과서가 아이들을 위해 만들어지는 경우는 거의 없다. 그 교과서는 교사의 수업을 촉진하고 바로잡아준다. 교과서는 교육과정에 한 걸음씩 따라간다고 자부한다. 물론 아이는 할 수 있다면 따라 갈 것이다. 그러나 사람들이 관심을 갖는 것은 아이가 아니다.

그 때문에 교과서는 거의 대부분 아이를 어른의 노예로 만들도록 준비한다. 특히 아이를 교육과정과 점수로 수업을 좌지우지하는 학급의 노예로 만든다.

반대로 전통적인 수업 개념에서 어느 정도 벗어나기 위해 아이의 욕망과 욕구에 토대를 둔 일부 참된 페다고그들이 있다. 그러나 사람들은 그들의 교과서를 거의 용납하지 못한다. 어쨌든 보수적인 출판사도 그것을 맡고자 하지 않으며 교과서 제작을 가장 위험한 것으로 여긴다.

교과서들도 좋을 수 있다. 그러나 교과서는 가능한 한 하나만 사용해야 한다. 어린 시절부터 사용하는 교과서는 인쇄된 글에 대한 맹목적인 숭배를 주입하는 데 기여한다. 책은 오래지 않아 독자적인 세계, 어느 정도 신성한 것이 되어 사람들은 책의 주장에 대해 이의를 제기하는 데 주저하게 되었다. "그것은 책에 있다." 그러나 책은 오류를 범하기 쉬운 한 가지 생각일 뿐이며 말하고 있는 누군가에게 반론하듯 책에도 반대할 수 있다는 것을 가르치는 것이 바람직하다.

교과서는 이런 식으로 모든 비판 감각을 죽인다. 신문에 수록한 모든 것을 곧이곧대로 믿는 반#문맹적인 세대가 나온 것은 아마도 교과서 때문일 것이다. 그 때문에 교과서에 대한 투쟁은 참으로 필요하다.

교과서는 교사 또한 노예로 만든다. 그들은 아이가 그것을 잘 이해하는지 신경도 쓰지 않고 교과서를 통해서 여러 해 동안 획일적으로 해당 주제를 제시하는 것에 익숙해진다. 해로운 일과가 교사를 사로잡는다.

수백 쪽 분량의 텍스트에 담겨 있는 어린이의 꿈이 아무리 중요하더라도, 전적으로 이상적인 것은 시험에 합격하는 데 충분한 제재이다.

교사는 교육에 열중하기 위해서는 이런 기계적인 수업 제공에서 반드시 해방되어야 한다. Elise Freinet, 39-40

프레네는 「더 이상 교과서는 필요 없다」는 기사를 『빛』지에 기고하면서 기성의 교과서를 비판했다. 형식적인 교과서는 한편으로 아이들을 바보로 만들고, 다른 한편으로 교사를 기계적인 수업에 빠뜨리기 때문이다. 회복해야 할 교과서는 비판적 문해력을 봉쇄하는, 시험 제재로서의 교과서가 아니다. 그것은 어린의 흥미와 욕구에 바탕을 둔, 표현과 사고에서 어린이를 자유롭게 하고, 비판적 사고를 일깨우는 교과서이다.

4.3 학교 간 통신 및 학교 신문

프레네는 학교 인쇄기와 자유 텍스트를 페다고지 테크닉으로 확보했다. 프레네는 바쉬르루에 근무할 때, 한편으로는 학급의 현대화를 위해 노력했고, 다른 한편으로는 지역사회에서 협동조합 운동으로 참다운 의미의 경제적 지원에 노력하였다. 그 때문에 바쉬르루에서는 프레네의 교육 실천에 큰 장애가 없었을 것이다.

프레네는 학교 인쇄기가 성공했음에도 뭔가 닫혀 있는 느낌을 받았다. 물론 학급에서 만든 텍스트를 묶은 문집은 마을 사람들, 학부모가 읽었고 평가는 대체로 좋았다. 지금에야 대부분 한국의 초등 교사들도 학급 문집을 만들고, 때로는 학급 문집을 서로 교환하기도 하지만 1920년대 어린이 문집 생산은 흔한 일이 아니었다. 프레네는 어린이 문집 생산만으로 만족할 수 없었다. 학교 인쇄기 활동을 하면서 가장 탁월하게 뽑은 글을 수줍게 동료 생디카 활동가에게 보여주었지만, 실천적이지 못하다는 평가에 낙담했던 프레네에게 함께 인쇄기 활동과 학급 문집을 교류하고자 하는 동료가 생기게 되었다. 르네 다니엘은 프레네의 학교 간 통신에서 빠뜨릴 수 없는 일이다. 다니엘은 학교 간 통신의 최초 동료로서, 먼저 프레네에게 연락을 취했다. 이때가 1926년이었다.

프랑스 북서쪽 끝의 해안가 트레겅과 프랑스 남동쪽 산골 바쉬르루의 아이들은 1,300킬로미터가 떨어진 지역 사이에서 서로의 소식을 전하게 되었다. 양쪽은 각자의 텍스트를 25부 정도 인쇄하고 서로 주고받았다. 2년간에 걸쳐 교류했는데 바쉬르루의 아이들은 먼저 트레겅 친구들에게 자신들에 관한 것들, 이를테면 바쉬르루에서는 무엇을 먹고, 밭에서 어떻게 일하며, 무엇을 수확하고, 무엇을 만드는지, 어떤 식물이 자라고, 어떤 꽃이 피는지, 어떤 동물이 살고 있는지, 어떻게 놀고, 축제는 어떻게 하며, 관습은 무엇인가를 전했다.

바쉬르루의 아이들도 트레겅 친구들의 생활을 경험하게 되었다. 배, 범선, 어선, 낚시, 여러 물고기, 해초, 해조를 알게 되었고, 아이들은 바다가 가까운 곳이 되었다. 날씨가 안 좋은 날에는 아이들은 그들과 같이 염려하면서 지냈다. 그러던 어느 날 작은 소포 하나가 왔다. 조개와 해조류 외에도 게가 가득 들어 있었다. 아이들은 그것을 먹었고 옆 반에도 나눠주었다. 오후에는 아이들이 서로 나눠 조금씩 갖고 집으로 돌아갔다. 부모의 반응은 바로 돌아왔다. 이제는 프로방스에서 트레겅으로 오렌지, 감, 올리브를 보내기 시작했다. 자유 텍스트를 부모와 다른 지역의 상대에게도 보내게 되었고, 이는 생활이 되었다.Freinet, 1964a, 23-24

또 하나 간과할 수 없는 것은 학교 신문의 역할이다. 학교 신문은 "학교 간 통신의 활동적이고 영구적인 토대, 요소"라는 것이다.Freinet, 1937 자유 텍스트에 기초한 학교 간 통신이나 학교 신문은 삶의 지평을 넓힐 뿐만 아니라 어린이의 학교교육, 읽기 교육에도 적지 않은 도움이 되었다.

아이는 끊임없이 입말과 글말을, 자신이 쓴 낱말과 칠판이나 인쇄물에 사용된 낱말을, 통신 상대자의 학교에서 보내준 신문에 있는 낱말과 책이나 신문에서 확인한 낱말과 비교한다. 풍성한 암중모색의 실험의 결실인 심층 학습이 일어난다. 그것은 다음과 같은 결과에 이른다. 즉, 특별한 연습 없이 아이는 많은 낱말을 알게 되고, 글자모양 뿐만 아니라, 그 글자 모양과 연결된 관념에 의해 낱말을 알게 된다. 글자에 대한 인지와 이해는 짝을 이루어 같은 과정으로 들어간다.　　　Freinet, 1957, 45-46

학교에 인쇄기를 설치하면서 자유 텍스트가 시작되었고, 자유 텍스트로 엮은 문집은 프랑스 국내나 외국과 교류로 이어졌다. 학교 간 통신으로 학생 한 녕 한 명이 각각 상대 학교에 개인적인 통신 상대를 갖고, 서로 편지를 쓰고 답장을 받으며, 그림이나 물건, 사진을 교환하거나 때로는 방문하면서 삶의 범위는 확장되었다. 인쇄기 작업에서 야기된 자유 텍스트, 다시 자유 텍스트에 뒷받침된 학교 간 통신과 학교 신문으로 구축된 프레네 테크닉. 이렇게 프레네는 프레네 페다고지의 확실한 실천적 토대에 도달할 수 있었다.

우리는 이 장에서 프레네 페다고지의 이념에 해당하는 자연, 자유, 생명 관념이나 프레네 페다고지의 기초 원리인 일과 놀이, 욕구와 흥미, 실험적 암중모색 같은 논의를 다루지 않았다. 그것은 각각 별도의 논문을 통해 개진되어야 할 주제들이다. 실제 이들 원리와 이념은 프레네가 처음 길어 올린 것이 아니라, 기존의 프랑스어권 페다고지에서 논의되던 것을 프레네가 빌려 오거나 수정하면서 발전시킨 것이다. 클라파레드의 기능주의심리학, 나아가 기능주의교육에서 프레네는 '기능적fonctionnel'이라는 술어를 빌려 오고, 드크롤리에게서는 읽기, 쓰기의 담론과 실천을 원용하며, 몬테소리의 일과 어린이 관념은 프레네의 그것들과 적지 않게 오버랩 되고, 프레네는 시종일관 페리에르에 대한 깊은 존경심을 갖고 있었다. 프레네의 페다고지 이념과 원리 전체를 온전히 다루기 위해서는 이들 페다고지를 살필 때에야 비로소 가능하다. 물론 이는 별도의 연구서를 요청한다. 다만, 우리는 2부에서 다룰 30개 페다고지 불변요소에 대한 강설에서 관련된 사항에 한해 프랑스어권 페다고그들의 페다고지 논의 및 프레네 페다고지의 원리와 이념을 누락시키지 않고 그때그때 최소한의 논의를 더하며 진행할 것이다.

2부
『페다고지 불변요소』 읽기

프레네는 인쇄기 도입에서 시작하여 자유 텍스트와 학교 간 통신으로 완결되는 프레네 테크닉의 실험에 거의 35년 이상의 세월을 보냈다. 그는 신규 교사 연수와 교사 재교육을 위해 "경험과 상식에 비추어, 진리 탐구에 대한 관심 이외에는 어떤 편견 없이", "새로운 학교의 가치"를 세우고자 했다. 나아가 독자들로 하여금 심리학적, 페다고지적, 테크닉적, 사회적 차원에서 각각의 개념과 실천을 다시 성찰하도록 촉구하고, "불변의 것으로, 틀림없고 확실한 원리의 토대" 위에 일종의 페다고지의 규칙을 실현시키고자 했다.

프레네의 '불변요소l'invariant'는 '페다고지 불변요소'이다. 여기서의 '불변요소'란 보편적 진리로서의 불변요소가 아니라, 프레네 페다고지를 받아들이고 실천하는 이들에 한하여 틀림없고 확실한 것으로 받아들여진 '불변요소'이다. 이 불변의 원리는 프레네 페다고지를 받아들이고 실천하는 이들에게는 참일 수 있겠지만, 양립 불가능한 각각의 페다고지에 기대어 있는 이들에게 이들 '불변요소'는 비판적으로 검토될 테제이지 영구불변의 페다고지 요소일 수 없다. 프레네 '페다고지 불변요소'를 전적으로 받아들이든 비판적으로 수용하든, 분명한 것은 30개의 페다고지 불변요소는 무엇보다 프레네 페다고지의 원리와 토대를 조망할 수 있는 페다고지 테제들이라는 것이다.

우리는 2부에서 프레네 '페다고지 불변요소'를 소개하고, 분석하고, 때로는 비판적으로 성찰하면서 프레네 페다고지의 이념과 원리, 실천을 이해하고자 한다.

우리가 프레네 '페다고지 불변요소' 30개를 세 범주로 나눈 것은 프레네의 구분에 따른 것이다. 프레네는 불변요소 1번부터 3번까지를 'I. 어린이의 본성'으로, 불변요소 4번부터 10번까지를 'II. 어린이의 반응'으로, 불변요소 11번부터 30번까지는 'III. 교육 테크닉'으로 나누어 제시했다. 때로는 어린이의 '본성'에 들어 있는 테제들과 '어린이의 반응'을 이루는 테제 사이가 그렇게 먼 것으로 보이지 않은 경우도 있고, 또한 'III. 교육 테크닉'의 범주에서도 페다고지 불변요소 'I. 어린이의 본성' 계열의 것으로 간주할 수 있는 테제들도 찾을 수 있다. 그러나 이 페다고지 불변요소의 배열에는 프레네의 문제의식과 의도가 깃들어 있다. 이를테면 '페다고지 불변요소 30' 중에서 1번은 프레네의 아동기 철학을 대표하고 있고, 불변요소 11번은 프레네 페다고지의 교육적 원리를 가장 잘 드러내주는 암중모색의 논리를, 머리에 두어 제시하고 있기 때문이다.

우리는 프레네가 구획한 세 부분을 염두에 두고, 페다고지 불변요소 1번부터 하나씩 살펴볼 것이다.

5.

프레네 페다고지의 어린이 존재론
-어린이의 본성

프레네 페다고지는 일종의 아동기 철학을 전제로 하고 있다. 세련되고 체계적으로 제시된 것은 아니지만, 오래도록 숙고한 그 흔적을 우리는 불변요소 1번에서 보게 된다. '아이는 어른과 본성이 같다.' 물론 어떤 이에게는 이 불변요소 1번의 의미가 크게 다가오지 않을 수도 있다. 어른과 아이의 본성이 같다고 하더라도, 그 진술은 지나치게 일반적이어서 페다고지 차원의 실천적 함의를 쉽게 떠올릴 수 없기 때문이다.

대개의 페다고지는 고유한 아동기 이론을 갖고 있다. 전성설적 담론에 기초한 루소의 『에밀』이 그러하고 Canguilhem, 90, 나중에 불변요소 14번을 설명할 때 자세히 언급하겠지만, 19세기 프랑스의 페다고그 조셉 자코토의 '자코트 방법', 다시 말해 '보편교육 방법'도 '어린이는 스스로 배울 수 있'고, '모든 사람은 같은 지성을 지녔다'는 자신의 아동기 이념이 개재되어 있다. 20세기에 들어서는 슈타이너, 몬테소리 페다고지는 유사 과학 혹은 형이상학적 아동기 이념에, 클라파레드, 드크롤리, 비고츠키 페다고지는 과학적 아동기 이론에, 프레네 페다고지는 생활세계의 암중모색으로 발견한 아동기 이념에 의지하는 등 여러 페다고그들은 각자 과학적, 혹은 유사 과학적 탐구에 기초한 아동기론을 제시하곤 했다. 그 때문에 나와 같은 페다고지 연구자는, 페다고지 연구에서 필수적으로 페다고지의 대상인 어린이의 존재 혹은 아동기의 이념에 관한 철학적, 사회학적, 역사학적, 심리학적 연구를 병행할 수밖에 없다.

이런 맥락에서 우리는 프레네 페다고지에서 어린이 본성론의 의의를 찾아 읽을 수 있고, 그렇게 읽어야 한다. 프레네 페다고지에서 페다고지 불변요소 1번은 어린이의 사회적, 교육적, 나아가 페다고지 차원의 지위를 새롭게 규정해주는 존재론적 근거가 된다는 점에서 상당히 중요하다.

'불변요소 1번. 아이는 어른과 본성이 같다.' 그러면, 아이는 어른과 본성이 같다는 프레네의 진술에서, 그 '본성'은 무엇을 말하는가?

그것은 기존의 본성에 대한 탐구자들의 논의와 궤를 달리한다. 우선 프레네는 어린이와 어른을 어린 나무와 어른 나무로 비유한다.

> 아이는 아직 다 성장하지 않았지만 어른 나무처럼 영양을 섭취하고, 커가고, 자신을 보호하는 나무와 같다.
>
> 아이는 신체 기관의 약함에서, 무지에서, 미경험에서, 어른들에게서는 종종 심하게 타격을 입게 되는 생명의 헤아릴 수 없는 잠재력에서 나오는 전혀 다른 리듬을 갖고서 정확하게 여러분처럼 먹고, 느끼고, 겪고, 찾고, 자신을 보호한다.
>
> 결과적으로 아이는 정확하게 당신과 동일한 원리에 따라 행동하고 반응하고 산다.
>
> 여러분과 아이 사이에는 본성의 차이가 아니라 단지 정도의 차이만이 존재한다.　　　　　　　　　　　　　　　　　　Freinet, 1964b, 139

프레네는 어린이와 어른의 본성의 동일성 논의를 위해 나무의 비유를 가져온다. 어린 나무와 어른 나무는 기능적으로 동일하다. 둘은 모두 생명 활동을 한다. 마찬가지로 아이도 어른과 마찬가지로 먹고 느끼고 겪고 찾으며 자신을 보호한다. 이와 같은 생명 활동의 원리에 따라 어린이와 어른은 존재론적으로 같다. 군이 차이를 찾자면, 한편으로 아이 개인의 약한 신체 상태와 경험과 지식의 부족에서 나온 결여 상태를 지적할 수 있고, 다른 한편으로 어린이에게는 어른들이 잃어버리곤 하는 생명의

무한 잠재력이 상대적으로 더 발견될 뿐이다. 그러나 이런 차이는 어린이와 어른 사이의 정도 차이일 뿐, 존재론적으로 양자는 동일하다.

어린이는 어른과 정도 차이만 있을 뿐 동일하다는 이 정리는 근현대 아동기 이론에서 매우 급진적인 주장이다. 또한 이 테제는 프레네의 '일' 교육에 대한, 일 교육을 통한 페다고지로 구현된다는 의미에서 프레네 페다고지의 핵심적 테제라고 할 수 있다. 근현대 아동기 이념을 살피기 전에 프레네의 '나무' 비유를 좀 더 정확하게 이해하기 위해서, 또 다른 방식으로 어린이와 어른의 동일성과 차이를 두고 '올챙이와 개구리'로 비유한 클라파레드의 논의를 잠시 살펴볼 것이다.

암린이 말한 것처럼 클라파레드1873~1940는 그 정신이 '자유주의'로 가득한 이였다.Hameline 제네바 목사의 아들로 태어난 클라파레드의 사상은, 자유주의와 프래그머티즘, 프로테스탄티즘에 의해 뒷받침되어 있다. 그의 생애에 영향을 많이 끼쳤던 숙부인 르네 에두아르 클라파레드René-Édouard Claparède, 1832~1871는 제네바 박물학자로서 1861년 다윈주의 이론을 대륙에 최초로 소개한 사람이었다. 여기서 우리가 클라파레드의 사상적 토대 중 하나로 프래그머티즘을 든 것은 그의 가계와 미국 심리학과의 연관성 때문이다. 19세 연상인 그의 사촌 플루르누와의 강의에 학생으로 참여하고 있었을 때, 클라파레드는 윌리엄 제임스의 심리학을 접하게 된다. 실제 클라파레드가 강의에 참석했을 때, 윌리엄 제임스가 직접 플루르누와의 연구실을 방문하였고 클라파레드도 그를 만났다. 플루르누와는 윌리엄 제임스와 20년 동안 정기적으로 서신을 교환하던 사이였다. 그들은 '기능주의심리학'을 공유하고 있었다.

클라파레드는 정신 활동에 관한 탐구에 가장 효과적인 관점이 기능적인 것이라고 생각했다. 이는 생명의 제 현상을 종합적인 각도에서, 즉 유기체 전체와의 관계, 물질적·사회적 환경에 대한 유기체의 적응에 관해 살펴야 하는 것이다. 예를 들면 놀이, 정동, 감정의 의미를, 이것들이 어떠한 필요에 대응하는 것인지, 어떠한 의미에서의 적응 수단인지, 유기체의 적응 문제를 고려해야 한다. 가령, 수면에 관해서도 생리학자들은 피로에서 생기는 혈액 속의 유독물질이 증가하는 것에 대한 일종의 생리적 반작용으로서 수면을 설명하지만 그 설명은 수면의 현상 서술에 그칠 뿐, 그 의미를 설명하지 못하는 한계가 있다. 또한 수면의 다양한 측면, 동물의 겨울잠이나 아동기의 긴 수면, 불면 현상을 파악하지 못하는 문제도 있다. 수면의 전체적인 의미를 밝히기 위해서는 수면이 유기체에게 어떤 기능을 갖고 있는지를 물어야 한다는 것이 기능주의 입장이다. 클라파레드에게 수면은 단순한 생리적 반작용이 아니라 과도한 피로에 의해 자기가 파괴되는 것을 막기 위해 유기체가 스스로 행하는 주체적인 행위로서 간주된다.Claparède, 1931, 51-56

이런 기능주의 관점에서 클라파레드는 어린이와 어른의 차이와 동일성을 설명하기 위해 '올챙이와 개구리'의 비유를 갖고 온다. 클라파레드는 이 비유가 기능주의적 관점이 무엇인지를 잘 보여준다고 생각했다.

이런 프래그머틱하고 기능주의적인 사고방식의 옳음을 이해하기 위해서는 긴 설명보다도 한 가지 예를 보여주는 것이 좋을 것이다.

아직 개구리가 되지 못한 올챙이는 기능적인 의미에서 말하면 그 때문에 불완전한 존재는 아니다. 아마 올챙이를 그것이 언젠가 될 것과 비교하면 우리는 많은 것, 예를 들면 폐나 다리, 그 밖의 것이 결여되어 있다는 것을 알고 있다. 그러나 그것을 올챙이의 관점에서 보면, 그것은 절대적으로 완전한 존재이다. 각 부분은 현재의 물에서 살기 위한, 현재의 조건에 완벽하게 적응되어 있고, 이때 다리는 올챙이에게 큰 장애이고, 공기 중의 생활을 가능하게 하는 폐가 생기기 전에 그 환경 밖으로 나오도록 한다면 심지어는 치명적일 수 있다. 나는 어떤 존재가 발달 내내 기능적 통일체를 구성한다는 사실의 중요성을, 기능적 자율의 법칙의 위엄으로까지 올릴 때 이를 과장하고 있다고 생각하지 않는다.

Claparède, 114-115

클라파레드에 따르면 올챙이는 그 자체로 충분한 존재이며 그 기능은 개구리의 그것과 마찬가지로 완전하다. 올챙이는 물속에서 잘 살 수 있는 최적의 아가미를 갖고 있고, 개구리는 공기 중의 생활을 하기 위해 그에 어울리는 폐를 갖고 있다. 유기체를 이루는 기관의 구조적 차이는 있지만, 발달 과정 내내 개체에게는 기능적인 통일성, 기능적 자율의 법칙이 항상 존재한다. 같은 맥락에서 어른과 아이는 기능주의적 관점에서 동일하다. 클라파레드는 어른과 어린이가 외현적으로 다르지만, 이들은 기능적으로 환경에 대한 개체의 적응이라는 점에서는 동일한 생명 활동을 하고 있다고 설명한다.

프레네는 1923년 몽트뢰에서 열린 국제새교육연맹에서 클라파레드를 만났었다. 1905년 이후 클라파레드의 책은 다수 간행되었고 여러 언어로 번역되었다. 프레네가 클라파레드의 책을 숙독했음이 틀림없겠지만, 그는 자신의 논저에서 이를 적극적으로 인용하고 있지는 않다. 물론 자주는 아니지만, 프레네는 "기능의 연습은 발달의 조건"이라는 클라파레드의 통찰에 빚지고 있다고 밝힌 바 있다.Elise Freinet, 151 나중에 다시 살펴겠지만, 우리는 이 영향의 흔적을 '불변요소 17번'에서도 찾을 수 있다. 프레네는 클라파레드의 기능주의적 유기체론을 일부 원용하여 자신의 페다고지를 뒷받침하고 있는 것이다. 그러나 그것이 프레네의 심리학이 클라파레드의 그것으로 환원된다는 것을 말하지 않는다. 왜냐하면 거기에는 '생명의 혜아릴 수 없는 잠재성incommensurable potentiel de vie'과 같은 생명과 삶에 대한 프레네의 독특한 시각이 깃들어 있기 때문이다.

프레네는 클라파레드처럼 어린이와 어른은 기능적으로 동일한 생명 활동을 하고 있다고 생각했지만, 올챙이의 아가미와 개구리의 폐처럼 어린이와 어른이 구조적으로 다르다고 생각하지 않았다. 오히려 프레네는 어른과 어린이는 본성상 차이가 없다고 보았다. 어린이 곁에서 오래도록 어린이의 사고와 정동, 그 삶을 지켜본 프레네는 어린이는 무지와 미경험으로 지식 차원에서 어른과 차이가 있지만, 사고 활동에서는 성인과 같은 지성을 발휘한다고 결론을 내렸다. 그러나 만일 그렇지 못하다면, 그것은 개인의 문제가 아니라 그 잠재력을 상실케 하는 학교와 사회의 문제이다.

학교는 아이들에게 기초 지식 습득에 그치기를 바란다. 그러나 아이들은 모든 것을 알고 있고, 모든 것을 보았고, 학교에서 통용되지 않은 어른들의 주제들을 마치 어른들처럼 토론한다.

달구지에 줄을 매는 것은 이제 더 이상 아이들의 흥밋거리가 아니다. 아이들은 이런 것에 대해 근본적으로 무익하다고 느낀다. 그래서 더 이상 듣지를 않는다.

심각한 것은 아이들은 그렇게 해서 듣지 않고, 일하지 않는 습관을 갖게 되었다는 것이다. 두 가지 영역이 그들 안에서 만들어진다. 하나는 표면적인 후광일 뿐인 학교교육의 영역이고 다른 하나는 개인적인 풍성한 삶의 영역이다.

아이들은 학교에서 실패한다. 안타깝게도 이런 실패는 삶의 영역에 영향을 미친다.   Freinet, 1960, 11

프레네는 어린이들이 어른들의 주제를 어른들처럼 토론할 수 있다고 보았다. 인쇄기를 들고 자신의 글을 조판하고, 인쇄하고, 상호 보급하면서, 문자 세계라는 성인 세계에 참여하고, 자신의 지역을 넘어 타자의 세계를 넘어가는 프레네의 '어린이'는 더 이상 기존의 근대 아동기 이념 속의 어린이가 아니다. 닐 포스트먼은 인쇄기가 "읽기 능력에 기초하여 성인기에 대해 새로운 정의를 창출하였고 또한 그러한 능력의 부재에 기초하여 아동기라는 새로운 관념을 만들어냈다"고 했는데Neil Postman, 48, 프레네는 마치 이에 응답하듯이 이제 어린이는 성인과 같이 성인의 주제를 토론하게 되었다며 근대 아동기를 뛰어넘는 아동기 이념을 내비치고 있다. 적어도 확실한 것은, 프레네는 아동기와 성인기 사이의, 단절이 아닌 연속성에 주목했다는 것이다.Jacomino, 181-182 닐 포스트먼은 아동기와 성인기의 격절이 사라지는 이 현상을 두고, '어른화된 아이enfant adultifié로 명명했다. 예를 들면 어린이는 옷을 입는 방식, 먹는 습관, 텔레비전을 매개로 어른 세계로 바로 넘나들 수 있는 결과, 어른화된 아이가 탄생된다. 물론 거기에는 어른 역시 어린이와 같은 삶의 방식이 침투되어 '어린이화된 어른'도 나타난다. 닐 포스트먼은 이를 아동기의 소멸로, 더 정확히 말하면 근대 아동기의 소멸로 보았는데, 이는 더 이상 어린이와 어른 사이의 본질적 차이가 없는 시대가 되었음을 말해준다. 우리가 이를 근대 아동기 이념이 사라졌다는 의미에서, 포스트모던 아동기 이념이라고 부를 수 있다면, 어떤 의미에서 프레네의 어린이론과 아동기 철학은 포스트모던의 요소까지 지녔다고 할 수 있다. 이는 특히 그의 일 개념에서 두드러진다. 프레네는 어린이가 어른과 같이 일을 하고자 하는 욕구를 갖고 있다고 볼 뿐만 아니라, 페다고지와 어린이의 삶의 방식을 그의 '일' 개념 위에 세운다. 이렇게 프레네는 어린이는 놀이, 어른은 일이라는 근대 아동기의 이념이 깃들어 있는 기성의 시각을 전복한다. 이는 '불변요소 10'에서 다시 자세하게 다룰 것이다.

더 크다는 것이 그렇지 않은 이들보다
위에 있다는 것을 의미하는 것은 아니다.

불변요소 2번의 우리말 번역 중에 '크고 나이가 많다'로 시작하는 경우가 있다. 완전히 틀린 것은 아니지만, 아마도 『현대학교총서B. E. M』 25권을 읽어보지 않았기 때문에 나온 번역인 듯하다. 여기서 문제는 나이가 아니다. 그것은 말 그대로 큰 것을 말한다. 교실에서 '높은 것'이 갖는 페다고지의 함의가 무엇인가? '더 크다는 것이 그렇지 않은 이들의 위에 있다는 것을 의미하는 건 아니'라는 '불변요소 2번'의 메시지는 오늘날에는 상식적인 것으로 보인다. 이것이 보다 구체적으로 무엇을 의미하는지 프레네의 설명을 직접 들어보자.

당신은 키가 크고, 이 유일한 사실 때문에 당신은 당신보다 작은 이들을 열등한 것으로 간주하는 경향이 있다. 그것은 말하자면 일종의 생리적 감각으로, 우리가 8층 발코니나 높은 곳에 있을 때 느끼는 현기증과 같은 감각과는 반대되는 것이다. 모든 사람이 이런 감각을 겪는다고 한다. 그런 감각은 당신을 귀찮게 하고 혼란스럽게 하기 때문에 그것을 잘 의식하고 당신 자신을 잘 지켜야 한다.

당신은 아이들보다 크다. 그러나 아직 그것으로 충분하지 않다. 당신의 탁월성을 보증하기 위해 교단에 올라가야 한다.

그것은 사람들이 생각하는 것 이상으로 훨씬 더 현대 페다고지를 실천하고자 하는 모든 이에게 장애를 주는 인상이자 감각이다. 이 현기증을 없애버리기 위해, 우리가 일련의 상징적인, 필수 불가결한 발전의 결정적인 행위를 당장 권고한다. Freinet, 1964b, 140

큰 나무와 작은 나무는 단지 크기에서 차이가 있을 뿐이다. 기능적으로 이 둘은 동일하다. 그러나 거의 생리적인 감각으로 아이들을 보면 '미성숙한 인간'을 떠올린다. 성인은 어린이가 도달해야 할 기준이 되고, 그 기준에 이르지 않은 아이는 열등한 존재로 간주되는 것은 근대 아동기 이념의 한 가지 특징이다. 프레네는 생리적 감각으로 작은 아이를 보면 곧바로 열등한 존재를 떠올린다고 지적한다. 프레네는 어린이와 어른 사이의 사이즈의 크고 작음을 질의 높고 낮음으로 오도하게 하는 교실 내의 공간 장치에 주목한다. 동질적인 어른을 이질적인 더 크고 높은 것으로 상정하게 하는 교단을 문제 삼은 것이다. 여기서 어린이 존재론과 페다고지 실천이 만나게 된다.

페다고지는 때때로 테크닉이 필요하다. 그것은 새로운 발명을 요구하는 것일 수도 있고, 기성의 것을 버리는 것일 수도 있다. 프레네는 교단을 교실에서 없애는 것으로 교실 공간 차원에서 페다고지를 숙고하고 실천했다.

교단을 없애십시오. 그러면 당신은 아이들의 눈높이에 있을 것입니다. 당신은 페다고그나 지도자chef가 아니라 인간과 아이의 눈으로 그들을 볼 것입니다. 바로 학생과 교사 사이의 전통적인 학급에 있는 위험한 간극을 제거해야 합니다.

만일 행정적인 이유로 예를 들면 전시 탁자나 학습 탁자를 만들기 위해서 제거할 수 없다고 한다면, 우리는 적어도 교사 책상은 치워, 방해되지 않는 곳에 아이들의 위치에 두라고 권합니다. 꼭 학생들 앞에 둘 필요는 없습니다.

교단과 강단은 전통적 페다고지의 필수적인 요소입니다. 그 페다고지에서 다변은 수업을 듣는 아이들의 눈높이가 아닌, 더구나 권위와 효율성을 동반히어 실시하는 수업, 설명, 질문을 갖춘 왕입니다.

교사와 학생 사이의 갈등 지점은 감독, 권위, 규율을 위해 이 물질적, 상징적 높이를 요구한다는 것을 덧붙입니다.

당신을 아이들의 위치에 두십시오. 그러면 당신은 현대 페다고지로 바로 들어가게 됩니다. 당신은 자신의 태도와 페다고지를 실천하는 자신의 행동에 대해 숙고하고 재검토하게 될 것입니다.   Freinet, 1964b, 140-141

프레네는 아이들보다 큰 어른이, 그 '큰' 존재 자체로는 말의 권위를 보증해주지 않기 때문에 다시 교단을 필요로 한 것이라고 보았다. 지금은 우리나라도 초중등 교실에 교단을 따로 두는 곳은 없다. 영화 〈죽은 시인의 사회〉에서는 학생들이 교탁에 올라서면서 교실을 나르게 보게 되었지만, 20세기 초의 프레네는 교단을 제거하면 "교사는 교실을 다른 눈으로 볼 수 있게 될 것이고 학생들도 여러분을 다르게 볼 것"Freinet, 1957, 151이라고 말했다. 다음은 프레네가 처음 교실에서 교단을 치웠을 때 아이들의 목소리이다.

그리고 완전히 아이들의 눈높이에 있기 위해, 그리고 자신의 사상을 실현하고 자신만의 감정으로 느끼기 위해 프레네는 한 가지 상징으로 남게 될 행동을 취했다. 다시 말해 그는 쓸데없는 위엄을 주었던 교단을 치웠고, 책상을 아이들과 마주하며 같은 바닥에 놓았다.

"선생님, 지금 선생님은 작은 선생님이 되었어요." 하고 피에로가 말했다.

"아니야. 나는 너희들처럼 그냥 학생이야." 하고 프레네는 말했다.

Elise, 35-36

　교단은 전통적인 교사 중심적 교육을 위해 요청되었던 장치다. 교단은 단순히 교사 중심의 주입식 교육을 상징하는 장치가 아니라, 교단이라는 교실 공간에서의 '미디어'로서 자리 잡고 있다. 교단은 높은 곳에서 낮은 곳으로 지식을 전하는 권위로서의 지식관을 상징적으로 함의하고 있다. 프레네는 이에 대한 문제의식을 갖고 일찌감치 교실에서 교단을 치우고 그 자리에 인쇄기를 들여놓았다. 이로써 프레네는 가르치는 교사가 중심인 전통적인 학교를 넘어서서, 어린이가 교육의 중심인 민중교육의 토대를 놓을 수 있었다. 프레네에 의해 교단이 있던 자리는 인쇄기를 통해 함께 작업하는 일과 창조, 소통이 시작되는 장으로 바뀌었다. 이때가 1924년 무렵이었다.

଼ 불변요소 3번 ଷ

어린이의 학습 행동은

그의 생리적, 유기체적, 체질적인 상태에 달려 있다.

불변요소 3번은 어린이의 학습 행동을 개인적, 사회적 차원에서 애정을 갖고 살펴보라는 메시지에 기초해 있다. 어떤 이는 학습 행동이나 그 결과에 대해 원인을 개인에게 돌리기도 하고, 또 다른 이는 가정이나 학교, 사회에서 그 원인을 찾기도 한다. 대개 교육심리학이 학습 결과의 원인을 개인에게서 찾는다면, 교육사회학은 그 원인을 사회에서 찾는다. 물론 꼭 그런 것은 아니다. 교육심리학 안에는 듀이의 사회, 문화심리학, 비고츠키의 문화역사 이론 등도 존재하기 때문이다.

프레네는 어린이의 학습 행동을 개인적 차원과 사회적 차원 모두 살피도록 당부한다. 이는 어떤 의미에서 오늘날의 교사들에게 상식이기도 하다.

사람들은 공부를 잘하지 못하거나 비난받을 방식으로 행동하는 아이는 못된 아이여서 일부러 그렇게 한다고 무정하게 생각하는 경향이 있다.

물론 그런 습관은 때때로 형성되기도 하고, 우리는 그 결과를 받아들이기도 한다. 그러나 이것이 어린이가 자신의 잘못에 전적으로 책임이 있다는 것을 의미하지는 않는다.

당신이 머리가 아프고, 이가 아프고 혹은 거동이 불편할 때, 혹은 배가 고플 때(너무 배가 고파 눈에 보이는 것이 없을 때) 당신은 일을 잘하지 못한다는 것을 명심해야 한다. 당신이 어떤 일을 실패했을 때, 당신보다 더 센 적수와 논쟁을 하거나 당신에게 아주 중요한 어떤 계획을 해내지 못했을 때 당신은 쉽게 화를 낸다.

아이도 당신과 같다. 당신이 말하는 행동의 결핍에 대해 생각해보시

라. 혹 다시 보아야 할 건강이나 정신안정의 문제, 환경의 어려움은 없는 지 말이다.

여러분은 그런 것을 고치려고 노력할 것이다. 그것을 다 할 수 없다면 적어도 이성과 인류애를 갖고 행동할 것이고, 그 결과 학급 분위기는 바로 개선될 것이다.

Freinet, 1964b, 142

흥미로운 것은 프레네는 어린이가 기능적 차원에서 어른과 마찬가지로 먹고, 자라고, 찾고, 자기를 지키듯이 인간의 행동은, 그것이 어린이든 어른이든 큰 차이가 없다는 것을 우리에게 계속해서 확인시키고 있다는 것이다. 불변요소 1번에서 3번까지 프레네가 제시한 어린이의 본성에 관한 논의는 어린이를 근본적으로 어른과 다름없는 존재로 보는 데서, 특히 현대 아동기 이념의 관점에서 보면 아주 독특하다. 그것이 지니는 급진성은 이후 불변요소 4번에서 10번까지의 강설에서 더욱 분명해질 것이다.

6.

프레네 페다고지의 어린이 심리학
-어린이의 반응

❧ 불변요소 4번 ❧

아무도, 성인은 물론 어린이도
권위적인 명령을 듣고 싶어 하지 않는다.

프레네는 사람들은 권위적인 명령을 좋아하지 않는다고 하지만, 한때 초등학교에도, 아니 우리의 '국민학교'(국민학교와 초등학교의 시기 구분은 현대 학교교육의 역사를 논할 때 우리가 취할 수 있는 분명한 분기점이다) 시절에는 어린이들을 권위적인 명령에 길들이던 시절이 있었다. 다음은 1971년 10월 23일 이오덕의 아침조회 일화다.

조회가 되면 교장이 없는 경우 내가 단 위에 올라가서 무엇인가 한마디 말해야 한다. 이런 조회란 것을 없애야 하지만, 내가 교장이 아니니 어찌할 수가 없다. (…)

"일기를 쓰고 있는 사람은 손을 들어보세요!"

아무도 손을 드는 사람이 없다.

"다른 공부라도 좋으니 조금이라도 하고 있는 사람 손 들어봐요!"

여전히 손을 드는 아이가 없다.

"그럼 공부를 조금도 하지 않는 사람 손 들어봐요!"

이상하다. 손을 드는 아이가 없다. (…)

이 벙어리 같은 아이들을 어떻게 하면 좋은가? (…)

내가 단에서 내려온 뒤, 주번교사가 마이크 앞에 섰다.

박 선생은 몇 가지 주의 말을 하고는 이렇게 다짐했다.

"이걸 안 지키는 사람 발각이 되면 우물가에 종일 꿇어앉혀 놓는다. 알았어?"

다음은 교무 선생 차례다.

"이 자식들, 아침부터 희미하게 대답도 할 줄 모르고, 모두 앉아!"

"야아!"

그때서야 아이들의 입에서 일제히 운동장이 떠나갈 듯한 고함소리가
터져 나왔다. (…)

"일어섯!"

"야아!"

"앉아!"

"야아!"

이오덕, 28-30

1970년대 우리 아이들은 학교라는 병영의 한가운데서 살아야 했다. 대
화와 설득에는 침묵하고, 명령에는 순발력 있게 반응하였다. 물론 이는
1970년대만의 문제가 아니다. 적어도 '초등학교'가 도래되기 전, 정도 차
만 있을 뿐 해방 이후 학생은 권위적인 명령에 길들여졌다. 그러나 강압적
이고 권위적인 명령이 횡행하는 곳에서는 이오덕의 말처럼 '민주적인 대
화'와 '협의와 토론', '참된 의견의 교환', '삶의 창조'는 있을 수가 없다. 여
기에 '페다고지'가 설 자리가 없는 것은 말할 것도 없다.

프레네는 불변요소 4번에서 권위적인 명령이 갖는 사회적, 정치적, 혹
은 페다고지의 문제를 논하지 않는다. 불변요소 4번에서 10번까지는 어린
이의 심리적 반응을 다루고 있다. 그 때문에 불변요소 4번은 우리가 일상
에서 겪는 생리적인, 그리고 비근한 심리적인 예를 들고 있다.

갈림길에서 하나의 길을 선택했다면 그것은 그 선택을 좋은 것으로 여
겼기 때문이다. 그러나 도중에 잘못된 선택일지 모른다는 생각이 들면 조
심스럽게 나아가거나 되돌아올 것이다. 생리적인 차원도 마찬가지이다. 물
가에서 뛰어들 준비를 하고 있을 때 모르는 누군가의 손이 중심을 잃게

할 때, 본능적으로, 기계적으로 강요에 저항하고 균형을 되찾기 위해 반대 방향으로 움직이려고 하는 것도 그 한 가지 예일 것이다.

그 때문에 원리적으로 모든 권위적인 명령은 항상 잘못이라는 것이 따라 나온다.

사람들은 아이는 아직 경험이 충분하지 않아 우리가 잘 인도하고, 때때로 아이가 가고 싶어 하지 곳이라도 가게 해야 한다고 말할지도 모른다. 그러나 이는 적지 않은 잘못이 있다. 우리의 일은 한 가지 페다고지를 찾는 것이다. 거기서 아이는 가고 싶은 길을 혹은 어른이 가장 덜 권위적으로 지시하는 길을 선택하게 될 것이다.

우리 페다고지가 만들고자 하는 것은 아이에게 최대한 말할 수 있도록 해주는 것이고, 공동체 틀 내에서 개별적으로, 그리고 협동적으로 최대한의 주도권을 넘겨주는 것이며, 지도하는 것이 아니라 스스로 하도록 안내하는 것이다. Freinet, 1964b, 144

그러나 프레네는 권위적인 명령을 싫어하지만, 어린이들이 방임되어서는 안 된다고 생각했다. 가장 덜 권위적으로 아이를 안내해야 한다는 것이 아나키스트 지침을 따르려는 것인가? 그렇지 않다. 오히려 프레네는 아나키스트 학교문화를 비판했다. 프레네는 가능한 한 가장 덜 권위적으로 지시한다고 했지, 방임한다고 하지 않았다. 프레네 학교가 무정부주의적 전면적 해방을 권장한다는 세간의 오해에 대해 프레네는 다음과 같이 말한다.

우리 동료들은 염려 마시기를 바란다. 우리는 질서와 안정적인 분위기의 필요를 잘 알고 있다. 우리는 무질서나 아나키즘을 자극하면서 조화를 깰 수 있을 그런 실천은 결코 권하지 않는다. 이 조화는 그 이름에 알맞은 학급에서 유지되어야 한다. 아이들의 무조건적인 자유에 대해 수상쩍은 슬로건을 개진한 것은 우리가 아니다. 그 책임은 아이들과 생활하지 않는 이론가나 대단히 근무 환경이 좋고 교사 수도 충분한 조건의 예외적인 교사들에게 있다. 우리는 언제나 공립학교 그 자체가 안고 있는 한계와 방훼로 어려운 학급을 맡아왔다. 오래도록 규정과 행정은 우리에 반하는 것이었고, 때때로 시험의 강박에 지배된 학부모도 우리는 만난다. 원리가 아니라 작업 조건의 현실에서, 매우 섬세하고 복잡한 상황에서 우리는 신중하게 혁신을 했다.

우리는 학교의 규율과 교사의 권위를 지지하는 교사들이다. 그것이 없이는 수업도, 교육도 없을 것이다. Freinet, 1964a, 38-39

프레네와 동료 교사들의 근무 환경은 자율성을 제한하는 것이었다. 우리와 비할 바는 아니지만, 그들 역시 교육행정기관의 지침과 통제, 학부모의 성적 향상 요구에 직면했다. 그러나 어려운 여건 속에서도 그들은 학생들에 대해 방임주의로 가지도 않았지만, 직접적인 규율을 강제하지도 않았다. 그들은 새로운 가치를 창출하고자 했다. 새로운 가치로서의 '규율'에 관한 논의는 불변요소 22번에서 다시 만날 것이다.

80 불변요소 5번 cs

아무도 줄 서는 것을 좋아하지 않는다.
왜냐하면 줄 서는 것은 외부 규율에 수동적으로
복종하는 것이기 때문이다.

마음뿐만 아니라 특히 '몸'을 훈련하는 것은 동아시아에서 오래된 공부의 한 가지이다. 성리학의 '경' 공부도 그러하다. 하나에 집중하여 흩뜨리지 않는 '주일무적主一無適', 몸가짐을 바르게 하고 마음을 엄숙히 하는 '징제엄숙整齊嚴肅', 항상 깨어 있는 '상성성常惺惺'으로 대변되는 경은 공부의 방법일 뿐만 아니라 그 자체가 '어묵동정語默動靜의 삶'을 대상으로 한 공부의 목적이었다. 공부의 대상이 다른 것이 아니라 나에게 내재한 본연지성을 잃지 않고 함양하는 것이기에, 일상 자체가 공부의 대상이고 내가 나를 목적으로 삼아 공부한 것이다.박찬영, 2006

그러나 줄 서기는 어떠한가? 사실, 많은 경우에 그것은 자기 규율, 몸의 훈련이 아니다. 물론 필요한 경우도 있을 것이다. 프레네 역시 놀이나 집단 학습에서, 예를 들면 스포츠 활동 같은 경우 줄 서기가 불가피하고, 제한적으로 실시될 때 문제가 없다고 인정한다. 경우에 따라 급식을 하려고 줄을 설 수도 있다는 것을 프레네 역시 인정한다. 그러나 문제는 권위적 명령으로 집체 속에서 자신의 존재 의미를 찾아야 하는 과도한 줄 서기이다. 학급에서, 운동장에서, 3월 시업식부터 2월 종업식까지, 매 학기 방학을 앞두고, 혹은 운동회에서, 아니면 소풍을 갈 때조차도 우리는 얼마나 '앞으로 나란히'를, 줄지어 서기를 열심히 했던가? 문제는 줄지어 서기 자체가 아니라, 흐트러짐에 참을 수 없는 강박을 지닌 교장과 교사를 낳고, 재생산하는, 집체를 요하지 않을 때조차도 집체를 만들어 진행하는 '신체 규율'을 전제로 하는 '병영문화'를 함의한 학교행사 중심의 교육 방식이다. 프랑스 아이들은 체육 시간에 '기준!', '양팔간격으로 좌우로 나란히!'와 같은 기준점을 잡고 대열, 대형을 함의하는 군인의 '덕'을 배우지 않는다.

일본에서 유학할 때 필자의 아이는 일본 소학교에 다니게 되었다. 호이쿠엔保育園 때와 달라진 점은 아침 등교 시 아이들이 집단 등교를 해야 하는 것이었다. 학부모 1인의 인솔 아래 아이들은 줄지어 먼 경우는 30, 40분을 걸어간다. 집 근처에서 모인 아이들은, '이키마쇼(갑시다)!'라는 학부모의 소리에 맞춰 두 명씩 줄을 지어 등교를 했다.

프레네는 줄 서기를 제한할 것을 요구한다.

> 어느 정도 잘 조직된 집단에서 공동생활을 하는 데 필요한 일부 규율이 있을 수 있다. 어린이가 그것이 필요하다고 느끼면 이를 이해하고, 받아들이고, 실천하며, 조직한다. 이런 규율은 추구해도 된다.
> 그러나 어린이가 그 필요성을 못 느끼는 모든 줄 서기, 집단 조직으로 실현될 수 있는 것이라고 해도, 예를 들면 교실에 입장하기 위한 명령이나, 학습하는 동안의 침묵 등은 추방해야 한다.　　Freinet, 1964b, 147

프레네는 어린이의 이해, 어린이 내부의 필요성에서 나오지 않은 규율은 근본적으로 학교교육에서 제거되어야 할 것으로 보았다.

✁ 불변요소 6번 ଔ

아무도 어떤 일을 억지로 하는 것을 좋아하지 않는다.

비록 그 일이 딱히 마음에 안 드는 것은 아니라도 말이다.

강제는 마비시키는 것이다.

불변요소 6번은 앞의 불변요소 5번에서 파생된 것이다.

　실험하고 싶어 하고 자신의 욕구대로 살고 싶어 하는 아이와 아이를
순종하게 하고 싶은 어른 사이에 일종의 전쟁이 벌어진다.
　이 투쟁의 한 국면은 체계적인 대립이다. 아이는 규율을 따르게 되면
바로 순응할 것이다. 반면에 거친 권위를 받아들이지 않는 이들이 있다.
이들은 거기서 따라 나오는 개인적, 사회적으로 뒤얽힌 상황을 지닌 굴
하지 않는 아이, 복종하지 않는 아이, 적응 못하는 아이들일 것이다.
　이런 대립의 결과 일부 활동은, 특히 학교교육은 일종의 불길한 베일
로 덮인다. 왜냐하면 이 활동은 명령을 받기 때문이다. 그렇게 해서 아
이들은 학습을 잊는다. 좋은 페다고지였다면 제거했을 수 있을 두려움,
신경성 식욕부진, 심각한 콤플렉스가 생긴다.

　일견 불변요소 5번과 불변요소 6번 사이에 모순이 있는 것처럼 여길
수 있다. 앞서의 규율 강조와 불변요소 6번의 규율에 대한 복종의 폐해는
충돌할 수밖에 없기 때문이다. 그러나 불변요소 5번의 규율은 자율적인
규율인 반면에 불변요소 6번의 규율은 어린이의 욕구와 무관한 강제적인
규율이라는 차이가 있다. 자율성과 어린이의 욕구 이 두 가지 기준을 충
족시키는 규율과 그렇지 못한 규율은 양립할 수 없다.
　프란시스코 임베르논은 불변요소 6번 강설에서 프레네의 문제의식이 마
카렌코의 그것과 공명하고 있다고 적시한다.Imbernón, 67 타당한 지적이다.
마카렌코는 프레네와 마찬가지로 어린이로 하여금 가정생활에서 가능한
한 일찍 노동에 참여하도록 권장한 페다고그로서, 그 역시 프레네처럼 규

율과 복종을 구분하고 규율을 교육의 수단이 아니라 결과로서 요청했다.

　이런 의미에서 오로지 규율만으로, 다시 말해 감독과 복종만으로 규
율적인 인간을 형성하는 것은 불가능하다는 것은 말할 것도 없다. 규율
을 갖춘 소비에트 시민을 형성하기 위해서는 유익하게 영향을 미치는
다음 전부를 제일로서 취해야 한다. 다시 말해 좋은 정치교육, 일반교양,
책, 신문, 일, 사회 활동, 놀이, 오락, 휴식과 같은 이차적인 것으로 보일
수 있는 것에 이르기까지 말이다. (…) 이런 의미에서 규율은 좋은 교육
의 원인도, 방법도, 수단도 아니다. 그것은 교육의 결과이다.

Makarenko, 146

　프레네와 마카렌코는 좋은 규율, 다시 말해 어린이의 욕구를 해치지
않는 규율은 복종을 요구하는 교육으로는 불가능하다고 보았다. 규율은
교육의 수단이 아니라, 좋은 교육을 시행한 결과로서 성취하는 것이다.

∞ 불변요소 7번 ∞

아이들은 누구나 그 선택이 유익하지 않다 하더라도

자기 일을 선택하고 싶어 한다.

이 불변요소에서는 어린이의 자유를 다룬다. 프레네는 어린이가 학습을 선택하고 자신의 학습 리듬에 따를 자유를 강조한다.

아이에게 학습을 선택하고 학습 순간과 리듬을 결정하게 할 자유를 주어야 한다. 그러면 이 모든 것은 변할 것이다.

학생들에게 공부해야 하고 읽어야 할 텍스트를 강제해보라. 아이들은 그것에 어떤 흥미도 열정도 갖지 않을 것이다. 우리가 자유 텍스트에서 하듯이 그들에게 선택할 자유를 줘라. 그러면 학습은 아주 좋은 환경에서 이루어질 것이다.

모든 사람에게 유효한 이 원리는 프랑스 장인을 영속케 한다. 노동자는 공장에서 부과된 일보다는 자기에게 알맞은 리듬과 시간에 따라 일하는 장인의 활동을 더 선호한다. 비록 그런 선택으로 그는 더 길고 더 피곤한 나날이 생기게 될지라도 말이다. Freinet, 1964b, 149

어린이의 자유는 "어린이가 쓰고 싶을 때 자기 마음에 드는 주제에 따라 자유롭게 쓰는" 자유 텍스트에서 장려되고, 동시에 어린이의 '자유로운 표현'에서 발현된다. 어린이의 자유로운 표현은 수업과 학급회의에서뿐만 아니라, 그림과 신체 표현의 영역에서도 전개되어야 한다. 자유에 가득 찬 어린이의 삶은 자신의 리듬에 따라 자유롭게 일하는 장인의 모습에서 찾을 수 있다.

어떤 누구도 목적 없이 일하고 로봇처럼 행동하는 것을,
다시 말해 그저 행동하고 자신이 참여하지 않은 판에 박힌
틀에 새겨진 사고에 복종하는 것을 좋아하지 않는다.

이 또한 이전의 불변요소에서 따라 나온 것이다. 어린이의 자연스러운 반응은 강제적인 것을 싫어하고, 원하는 것을 좋아하는 것이다. 강제성 외에도 목적 없이 일을 하는 것, 자신이 참여하지 않은 기제 속의 사고에 묵종하는 것은 어린이의 참다운 반응이 아니다. 프레네는 학교 학습에서 자신도 아이도 지겨워 죽을 뻔한 음절반복연습을 거론한 바 있다.

> an-dou-ille(앙-두-이여, 순대) feu-ille(푀-이여, 나뭇잎)
> gre-nou-ille(그르-누-이여, 개구리) gar-gou-ille(가르-구-이여, 배수구 홈)
> fri-pou-ille(프리-푸-이여, 사기꾼)
> 이런 실천은 학생들에게도 나에게도 죽을 만큼 지겨웠다.
>
> Freinet, 1964a, 131

아이들은 어떤 가치를 느끼지 못하는, 무의미한 음절 연습에서 좌절했다. 물론 가르치는 교사도 곤혹스럽기는 마찬가지다. 어린이의 참여와 자유로운 표현이 뒤따르지 않는 학습, 이를테면 단순한 연습 문제 풀기, 기계적인 학습과 이해하지 못한 텍스트 암기, 친구들과 공유되지 않는, 교사만이 읽는 단순한 글쓰기에 어린이의 참다운 반응이 나올 리 없다.

강제와 의미 없는 활동에 대한 어린이의 소극적인 반응은 불변요소 9번과 10번에서 소개할 어린이의 적극적인 반응과 대조시키고, 이를 예비해두기 위한 것이다. 어린이의 적극적인 반응, 어린이의 욕구를 반영한 교육이 필요하다. 프레네는 이를 일의 교육이라고 불렀다. 불변요소 9번과 10번은 이를 다루고 있다.

፠ 불변요소 9번 ଔ

우리는 일에 대한 동기를 부여해야 한다.

프레네는 불변요소 9번을 설명하기 위해 자신의 저서 『마티외의 어록』 중 일부를 인용하면서 일에 대한 자신의 시각을 보여준다. 프레네는 일을 두 가지로 분류한다. 하나는 처벌을 피하기 위해 최소한의 일만 하는 지겨운 일의 경우이고, 다른 하나는 환경과 통합되어 동기 부여된 일이다. 해방으로서의 일은 환경에 자신의 존재가 통합되고 충분히 동기 부여가 된 것이다. 이는 학교가 담아내어야 하는 일이다.

그렇다! 물론 삽과 쟁기, 땅을 갈아엎고, 거친 땅을 힘겹게 상대하지 하지 않고서도 씨를 뿌려주는 정교한 기구가 있다. 그러나 나도 파종을 준비할 때는 손으로 흙을 체로 치고, 돌을 정성스럽게 고르는 것을 좋아한다. 마치 아기의 침대를 푹신하게 부풀리는 것처럼 말이다.

그것은 이와 같다. 일 자체는 지겨운 일일 수도 있고 해방일 수 있다. 그것은 혁신의 문제가 아니라 영감과 풍요의 문제이다.

당신은 군대의 '야채 껍질 벗기기' 이야기를 들어본 적 있나? 그것은 가능한 한 오래도록, 그렇다고 일을 멈추지 않은 채 해야 하는 기법이다. 그 기법은 학교에서 하나의 전통이다. 그것은 스타하노프 운동[채탄 혁신 운동으로 작업 기준량(노르마)을 지속적으로 초과 달성한 스타하노프를 인민의 표상으로 삼은 운동: 필자 주]과 정반대로 가는 것이다. 야채 껍질을 치우기 위해 비질을 하는 것은 더 큰 고역이다. 그 때문에 모든 사람은 갑자기 장애인이 된다. 때때로 하사 자신이 지겨운 일을 해야 할 때도 있다.

그러나 그 군인이 젊은 아내를 만나기 위해 휴가를 떠날 때가 있다. 수프를 만들고, 감자껍질을 벗기고, 써는 이 모든 것이 이제 기쁨이 되며, 이를 자기 권리라고 생각한다.

아침의 지겨운 일이 이제는 보상으로 바뀐다.

학교에서도 마찬가지이다. 과거에 그렇게 했던 어떤 일은 이후에는 특별한 것으로 생각되는 새로운 활동으로 추구될 수 있다. 새로운 것을 찾지 마라. 가장 훌륭한 기계도 개인의 심층적 욕구에 도움이 되지 않는다면 지겨워진다. 여러분에게 제공하는 계속 증가하는 일련의 활동에서 우선 당신의 삶을 비춰주는 것과 인식 성장을 더 느끼도록 도움을 주는 것, 햇빛을 비추게 해주는 것을 선택하라. 가령, 학교 간 통신을 하기 위해 신문을 편집하고, 자료를 모으고 분류하며 과학 교육 첫 단계일 수 있는 암중모색의 경험을 조직하는 것이 그것이다. 이슬이 때때로 어린 꽃들을 적실지라도, 그 꽃들이 꽃피게 내버려둬라.

나머지는 따라 나올 것이다.   Freinet, 1964b, 151-152

프레네는 일을 두 가지로 나눈다. 하나는 단순 반복하거나 지나치게 몸을 혹사시키는 일이고, 다른 하나는 영감과 풍요를 주는 해방이자, 개체의 심층적인 욕구에 부응하는 기쁨이 되는 일이다. 프레네가 어린이에게 권면하는 일은 후자다.

우리는 어린이의 활동은 놀이를 함축하는, 어린이와 놀이의 내재적 관계에 대한 감각sentiment이 형성되던 근대의 아동기 이념을 잘 알고 있다. 실제 프레네 페다고지의 선구자 격인 클라파레드, 드크롤리, 페리에르 이 모두는 놀이에 기초하여 교육론을 제시하고 있다. 또한 피아제와 비고츠키 역시 유아교육에서 '놀이' 교육의 지위를 인정하고 있으며, 프레네와 그 문제의식을 같이한 선구자 마카렌코 역시 일 교육을 제시하면서도, 유아는 놀이에서 이를 시작할 것을 권했다. 그러나 프레네는 놀이를 중심으로 한 기존의 페다고그·심리학자의 문제의식과 단절하고 새로운 방향으로 페다고지를 궁리한다. 프레네는 '일'로써 구축된 새로운 페다고지를 제시한 것이다(의식한 것은 아니지만 일과 놀이를 일치시키면서 프레네의 문제의식을 계승했던 우리나라의 예외적인 페다고그는 이오덕이었다.이오덕, 227; 295). 그러면 프레네는 놀이 자체를 완전히 부정하는가? 꼭 그렇지는 않다. 프레네 페다고지는 놀이를 일로 수렴시키는 식으로 이 문제를 해결한다. 프레네 페다고지에서 놀이와 일에 대한 관계를 정리하기 위해서는 '불변요소 10-2번'의 해제를 기다려야 한다.

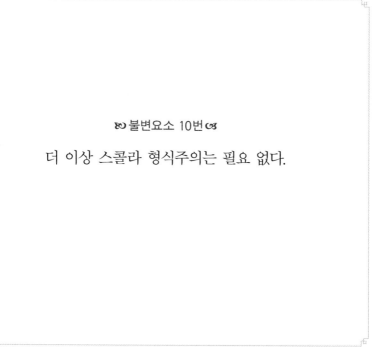

⍵ 불변요소 10번 ⍺

더 이상 스콜라 형식주의는 필요 없다.

프레네는 여러 책에서 스콜라 형식주의la scolastique라는 표현을 썼지만 이를 분명히 정의하고 있지는 않다. 그는 불변요소 10번에서 스콜라 형식주의를 "학교를 벗어나서 그것이 제공할 수 없는 삶의 다양한 환경에서는 유효하지 않은, 학교에서의 한 가지 특정한 학습 규칙이자 삶의 규칙"으로 분명하게 정의했다.

프레네는 스콜라 형식주의의 일상적인 사례로 읽기, 쓰기를 일찍 준비시키고, 도덕용 읽기 책을 읽히며, 교구로 산수나 수학에 입문시키고 암기 위주의 조기 교육을 시키는 것을 든다. 그는 스콜라 형식주의의 폐단이 모든 아이들에게 나타난다고 보지는 않았다. 기억을 잘하고, 공부하기를 좋아하는 일부 아이들은 가장 낙후된 교육 방법을 쓴다 하더라도 성공할 것이라고 보았다. 그러나 페다고지가 지식 획득뿐만 아니라 인간적, 예술적인 것에도 주의를 기울이고, 그들의 사회와 시대와 연결된 생활과 학에도 눈을 돌리게 할 때, 스콜라 형식주의에서 발군의 실력을 보인 그 아이들이 언제나 좋은 결과를 얻은 것은 아니었다고 말한다. 프레네는 스콜라 형식주의를 다른 한편으로는 '반자연적 방법'으로 간주하며 비판한다.

그런데 스콜라 형식주의의 특징은 그것이 규율과 교과서와 교사에 의해 일반적으로 개개인의 생활에 뿌리내리지 않는, 따라서 그들을 감동시키지 못하고, 깊은 영향도 주지 못하는 일을 하도록 학생에게 밀어붙인다는 것이다. 이 일은 기능적이지 않다. 그것은 어른들에 의해 어른의 교육에 따라 규정해놓은 것이다. 그리고 사람들은 시간 낭비가 되지 않을까, 성실성이 사라지지 않을까 우려하여 일을 모든 생활에서 멀리

떼어놓는다. Freinet, 1964a, 24

　설명은 빠르게 다변이 되고 그 다변은 학급에서 이성적 사유나 활동을 대신한다. 설명은 이들의 근원에 있는 특징을 위축시키는 데 개의치 않고 이들을 없애고, 그 자리를 대신 자신이 차지한다. 이렇게 해서, 프랑스어에서 가장 중요한 것은 표현이 아니라 설명, 문법, 낱말 수업이 되었다. 그것은 마치 처음 걸음마를 떼는 아이에게 앞서 일련의 규칙과 사전 금지 사항을 부과하는 것과 같다. "위험해, 움직이지 마. … 넌 처음 배울 때 잘못 배울 수 있어. … 우선 내가 어떻게 말하는지, 어떻게 걷는지 설명해줄게. … 그 뒤에, 그 뒤에야 네가 스스로 해봐. … 걷는 연습을 하기 전에 걷는 걸 가르쳐야 해…"

　만일 어머니가 자연스럽고 확실한 언어 학습으로 아이에게 암중모색하게 하고 마음껏 중얼거리게 하기 전에, 발달에 관해 이런 "반자연적" 생각을 갖고, 언어에 관한, 말하자면 과학적인 법칙의 학습을 요구하는 기괴한 생각을 하고 있다면 그러한 실천의 희생자인 아이는 결코 말하기를 익히지 못하고 벙어리처럼 남아 있게 될 것이다.

　우리가 거부해야 하는 것은 스콜라 형식주의의 이런 "반자연적" 과정이며 이는 우리에게 중요한, 그리고 쉽지 않은 과제가 될 것이다.

Freinet, 1964a, 25-26

프레네가 스콜라 형식주의를 반자연적인 것으로 비판하는 데서 우리는 '자연'이 프레네 페다고지에서 적극적인 의미를 지니고 있을 것으로 짐작할 수 있다. 프레네 페다고지에서 '자연스러운 방법'은 학습과 일의 궁극적인 규준이다. 프레네에게서 자연은 대체로 두 가지 의미를 갖는다. 그중 하나는 지연 상태의 자연을 의미한다. 프레네는 어린이를 자연에서 가르치고자 하기에, 학교에 특별한 자연환경을 제공하고자 한다.

특히 도시에서는 민중의 아이들은 참으로 동물원의 동물처럼 앙상한 나무, 형태만 남은 개울, 초목도 없는 척박한 땅의 좁디좁은 곳에 근근이 맞춰 살아야 한다.

동물은 기본적인 생리 기능이 충족되지 않는 비정상적인 환경에서는 살 수 없다. 그런 곳에서 산다 하더라도 재생산이 불가능하고, 먹을 것을 챙겨준다 하더라도 어쨌든 퇴화한다.

따라서 멸종 위기에 있는 일부 종을 보존하기 위해 효과적인 시책을 고려해왔다. 사람들은 이 종을 위해 자연환경에, 다시 말해 삼림, 산, 계곡에 파괴자의 무의식적인 잔인함에 맞설 수 있는 보호구역을 만들었다. 위기에 처한 동물들은 거기서 살 수 있고, 자신들을 위한 특별한 환경에서 자랄 수 있다. 이는 삼림행정에서 '보호구역réserves'이라고 부르는 것이다.

우리는 동물에게서 증명했던 현명하고 대담한 실현을 어린이에게서 마찬가지로 하라고 요구하는 것이다. 이는 요컨대 새로운 시각으로, 몬테소리가 제시한 유치원보다 훨씬 합리적이다. 몬테소리 유치원은 지나치게 유사 과학적이고 형식적이어서 거기를 다녔던 어린이의 기능적인 일부 욕구에만 부응했다.   Freinet, 1957, 24

프레네가 어린이에게 충분한 자연환경을 제공하려는 것은 그것이 어린이의 참된 욕구에 부응하는 최적의 환경이기 때문이다. 그런 의미에서 프레네의 눈에 몬테소리 방법은 덜 자연적인, 그만큼 형식적인 페다고지를 지향하는 것으로 비쳐졌다. 자연환경에 관해서 프레네의 이와 같은 비판이 유효하지만, 실제 일과 어린이를 바라보는 두 페다고그의 시선은 어떤 점에서 꽤나 유사하다. 이는 '불변요소 17'에서 설명할 것이다.

다른 한편으로 프레네에게 자연은 또 다른 의미가 있다. 앞서의 인용문에서 나타나듯이 학습에서 '자연스러운 방법'이 그것이다. 프레네의 딸 마들렌이 잘 요약해주듯이 "프레네 페다고지의 기초 중 하나는 이른바 학교 지식의 상당 부분이 생명 구조와 같은 '자연스러운' 과정을 따르며 습득될 수 있다는 것이다. 바꿔 말하면 그는 사람들이 서고, 걷고, 달리고, 말하는 것을 익히는 것처럼 읽기, 쓰기, 셈하기를 배울 수 있다고 생각했다."Freinet, 1994, 207

생활에서 얻은 어떤 큰 습득도 적어도 외양적으로 과학적 절차로 이루어지는 것은 하나도, 단연 하나도 없다. 아이는 모름지기 걸으면서 걷는 것을 배우고, 모름지기 말하면서 말하기를 배우며, 그러면서 그림 그리기를 배운다. 우리는 학교교육을 포함한 모든 교육에서, 이 일반적인, 그리고 보편적인 절차가 완전히 가치 있는 것이라는 생각이 결코 과장이 아니라고 생각한다.

Freinet, 1947b, 212

❧ 불변요소 10-1번 ❨

모든 이들은 성공하기를 원한다.
실패는 활기와 열정의 억제자, 파괴자다.

프레네는 전통적인 페다고지를 '실패의 페다고지'라고 명명했다. 학습에서 실패를 당연하게 생각하는 것은 학습에 대한 페다고지를 복수로 열어놓지 않고, 아이들을 기성의 전통적 페다고지에 가둘 때 필연적으로 귀결되는 시각이다.

프레네는 학급에서 5명 이내의 학생은 어떤 식으로 수업을 하든 성공할 것이라고 보았다. 스콜라 형식주의 폐단을 말하지만, 소수의 학생은 그조차도 기쁘게 배울 것이고, 잘해나갈 것이라고 프레네도 인정한다. 문제는 나머지 90~95%의 학생들이다. 이 절대다수의 학생들이 실패하는 교육을 당연하게 여기는 것은 페다고지 실천가로서 결코 바람직한 시각이 아니다. 프레네는 교육 테크닉으로 사용되는, 설명에 의존하는 '수업'은 학급에서 상위 5명을 제하고는 효과적이지 않다고 지적한 바 있다. 90~95%의 학생들은 시간과 에너지를 낭비하며 교과서 학습을 참고 받아들인다. 프레네는 이들 학생에 주목하고, 이들의 학습/일을 교육의 목적으로 하고 있다. 프레네가 민중을 위해 교육 개혁을 권해왔던 것도 이점과 관련되어 있다.

그런 의미에서 프레네 페다고지는 절대다수의 성공의 페다고지, 기쁨과 열정의 페다고지라고 할 수 있다.

∽ 불변요소 10-2번 ∾

어린이에게 자연스러운 것은 놀이가 아니라 일이다.

프레네가 페다고그로서 이상적으로 추구한 학교는 그 명칭에서 알 수 있듯이 초기의 '프롤레타리아 학교'1924에서 시작하여, 민중 학교1928를 거쳐, 이후 어린이에게 의지, 주도권, 경험, 상상력을 부여하는 '현대학교'로 차례대로 거쳐 갔다. 반면, 프레네는 '일의 학교'라는 명명은 취하지 않았다. 주지하듯 '일의 학교'는 독일의 케르셴슈타이너나 구소련의 마카렌코의 학교를 가리키는 명칭이다. 프레네 페다고지가 '일의 학교'는 아니지만, '일의 교육'을 지향하고, 이를 체계적으로 함축하고 있다는 것은 누구도 부인할 수 없을 것이다. 프레네 페다고지에서 '일' 교육의 의의와 그것이 차지하는 비중은 지대하고, 그 페다고지는 '일'로 구축되어 전개된다. 프레네가 통찰한 어린이는 본성적으로 '일'을 사랑한다. 그 때문에 일의 페다고지는 어린이의 욕구와 반응에 부응한다. 프레네는 이 불변요소 10-2번에서 어린이에게 자연스러운 것은 일이라고 분명히 말하고 있다.

그렇다면 프레네에게 일이란 무엇인가? 프레네의 일 개념을 살피기 전에 먼저 놀이는 어린이의 본성에 부응하지 못한다고 한 프레네의 발언에 주목하자. 이는 근현대 아동기 이념에 대해 꽤 도발적인 이의 제기이다. 왜냐하면 근대 아동기의 역사를 일별하면 한편으로 어린이는 노동에서 자유롭게 되고, 다른 한편으로 학교교육의 보급으로 '어린이'가 '학생'이 되면서 성인기와 단절된 근대 아동기 이념이 형성되는데, 그사이 어린이와 놀이 세계는 내적 긴밀성을 갖는 것으로 간주되었고 심지어 어린이는 '놀이하는 존재'로 동일시되었기 때문이다.

앞서도 잠시 언급했듯이 20세기 페다고지 연구가들 대부분은 어린이의 욕구가 놀이와 관련되어 있음에 주목하고, 이를 토대로 다양한 페다고지를 창안했다. 일과 놀이에 관한 프레네의 이념을 밝히기 위해서 이들의 놀이관에 대해 좀 더 살핀 뒤, 프레네로 넘어가기로 한다.

앞서 우리는 클라파레드의 기능주의심리학을 일별했다. 기능주의교육은 개체가 환경 속에서 적응해가는 '기능'에 주목하며, 무엇보다 어린이가 '잘' 살 수 있도록 욕구나 흥미에 부응하는 교육을 중시한다. 클라파레드에게 어린이의 흥미란 곧 놀이에 대한 흥미이다. 그 때문에 클라파레드의 학교는 하나의 활동학교로서 어린이의 활동을 자극하는 유용한 놀이 부분을 끌어내는 것이 특징이다.Claparède, 1922, 208 클라파레드는 놀이를 기능적 측면에서 본다. 놀이의 기능적인 측면이란 그것이 아이에게 현재의 직접적인 삶의 만족을 준다는 것이다. 현재의 욕구를 만족시킴으로써 놀이는 미래를 준비한다. 그러나 클라파레드의 놀이 개념은 카드 게임이나 오늘날의 인터넷 게임 같은 심심풀이의 놀이가 아니라 어린이의 발달을 목적으로 두는 것으로, 궁극적으로 일의 개념을 포괄한다. 클라파레드에게서 권장되는 일은 단순 반복적인 지겹고 고된, 프레네가 예를 든 '감자껍질 까기'와 같은 일이 아니라, 어린이의 욕구에 부응하는 것이다. 여기서 일이 이미 놀이 범주에 들어온다는 것은 말할 것도 없다.Claparède, 1931, 176 클라파레드의 학교가 일을 사랑하게 장려하는 것도 같은 맥락에서이다.

놀이를 어린이의 욕구와 흥미에 따르는 것으로 본 것은 드크롤리도 마찬가지였다. 오비드 드크롤리는 프레네가 존경한 인물이다. 프레네는 그의 페다고지 방법을 따랐는데, 현대 페다고그들 중에서 프레네가 단 한 번도 비판한 바 없었던 유일한 인물일 것이다. 드크롤리 역시 놀이 교육을 강조했고, 그는 어린이를 놀이하는 존재로 규정했다. 그에 따르면 "어린이는 언제나 논다. 잠잘 때도 놀고, 먹을 때도, 산책할 때 논다. 무엇을 하든 아이는 논다. 논다는 것은 정확히 산다는 것과 같은 말이다."Decroly, 1923, p. 20 드크롤리는 특히 놀이 교육에 관심을 가졌는데, 집단 놀이는 어린이의 사회성을 기르고, 어릴 때부터 함께 학습하고, 서로 돕고 소통하게 해준다고 보았다.Decroly et Monchamp, 139 드크롤리는 놀이를 "그 자체로 자기만족, 결과를 찾는 활동"으로 규정한 반면, 일은 "더 이상 즐거움이 아니라 목적을 위해서 수행되는 활동"으로 정의했다. 드크롤리는 이렇게 놀이와 일을 둘로 구분했지만 그 역시 놀이와 일 사이에는 현실적인 분명한 구획 기준은 있을 수 없다고 생각했다. 드크롤리의 교육 놀이에서는 모든 연령에 따라 놀잇감의 형태와 사용법이 다르지만, 클라파레드와 마찬가지로 놀이는 어린이의 욕구와 흥미에 따른다는 가정에서는 동일했다. 클라파레드는 교사 아마이드의 저서 『드크롤리 방법』 서문에서 "놀이는 학교의 담장을 넘어 어린이와 생활을 연결시켜주는 다리"라고 하며 둘 사이의 공통분모를 강조하기도 했다.Claparède, 1922, 7

데이비드 아처드는 놀이는 어린이, 일은 어른의 것으로, 어린이와 어른의 구분이 놀이로서의 삶의 유무에서 확인된다고 간주했다.Archard, 29 우리는 이런 식의 구분을 필립 아리에스에게서 찾을 수 있고, 다른 한편으로 피아제에게서도 그 일단을 확인할 수 있다. 아리에스는 전통 사회에서 어린이는 어른과 일과 놀이를 공유했지만, 근대 사회에 들어서면서 놀이에 대한 어린이의 특수성과 유아기의 중요성을 인식하게 되었다고 한다. 한편으로 피아제는 어린이의 발달과 놀이의 발달이 긴밀하게 연결되었음을 제시하는데, 어린이는 연습 놀이에서, 상징 놀이를 거쳐 규칙 놀이로 들어간다고 정당화했다. 놀이를 어린이와 관련짓는 것은 근대 아동기 이념의 일반적인 견해이다. 이는 비고츠키 역시 부정하지 않았다.

그러나 프레네는 불변요소 10-2번에서 어린이는 놀이가 아니라 일이 자연스럽다고 주장한다. 프레네가 놀이 대신에 일을 내세우고, 일이야말로 어린이의 욕구에 부응한다는 주장은 20세기 전반기의 프랑스어권, 아니 유럽 전체의 페다고지에 대한 도전이면서 동시에 하나의 대안이다. 프레네는 "우리는 일의 우위에 관한 이 불변요소를 주장하면서 현대 심리학과 페다고지의 사조와 반대로 간다"며 일의 교육이 갖는 래디컬한 입장을 스스로 잘 의식하고 있다. 다음은 새교육 페다고그에 대한 프레네의 시선이다.

> 사람들은 일과 놀이 사이에 근본적 대립이 있다고 생각한다. 공공의 폭압인 이 일은 어린이를 위해 만들어져 있지 않으며, 사람들은 어린이에게 어떤 사회적 활동도 요구하지 않고, 그들에게 알맞을 것으로 여겨진 놀이 영역에 점점 더 아이들을 내버려둔다. 이런 개념이 일반화된다는 것은 틀림없다. 사람들은 어린이에게 일을 시키지 않으려 하고 놀이에 점점 더 중요성과 관심을 부여한다. Freinet, 1947b, 136

프레네는 왜 '일'을 어린이의 욕구에 부응하는 것으로 보았는가? 실제 어린이는 일을 사랑하는가? 과연 그러한가? 이런 질문에 앞서 먼저 우리는 프레네에게 일이란 무엇을 의미하는지부터 물어야 한다.

프레네는 일le travail과 작업la besogne, 그리고 과업la tâche을 구분한다. 프레네에게 일이란 개인의 자연스러운 욕구와 그 자체로 존재 근거인 만족과 관련되는 것이며, 반면에 후자들은 부과되었을 때에만 하게 되는 일을 의미한다.Freinet, 1947b, 210 게다가 프레네가 강조하는 일이란 수작업만을 의미하는 것이 아니다. 왜냐하면 수작업은 고도의 정신성이 결여될 수 있기에, 프레네의 일은 정원 관리나 동식물 돌보기, 쟁기질 이상의 것을 함의한다. 프레네에게서 권장되는 일은 반드시 지적인 차원을 수반하는 것이어야 한다. "실험실에서 연구를 하는 학자의 두뇌와 마찬가지로, 벽을 만드는 인간의 두뇌 속에는 동일한 상식, 지능, 유능하고 철학적인 사색이 있다. 다만 각자 자신의 경향과 가능성에 따라 기능을 행사할 뿐이고, 잘 조직된 상태라면 그 기능은 자신의 훌륭한 고귀함을 모두 가질 수 있을 것이다."Freinet, 1947b, 209

프레네는 일에는 두 가지 모드가 있다고 보았다. 그것은 일-놀이와 놀이-일이다. 일-놀이는 참다운 일로서, 어린이의 욕구를 만족시킬 수 있는 것이고, 이 참다운 일이 여의치 않을 때 그것을 대신하는 것이 놀이-일이다. 놀이-일은 우리가 통상 말하는 '놀이'를 가리키는데 이는 일의 욕구를 대신하는 것이다. 따라서 프레네 페다고지에서는 일-놀이가 놀이-일에 앞선다.

프레네에 따르면 "어린이에게 이 '일-놀이travail-jeu'는 일종의 폭발이며 해방이다. 이것은 활기를 주고 기분을 고양시키는 강렬한 작업에 전념하는 오늘날의 어른이 느끼는 것과 같은 것이다."Freinet, 1947b, 118 프레네는 일-놀이의 하나로 낚시를 드는데, 그것은 "지치지도 않고 너무 소진하지도 않는 지속적인 활동"으로 "어떤 노동도 낚시만큼 진지하지 않고, 어떤 활동도 낚시만큼 완전하고 매력적인 것도 없을 것"이라고 했다. 가정, 사회, 학교가 어린이에게 '일-놀이'를 줄 수 있기 위해 노력해야 하지만, 그것이 불가능할 경우, 놀이-일을 대신 선택할 수 있다. 왜냐하면 '놀이-일' 역시 아이들의 욕구를 만족시키고, 심리적 잠재력을 해방시키기 때문이다. 프레네에게 "'놀이-일'의 특성은 결코 쾌락이 아니라 피로, 두려움, 공포, 놀라움, 발견, 귀중한 경험을 수반하는 노력이고 일이다."Freinet, 1947b, 141

> 어린이가 강렬한 욕구를 충족시킬 수 없을 때 그 놀이-일은 따라서 무능력에 대한 임시방편의 본능일 수 있다. 참다운 일, 일-놀이가 결여될 때 어린이는 놀이-일을 조직한다. 놀이-일은 개인으로 하여금 최대한 그의 지위를 존엄하게 높여주는, 일의 사회적 효용성에 대한 감각에서 나온 이 정신성을 제외한 일-놀이의 그 밖의 모든 특징을 갖고 있다.
>
> 우리가 참된 학교의 삶을 조직할 때 이 조건에 대해 많이 고려해야 한다. 다시 말해 일-놀이의 욕구를 고려해야 하며, 그것이 안 될 때, 오직 그때에만 가상의 혹은 어른의 것을 모방한 속성의 놀이-일을 고려해야 한다. Freinet, 1947b, 120

일-놀이를 하지 못할 때, 다시 말해 사회적 효용성에 대한 감각인 정신성이 다소 결여되어 있는 상태에서 그 밖의 일-놀이가 줄 수 있는 덕을 갖춘 것이 바로 놀이-일이다. 놀이-일의 한 가지 사례로 프레네는 어린이의 숨바꼭질을 든다. 아이들은 놀 때 잡히지 않으려고 하는데, 그것은 "질 거라는 것을 알았다면 하지 않았을" 그런 놀이가 아니라, 놀이-일 자체, 다시 말해 자신의 에너지를 다 쏟아내는 활동이다. 그 때문에 숨바꼭질에서 지더라도, 패자는 어떤 굴욕감도 느끼지 않는다. 그 자체가 만족감을 주기 때문이다. 놀이-일에서 또 한 가지 주목해야 하는 것은 그것이 즐거움뿐만 아니라, 때로는 수고, 일의 속성을 수반한다는 것이다. 프레네가 놀이-일이라는 일의 또 다른 모드를 제시하는 것은 어린이의 욕구와 흥미, 교육의 원리를 놀이에서 찾는 놀이 담론을 일 개념 속에 포섭하기 위한 것이다. 그렇다면 앞서 언급한 클라파레드나 드크롤리의 놀이론은 프레네의 일 개념의 어디에 해당하는가? 혹시 그것은 프레네의 일 개념에서 비판 대상에 그칠 뿐인가? 그렇지 않다. 그것은 일-놀이, 다시 말해 참다운 일이 아니라는 점에서는 궁극적인 대안이 아니지만, 일-놀이가 여의치 않을 때 고려할 수밖에 없는 현실적 차선이다. 다시 말해 현실에서 때때로 불가피하게 놀이-일을 취할 수 있는데, 클라파레드와 드크롤리의 놀이는 바로 이 범주에 해당된다고 할 것이다. 이들의 놀이에는 프레네의 놀이-일이 그러하듯, 인형놀이나 카드게임과 같은 심심풀이로서의 놀이는 처음부터 고려 대상이 되지 않는다. 그렇다면 프레네가 지목하는, 어린이에게 자연스럽지 않은 '놀이'란 무엇인가?

　잘못은 유치원에서 시작한다. 이런 관점에서 가정에 나쁜 영향을 미치는 것은 유치원이다. 놀이는 대형 출판사 카탈로그에서 왕이며, 거기에는 작업 도구가 아니라 엄청난 수의 놀잇감을 제시하고 있다는 것을 확인하기 위해서는 그 목록을 일별하는 것만으로 충분하다.
　마찬가지로 가정에서도 역시 아이들에게 더 이상 일을 시키지 않으려는 습관이 있다. 가정은 오로지 놀이만을 제공하는 게으른 왕들이다.
　다른 단계에서 그 페다고지는 사물의 힘에 기대며 놀이에 덜 호소하지만, 여전히 일의 원리를 받아들이려고 하지 않는다. 　Freinet, 1964b, 155

프레네가 어린이에게 자연스럽지 않다고 한 그 놀이는 상품으로서 제시되는 다양한 놀잇감을 말한다. 가게에서 파는 장난감 일체는 일단 프레네의 놀이 범주의 놀이와는 거리가 멀다.

프레네의 페다고지 담론은 일의 담론으로 수렴되고, 일은 일-놀이와 놀이-일의 변양을 갖는다. 다시 말해 프레네의 일의 교육은 두 가지 모드로 전개된다. 물론 프레네에게 일-놀이는 일의 담론에서, 그리고 페다고지 실천에서 일차적이다. 프레네는 "어린이를 페다고지 관심사 한가운데에 두는 것, 일-놀이를 어린이 활동의 한가운데에 두는 것, 사변적인 사유보다 성숙한 활동을 우위에 두는 것, 이런 것이 교육에서 긴요하게 실현해야 할 코페르니쿠스적 혁명"이라고 말했다.Freinet, 1947b, 191 그렇다면 이와 같은 프레네의 일 교육은 무엇을 함의하는가?

> 초등학교와 중등학교는 또한 부과되는 숙제와 연습으로 들끓는다. 그 숙제와 연습은 기껏해야 피상적인 흥미만 제시할 뿐, 사람들이 그 덕에 대해 충분히 말하지 못하는, 우리의 자연스럽고, 의욕적인, 완벽한 일의 정의에 조금도 부응하지 못한다.
>
> 우리의 페다고지는 바로 일의 페다고지이다. 우리의 독창성은 우리 학교를 완전히 변화시키는 실천의 작업 도구와 테크닉을 만들고, 실험하고, 보급했던 점에 있다.   Freinet, 1964b, 155

결국 프레네의 일 교육은 프레네 테크닉으로 구현되어 있다. 프레네의 일 교육은 단순한 노작교육이 아니다. 물론 노작이 높은 정신성을 함의할 때 그때의 노작교육은 일 교육이 될 것이다. 그러나 그 노작이 정신성을 담아내지 못할 경우 그것은 프레네의 일 교육에 포함되지 않을 것이다. 프레네가 자신의 학교를 '일의 학교'로 명명하지 않은 것은 이와 같은 일의 개념을 숙고했기 때문이다. 끝으로 여기서 한 가지 더 고려해야 할 것은 프레네의 일 교육이 철저하게 새교육 페다고그의 원리에 따르고 있다는 것이다. 프레네는 일의 담론으로 페다고지를 수립했지만, 그 일의 원리는 새교육 페다고그의 교육 원리와 통약 가능한 것이었다. 프레네와 클라파레드, 드크롤리, 페리에르는 어린이의 잠된 욕구와 흥미를 각각 '일'과 '놀이'에서 달리 찾았지만, 어린이의 욕구와 흥미에서 교육을 시작해야 한다고 본 데서는 모두 일치하고 있다. 그런 의미에서 "기능적인 놀이는 즉 일과 다름없는 활동"이라는 정훈의 진술은 타당하다.정훈, 61 프레네는 클라파레드와 드크롤리의 욕구와 기능 개념에 의지하면서, 그 내용을 '놀이'가 아닌 '일'로 채웠다. 다시 말해 프레네는 외부에서 강제하는 교육과정이 아니라, 어린이의 욕구, 학급인쇄기와 자유로운 텍스트, 학교 간 통신이 나타내는 어린이의 참된 흥미에 기초한 교육을 제시했다. 프레네가 '프롤레타리아 학교' '민중 학교' '민중 페다고지' 등 여러 정치적 수사학을 동원하며 페다고지 실천가로 살았지만, 그 페다고지의 원리이자 토대를 어린이의 욕구로 삼았던 것에는 기존의 페다고그들과 차이가 없었다. 그 때문에 프레네는 프랑스 공산당에 적을 두고 정치적 활동은 하면서도, 아이들을 대상으로 직접적인 정치사회화 교육을 하지 않았고, 이는 결과적으로 1950년 프랑스 공산당 이론가들에게 집중 포화를 받게 될 여지를 남기게 된다. 이는 그만큼 프레네가 유럽 새교육의 오래된 전통에 충실했다는 것을 의미하는 것이기도 하다.

끝으로 모두의 우리의 물음, '어린이는 본성적으로 일을 좋아하는가?'로 돌아오자. 지금까지의 논의를 정리하면, 프레네는 놀이-일을 일의 범주에 포함시키면서 클라파레드와 드크롤리, 페리에르의, 놀이는 일을 함죽한나는 놀이 교육론을 자신의 페다고지의 한 축으로 삼았고, 이들과 양립 가능한 일 교육의 외연의 지평을 넓혔다. 그러면서 동시에 프레네는 일-교육으로, 이들이 간과한 어린이의 생활, 나아가 사회적 활동을 고려할 것을 지적하며 이를 자신의 것으로 특화시켰다. 그런데 여전히 우리가 궁금한 것은 참으로 어린이는 일을 좋아하는가, 하는 점이다. 어린이가 놀이-일을 좋아한다는 것에 대해서는 누구나 쉽게 동의할 수 있겠지만, 모든 어린이가 일-놀이를 추구하는지에 대해서는 여전히 의문이 남는다. 프레네는 이를 어떻게 정당화하는가?

사실 프레네는 이 점에 대해 충분한 논거를 제시하지 않는다. 다분히 주관적인 어린 시절 아버지와 같이 벽을 쌓던 일의 경험을 개인 사례로 제시할 뿐이다. 프레네가 놀이로 교육론을 내세운 클라파레드나 드크롤리, 페리에르의 교육론에서 2% 부족한 것을 보았다면, 마찬가지로, 일로서 교육론을 세운 프레네 페다고지를 모든 이들이 동의할 수는 없다는 것을 최소한 인정해야 할 것이다. 어린이가 본성상 일에 대한 욕구가 있다는 테제는 상당히 강한 주장이다. 물론 어린이의 욕구와 흥미에 충실한 교육 내용이 바로 '일'이라고 하는 전제에 대해서는 큰 이견이 없을 수 있지만, 그때조차 일의 내포와 외연은 다시 논란거리이다. 이전의 장에서 우리가 '페다고지'에 관해 성찰했듯이, 본성상 프레네 페다고지는 '학science'이 아니다. 이미 우리는 페다고지가 과학이 아니라 실천이론이라는 것을 잘 알고 있다. 각자 주어진 현장에서 암중모색하며 찾아간 한 가지 실천이론이므로 여기서 어떤 보편적인 합의를 기대할 수도 없고, 해서도 안 된다. 다만 풍성한 실천이론 속에서 그 효과를 우리의 교육 실천에서

확인하고, 점진적으로 수정하고, 넓혀가는 것으로 페다고지 논의의 방향
을 지어야 할 것이다.

7.

프레네 페다고지의 교육 테크닉
-실험적 암중모색과 그 적용

☙ 불변요소 11번 ☙

습득의 일반적인 길은
학교의 필수적인 과정인 관찰, 설명, 증명이 아니라
자연적이고 보편적인 방법, 즉 실험적 암중모색이다.

불변요소 11번은 프레네의 학습론, 일종의 교육인식론을 보여준다. 먼저 프레네의 '불변요소 11번'에 대한 그의 설명부터 듣고 시작하자.

전통적인 학교는 특히 설명만 한다. 실험, 그것을 할 때도 증명을 보충하는 것으로서만 한다.

그렇지만 증명에 의해 도움을 받는 설명은 단지 피상적이고 형식적인 습득만을 가져다준다. 이는 환경에 개인의 삶을 뿌리내리지 못하는 것이다. 그것은 우리가 땅에 심은 나무 위에 미성숙하게 나와, 잠시 생의 환상을 주는 새순과 같다. 그러나 아직 환경에 적응하지 못한 뿌리는 필수 불가결한 생기를 가져다주지 못하고 나무는 필수 영양분의 부족으로 말라버린다.

낱말의 겉치레가 뒤덮고 있고, 오늘날의 학교가 추구하고 있으며, 시험이 통제하고 있는 것은 안타깝게도 이러한 피상적인 습득이다.

사람들은 점점 이런 피상적인 것에 대해 공허함을 느끼지만, 사람들은 도처에서 이를 권장한다. 그러나 수업 범위 밖에서 꽤 지적이고 유능한 연구자를 준비시켜주는 것은 심층 교육이다.

참다운 교육은 우리의 책 『감각심리학시론』에서 제시했듯이, 우리 페다고지의 토대가 되는 정통적인 길인 실험적 암중모색이다.

과학적 실험 작업은 이 보편적 과정의 공식적인 제일의 승인이다.

Freinet, 1964b, 156

프레네가 '불변요소 1번'을 제시하면서, 소박하지만 아동기 철학에 대한 자신의 세계를 제시한 것도 흥미롭지만, 여기 불변요소 11번으로 프레네가 교육인식론, 나아가 '삶은 곧 실험적 암중모색'이라는 삶의 논리를 통찰했을 때 나는 그에게서 철학적 사유의 섬광을 느낀다.

관찰, 설명, 증명은 학교의 필수적 과정이지만, 그것은 여전히 피상적이고 형식적인 습득에 지나지 않는다. 언어에 기초한 수업이나 시험으로 통제된 학교교육과정은, 아직 환경에 적응하지 못한 어린 새순 정도로 생명력이 강하지 않다. 그리고 삶의 논리, 삶의 학습은 관찰, 설명, 증명 수준에서 성취되지 않는다. 그렇다면 참된 삶에 대한 학습은 무엇으로 다가가는가? 프레네는 이를 '실험적 암중모색Tâtonnement expérimental'에서 찾았다.

프레네는 실험적 암중모색을 "모든 영역에서 과학적 인식과 탐구의 주된 과정"으로 생각했다. 실험적 암중모색은 그의 '자연적 방법'과 한편으로 연결되어 있고, 다른 한편으로 생의 규칙과 생의 테크닉과 연결되어 있다. 우리가 불변요소 10번에서 프레네의 교육은 일의 교육이라고 했지만, 이 일의 교육 역시 실험적 암중모색에 토대해 있다.

프레네는 그의 '암중모색' 개념을 개진하면서 클로드 베르나르의 『실험의학서설Introduction à l'étude de la médecine expérimentale』을 참조한다. 베르나르는 '실험'과 '암중모색의 실험'이 자연과학 도처에서 일어나는 과학적 과정이라고 했다.

실험은 인간 인식의 유일한 근원이다. (…)

사람들은 참된 과학은 굽이진 비탈길을 오르고 가시덤불과 무성한 잡초를 지나면서 다리에 생채기가 난 뒤에야 도달할 수 있는, 멋있게 장식된 맛있는 과일에 비교될 수 있다고 말했다. (…)

이 암중모색의 실험은 생리학, 병리학, 치료학에서도 자주 쓰인다.

(…)

  실험자는 그가 정해둔 목적에 도달하는 데 최적의 실험 조건을 찾기 위해서 성찰하고, 시도하고, 더듬어보고, 비교하고 조합한다.

Freinet, 1950, 61

프레네가 클로드 베르나르의 실험과 암중모색의 방법에 기대고 있는 것처럼 인용하고 있지만, 실은 암중모색의 역할에서 양자 사이에는 큰 차이가 있다. 왜냐하면 베르나르에게 암중모색은 단지 실제 과학에서만 존재하는 반면Bernard, 127, 프레네에게 암중모색은 그보다 훨씬 넓은 의미의, 페다고지의 목적이자 삶의 논리이기 때문이다. 프레네는 항상 우리에게 "어린이가 암중모색한 실험을 언제나 키우고 풍부하게 하라"고 권면하는데Freinet, 1950, 60, 우리는 프레네의 암중모색을 기능적 관점에서도 살펴볼 수 있다. 이는 '생명의 잠재력' 개념과 연결되어 있기 때문이다. 사실 프레네의 암중모색 개념은, 스스로 밝히고 있지는 않지만 베르나르의 그것보다 클라파레드의 개념에 더 기대어 있는 것으로 보인다. 클라파레드는 행위의 법칙 중 하나로 다음 암중모색의 법칙을 들고 있다.

  상황이 완전히 새로워서 어떤 유사성의 연합도 떠올리지 못할 때, 혹은 비슷한 것을 되풀이해도 효과가 없을 때, 욕구는 일련의 탐구 반응, 시행과 암중모색의 반응을 시도한다."

Claparède, 1931, 37

클라파레드는 암중모색을 행위의 세 번째 유형이라고 부르는데, 그것은 본능도 아니고 습관에 의해 얻은 경험도 아니다. 그렇다고 그것은 지능도 아닌데, 엄밀하게 말하면 (시행착오의 절차에서) "가정의 기능적인 것에 해당"한다. 시행착오의 절차에서 시행은 암묵적인 가정으로 간주될 수 있다.Claparède, 1917, 140 그러나 프레네의 암중모색이 클라파레드의 그것으로 환원되지 않은 것은, 훨씬 더 큰 외연을 가졌기 때문이다. 앞서 말했듯이 그것은 페다고지의 목적일 뿐만 아니라 어린이의 삶 자체가 암중모색의 과정에 있기 때문이다.

프레네의 암중모색을 이해할 때 시행착오 개념이 도움이 된다. 왜냐하면 그것은 한 가지 속성 '실험 삼투성la perméabilité à l'expérience'을 제하고는, 그가 비판하고 있는 시행착오의 이론과 크게 다르지 않기 때문이다. 프레네는 시행착오의 이론에 '실험 삼투성'을 추가하고자 한다.

> 우리는 시행착오의 실천에 새로운 요소를 갖고 들어간다. 즉, 그것은 실험 삼투성이다. 처녀지 위로 흐르는 물방울은 밭고랑과 언덕을 따라 우연히 나아간다. 그러나 같은 지점에서 떨어지거나 같은 방향으로 흐르며, 구멍과 밭고랑은 만들어지고 물을 끌어들이는데, 그 물은 당연하지만 실험에 의해 새롭게 만들어진 밭고랑을 지나갈 것이다. 돌이 딱딱하고, 그래서 이 실험을 할 수 없을 때는, 어떤 흔적도, 어떤 고랑도 생기지 않을 것이고 물은 이리저리 임의로, 때로는 잎사귀에 걸려서 혹은 잠시 부스러기에 멈추며 다시 흘러갈 것이다. 어떤 것도 삼투되지 않는다면 물은 그 과정을 바꾸지 않은 채 수 세기 동안 흐를 것이다. 그러나 만일 반대로 적어도 삼투성 때문에 물방울은 도랑을 파는데, 이 도랑은 요소들이 우리 땅의 지형에 가져다주는 모든 변화의 기원이다.
>
> Freinet, 1947c, 212

프레네에게 실험 삼투성, 이는 시행착오론과 구별시키는 중요 요소이다. 그러나 이 실험 삼투성이란 것은, 결국 시행착오 과정 속에서, 그 변화가 일어나는 요소로 개체가 실험에 영향을 받는지 여부를 고려하는 것이다. 시행착오 속에서 개체 내부의 변화 메커니즘을 고려하려는 문제의식이 엿보인다. 또한 프레네가 "어린이와 어른뿐만 아니라 가장 작은 동물부터 가장 큰 동물에 이르기까지 모든 진보는 이 실험적 암중모색의 보편적 절차에 의해 이루어진다"Freinet, 1947, 212라고 말할 때, 그것은 모든 생명체 활동의 공통이라는 칼 포퍼의 시행착오론을 선취한 것으로도 보인다.

'P1-TT-EE-P2'

위 도식은 문제상황(P1)을 해결하기 위해 잠정적인 이론(TT)을 제시하고, 오류제거(EE) 과정을 거친 뒤 새로운 문제(P2)를 거치는 포퍼의 지식 성장이론을 나타내고 있다. 포퍼는 시행착오의 과정을 거치는 데에 아메바와 아인슈타인이나 별 차이가 없다고 한 바 있다.

아메바와 아인슈타인은 둘이 모두 시행착오 제거의 방법을 쓰고 있지만, 그들의 차이는 아메바가 실수를 범하는 것을 싫어하는 반면, 아인슈타인은 그것으로 호기심이 더 동해서, 발견과 제거에 의해 학습의 희망으로 의식적으로 오류를 찾고자 하는 데 있다. Popper, 70

고등동물이든 하등동물이든 알지 못하는 세계에서 더듬이로 두드려가는(암중모색해가는) 과정은 매일반이라는 통찰, 지식은 설명과 관찰, 증명이 아니라, 실험적 암중모색에 있다는 프레네의 교육인식론은 매우 독창석이며, 그의 페다고지를 굳건하게 뒷받침하고 있다. 이렇게 '실험적 삼투성'을 도입하면서 시행착오이론을 자신의 방식으로 보강하는 프레네의 실험적 암중모색은 포퍼의 시행착오론과 연결될 수 있다.

끝으로 필자는 프레네의 암중모색 개념을 이해하기 위해 피에르 테이야르 드 샤르댕의 개념을 참조하는 것도 도움이 된다는 것을 덧붙여둔다. 한스 예르크는 "개인적으로 테이야르 드 샤르댕의 글만큼 소박하면서도 눈부시게 빛날 수 있는 어떤 것도 알지 못한다"는 프레네의 평소의 말을 전하고 있다Jörg. 미셸 바레는 프레네가 1948년에는 '암중모색의 실험'이라는 낱말을 썼지만, 12년 후 '실험적 암중모색'이라는 표현을 달리 사용했다고 한다. 여기서 그 시기를 분명하게 지목할 수 없지만, 그 사이에 의식적인 변화가 있었음에 틀림없다. 프레네의 암중모색과 샤르댕의 그것을 몇 가지 비교해보는 것도 흥미로울 것이다. "생명이 진행될 수 있다면, 그것은 암중모색하여, 그것이 가장 저항이 약한 지점을 성공적으로 찾았기 때문이다"Chardin, 283라는 구절이나, "암중모색은 혼동할 수 있지만, 우연이 아니라 '인도된 우연'이다. 모든 것은 모든 것을 시도하기 위해 다하고, 모든 것은 모든 것을 찾기 위해 시도한다"Chardin, 102라는 데서, 우리는 샤르댕이 '우연'을 소거시키면서 생명 자체가 가진 암중모색의 속성에 주목했다는 것을 알 수 있다. 샤르댕은 진화의 관점에서 생명체는 암중모색으로 보다 더 의식적이고, 보다 더 환경에 적응해간다고 간주했다. 샤르댕의 암중모색 개념은 좀 더 우주론적이고 형이상학적이며, 그 결과 암중모색에서의 우연의 지위가 사라진다. 진화 과정 속에서 우연 역시 다 의미 있는 '의도된 우연'이라는 것이다. 샤르댕의 암중모색 개념과 프레네의 암중모색 개념의 층위는 다르고 이들 사이의 직접적인 충돌은 없다. 어쩌면 프레네는 자신의 개념이 가지지 못한 진화 전체적 관점, 샤르댕의 우주적 차원의 진화 논의에 매료되었을지 모른다. 적어도 자신의 실험적 암중모색 개념을 발전시키는 데 샤르댕의 논의는 방해가 되지 않았을 것이다.

어쨌든 프레네는 클로드 베르나르의 『실험의학서설』의 일부를 인용하면서 암중모색의 술어를 원용하는 듯하지만, 프레네의 암중모색의 개념에는 '기능적 관점에서' 논하는 클라파레드의 암중모색의 개념을 엿볼 수 있고, 샤르댕이 고려하고 있는 생명이 갖는 암중모색의 본래성으로 읽히기도 한다. 또한 프레네의 실험적 암중모색은 시행착오론을 한층 더 발전시킨 것으로, 인식의 발전을 보여준 포퍼의 시행착오 오류제거이론을 선취한 것처럼 보이기도 한다. 중요한 것은 프레네가 여러 선구자들의 논의를 원용하면서 '실험적 암중모색' 개념을 발전시켜 페다고지와 어린이의 삶의 논리를 뒷받침했다는 것이다. 푸르투아와 드메는 프레네의 페다고지가 갖는 포괄성 및 다양성을 두고 '복합성과 통합의 페다고지'라고 하면서 포스트모던적 측면까지 있다고 하였다.Pourtois & Desmet, 43 필자는 결코 그 논의가 과장이라고 생각하지 않는다.

이렇게 프레네는 자신의 페다고지의 집을 짓기 위해 기존의 이론들을 적극적으로 빌리는 데 주저하지 않았다. 이처럼 실천이론인 페다고지는 기성의 이론을 참조하며, 개념을 빌려 오고, '교육 실천'의 검증 속에서 이들을 수정하며 이론화한다.

학교에서 그토록 많이 시키는 암기는

그것이 실험적 암중모색에 통합되어 있을 때,

그리고 참으로 어린이의 생활을 위할 때에만

가치가 있고 유효하다.

『현대학교총서』 25권 프레네의 불변요소 12번에 대한 설명부터 읽어
보자.

몽테뉴는 '기억으로 아는 것은 아는 것이 아니다'고 말한 바 있었다.
그는 당시 깔때기에 들이붓는 것처럼 지식을 부과하는 스콜라 형식주의
태도에 격렬히 화를 냈다. 물론 좋은 기억은 분명히 가치가 있다. 그러나
사람들은 마치 기억이 지식의 본질적인 수단인 것처럼 좋은 기억을 갖
기 위해서 부단히 이 기능을 연습해야 한다고 결론을 내렸다.

그러나 스콜라주의자들의 일반적 믿음과는 반대로 기억은 연습으로
함양되지 않는다. 이런 관점에서 사람들은 현혹시키는 일부 기억술을
얻을 수 있다. 그러나 기억의 기계적 사용은 반대로 지치고 소진하게 만
든다. 그것은 우리 학대받은 아이들에게 일어난다. 안타깝게도 모든 스
콜라주의 수업은 암기에 의존하고 있고, 시험은 기억으로 습득한 것만
을 잴 뿐이다. Freinet, 1964b, 157

프레네가 비판 대상으로 지목한 것은 기계적인 암기이다. 어린이를 지
치고 소진하게 하는 기억은, 연습을 한다고 해서 함양되지 않는다고 말한
다. 이는 윌리엄 제임스도 같은 맥락에서 제기했던 비판이기도 하다.

그러나 암기를 요하는 공부가 무의미한 것만은 아니다. 오히려 암기에
기초한 배움의 덕이 있다. 프랑스 학교교육은 암기에 기초를 둔 것이 한
가지 특징이다. 유치원 때에도 시를 암송하고, 그 이후에 프랑스어 교육
에서도 암기는 교육의 주된 방법이다. 중학교 때에는 라틴어와 고대그리
스어를 학습하게 되는데, 동사변화를 익히고 번역을 하고, 다시 암기를

한다. 프레네가 스콜라 형식주의라고 비판을 했지만, 오늘날까지도 프랑스 학교교육은 암기를 매개로 한 문해력 교육과 글쓰기 교육에 뒷받침되어 있다. 수학 시간에도 '사지선다'와 같은 유형의 시험이 아니라, 수와 식, 논증으로 이루어진 글쓰기가 계속된다. 바칼로레아 수학 시험에서도 이는 마찬가지다. 프레네가 위에서 적폐로서 제기한 비판 대상은 우리 식의 사지, 혹은 오지 선다형 물음이 아니라, 전 과목이 논술인 스콜라 형식주의였다. 우리가 프레네 페다고지를 도입하며 우리 교육을 고민하려면 적어도 우리 교육이 스콜라 형식주의 수준은 되어야 한다. 그때야 비로소 우리는 암기와 말과 글쓰기에 토대한 스콜라 형식주의로 갈 것인지, 아니면 실험적 암중모색에 기초한 프레네 페다고지로 나갈 것인지, 아니면 또 다른 페다고지의 모색으로 갈 것인지 진지하게 고민할 수 있다. 우리의 사지선다와 같은 유형의 시험은, 그리고 이를 전제로 한 수업 및 학교교육과정은 프레네 페다고지의 비판 대상조차 될 수 없을지도 모른다는 것을 유념해야 한다.

이 세상에 태어난 모든 것, 존재하는 모든 것은 시간이 지나면 사라진다. 그러나 살아 있을 동안에 생명은 자기 생명 활동을 다하는데, 보다 더 잘 살기 위해서 기억을 생명 활동을 위해 요청한다. 기억이란 흩어지는 인상과 관념을 추스르는 생명의 저항 활동이자, 좀 더 잘 살기 위해 미지의 사태에 대응하기 위한 생명의 적극적인 활동이다. 알지 못하는 세상을 더듬어 파악하고 적응하며 '잘' 살기 위해서 애쓰는 생명 활동 차원에서, 어떻게 우리가 기억을 거부할 수 있겠는가? 어떤 의미에서 수업과 시험만을 위한 암기는 생명 활동인 '기억'에서 추출한 얄팍한 인위적인 학습 도구일 뿐이다. 그러나 프레네가 거부한 것은 암기 자체가 아니었다.

왜냐하면 그는 그것이 실험적 암중모색이나 어린이의 생활을 참으로 위하는 것이라면 그때 암기는 의미 있고 가치 있는 것으로 간주했기 때문이다.

☙ 불변요소 13번 ❧

습득은 때때로 사람들이 생각하듯이 규칙이나 법칙 학습으로
이루어지는 것이 아니라, 실험에 의해 이루어진다.
먼저 프랑스어 시간, 미술 시간, 수학 시간, 과학 시간에
이 규칙이나 법칙부터 먼저 익히면
그것은 소 앞에 쟁기를 두는 것과 같다.

『페다고지 불변요소』 30번 중에서 가장 설명이 짧은 것이 이 불변요소 13번이다. 프레네는 "규칙과 법칙은 경험의 결과이다. 그렇지 않으면 그런 것들은 단지 무가치한 형식일 뿐"이라고 했다. 상식에 충실한 설명이다.

❀ 불변요소 14번 ❀

지능은 스콜라 형식주의가 가르치듯이
닫힌회로처럼 기능하는, 개인의 그 밖의 중요한 요소들과
무관한 특정 능력이 아니다.

불변요소 14번은 지능을 다루고 있다. 프레네에게 지능은 특정 지성의 능력이 아니라, 가능성의 복합적 발산으로 간주된다. 그는 실험 삼투성이 좋으면 좋을수록, 행동에 나타나고 성장이 이어진다고 보았다. 학급에서든 학급 밖에서든 실험적 암중모색이 지능을 키우는 방책이라고 생각했다.

사람들은 이 아이는 똑똑해요, 혹은 똑똑하지 않아요, 하고 말한다. 그러나 지능은 자기 안에 있지 않다. 그것은 개인에게서 가장 현저한 가능성의 복합적 발산과 같다.

지능이 자기 안에 있지 않다면 이 지능을 키울 특별한 방법은 없다. 건강과 마찬가지로 지능은 우리가 적극적으로 행해야 할, 밀접하게 관련된 요소들의 종합이다.

우리는 『감각심리학시론』에서 지능은 실험에 아주 영향을 잘 받는다고 설명했다. 개인이 이 실험에 익숙하면 익숙할수록, 성공한 실험은 그 행동에서 점점 더 두드러지고, 점점 더 그는 급속도로 성장한다.

학급에서 그리고 학급 밖에서 실험적 암중모색의 실천을 일반화하고 그 실천을 가능하게 하고 효과적으로 되도록 하면서 우리는 결국 지능을 기르게 된다. Freinet, 1964b, 159

이 책의 독자들은 프레네의 '지능'에 대한 견해를 읽으면서, 어쩌면 랑시에르의 '무지한 교사'의 주인공 조셉 자코토의 '평등한 지성'을 떠올렸을지 모른다. 수정판에서 어떻게 재번역되었는지 모르겠지만, 초판 우리말 번역서에서의 '무지한 스승'은 '무지한 교사'로, '지능의 평등'은 '지성의 평등'으로 다시 번역해야 한다. 특히 후자는 자코토가 그의 저서 『모국어』에서 칸트의 인식le cognitif이 바로 지성l'intelligence이라고 한 바 있기 때문에, '지성의 평등'이 더 적절한 역어이다. 게다가 지능은 19세기 말 이후 현대 심리학의 영향이 물씬 묻어나는 번역어로, 이를 19세기 초반 자코토의 문제의식에 이입해서는 안 될 것이다. 어쨌든 『무지한 교사』의 주인공, 자코토가 널리 유통된 것은 자크 랑시에르 덕분이다. 그러나 랑시에르의 독법을 조금 제쳐두고 페다고지 차원에 집중하면, 조셉 자코토의 페다고지를 새롭게 읽을 수 있고, 그 과정에서 우리는 그가 19세기를 통틀어 프랑스에서 가장 탁월한 페다고지를 제시한 이라는 것을 알 수 있다. 자코토는 『모국어』에서 우리는 모두, 남녀는 물론, 어린이나 어른도, 본질적으로 지성 차원에서 차이가 없다고 말한다. 이를 위해 몇 가지 테제가 그의 페다고지 방법, 이른바 '자코토 방법'을 아래와 같이 뒷받침한다.

"인간은 지성에 의해 봉사 받는 의지이다L'homme est une volonté servie par une intelligence."

"모든 것은 모든 것 안에 있다Tout est dans tout."

"모든 사람은 동일한 지성을 지닌다Tous les hommes ont une égale intelligence."

"개인은 완전하나, 사회는 전혀 그렇지 않다L'individu est perfectible, la société ne l'est point."

Raisky, 100

자코토는 인간을 의지 주체로 간주하기에 페다고지의 관건은 지성이 아니라 의지다. 또한 어린이는 교사 없이도 스스로 배울 수 있기 때문에,

'무지한 교사'는 페다고지 차원에서 어떤 문제도 되지 않는다. 어린이는 성인과 동일한 지성을 갖추고 스스로 배울 수 있기 때문이다. 문제는 의지가 부족할 때이다. 이에 대해서 자코토는 교사의 덕을 새롭게 요청한다. 다시 말해 교사가 무지한지 그렇지 않은지가 중요한 것이 아니라, 어린이의 의지를 강제할 수 있는지 여부에 교사의 덕이 논해지게 되었다. 그러나 어린이의 의지를 강제한다는 것은 지난한 일이다. 그 때문에 자코토는 어린이가 학습을 할 때 유순하기를docile 기대한다. 어린이는 성실하고 의지가 충천되며 교사의 지침에 착하게 따를 수 있어야 한다. 그런데 이렇게 어린이가 성실한 데다 의지까지 강하면 한 주체가 지성이 높거나 낮다고 한들 (혹 그런 전제가 있다 하더라도) 무슨 문제가 있겠는가? 자코토에 앞서 이미 18세기에는 루소와 '공교육'과 '교육'에 관해 논쟁했던 엘베시우스가 지성의 평등을 역설했다. 다만 자코토는 지성은 평등하나 의지가 학습자마다 다르다고 한 반면, 엘베시우스는 지성은 평등하나 현실에서 학습 결과의 차이는 환경 때문이라고 짚었다.

어쨌든 프레네는 20세기 페다고그답게 지능을 수치화하는 프랑스에서의 작업을 지켜보며(IQ를 수치화할 수 있다고 생각한 이가 프랑스의 비네이다), 이에 대해 문제 제기를 하였다. 특히 그가 지능을 개체의 다른 주된 요소와 독립된 특정 지성의 능력이 아니라, 가능성의 복합적 발산으로 간주한 것은 인상적인 탁견이다. 그 의의는 불변요소 15번에서 확인할 수 있다.

학교는 생생한 현실 밖에서

낱말과, 기억에 의해 고정된 관념의 매개로 작동하는,

단지 지능의 추상적인 형식만을 키운다.

프레네는 특정 지능 형식을 비대하게 키운 개인은 배운 것에 대해서는 잘 말할 수 있지만, 생활과 환경에 적응하는 데서는 때때로 지적이지 못하다는 것을 발견했다. 특정 지능이 뛰어나다고 해서 다른 지능이 언제나 뛰어난 것은 아니라는 (혹은 그 역에 대한) 프레네의 통찰은 암중모색의 결과 우리에게 여러 형태의 지능이 있을 수 있다는 생각으로 이어진다. 다음은 프레네가 지능에 관해 직접 제시한 내용이다.

> 그들에게 도움이 되었던 기본적인 암중모색의 결과에 따른 다음과 같은 다양한 또 다른 형태의 지능이 있다.
> - 사람들이 환경을 변화시키고 지배하기 위해 환경에 미치는 덕에서 나오는 손의 지능
> - 예술적 지능
> - 상식을 키우는 감각 지능
> - 과학 연구자와 상업, 산업 거장의 천재성을 만들어주는 사색적 지능
> - 실천가와 대중 지도자를 만드는 정치 사회적 지능   Freinet, 1964b, 160

지능은 생활 속에서 암중모색한 결과 나타나는데, 그 형태는 다양할 수 있다는 프레네의 제언은 흥미롭다. 왜냐하면 다양하게 출현하는 지능의 형태는 마치 하워드 가드너의 다중지능과 오버랩되기 때문이다. 프레네가 여러 지능이 주어진 상황에서 서로 연결되어 영향을 주고받는다고 하는 점에서 지능이 독립적이라는 가드너의 관점과 양립하기 어렵지만, 암중모색의 결과 여러 형태의 지능이 있을 수 있다고 생각하는 데서는, 가드너가 다양한 형태의 독립적인 지능을 시사하는 것과 유비된다. 프

레네는 예술지능, 신체(손) 지능, 사색지능, 감각지능, 실천가의 정치사회적 지능 등을 제시한 반면, 가느녀는 음악지능, 신체운동지능, 논리수학지능, 언어지능, 공간지능, 인간친화지능, 자기성찰지능, 자연친화지능, 실존지능을 제시했다. 적어도 프레네가 비네 식의 특정한 능력으로서의 지능을 부정하고, 다양한 형태의 지능을 제시한 데에서, 그것이 생활과 환경에 대한 어린이의 적용에서 나타나는 그 삶을 주의 깊게 관찰한 결과라는 것을 상기하면, 관찰과 통찰은 페다고그의 주요한 덕이라고 할 수 있다.

ฬ 불변요소 16번 ช

어린이는 설교식 수업을 듣는 것을 좋아하지 않는다.

학급제를 역사적으로 규명한 야나기 하루오는 근대 학급제가 '강제된 패키지여행'의 성격을 갖고 있다고 했다. 그는 패키지투어는 여행을 즐기고자 하는 사람만이 참가하는 데 반해, 학급은 공부할 의욕이 없더라도 강제로 들어가야 하고, 학습 순서를 스스로 결정할 수 없고, 연령을 통일시키며, 균질적인 집단 속에서 성적 점수를 둘러싼 경쟁 상태에 놓여 있는 근대 학교 시스템의 산물이라고 한다. 패키지투어가 '미지와의 만남'이라는 여행이 갖는 모험에서 우연과 우발을 없애고 사전에 준비되고 계획된 일정에 따라 진행하듯이, 학급이라는 집단도 3R's를 바탕으로 한 교육과정과 하루, 주간, 월간, 연간 교육 일정을 둔 사전 제어된 세계라는 것이다. 흥미로운 것은 사전 제어된 패키지여행과 학급 모델은 19세기 산업혁명이 진행되는 가운데, 영국에서 대량으로 나온 빈민을 구제하려는 기독교 자선활동 차원에서 나왔다는 점이다. 근대 학교교육과정은 이미 사전에 계획되어 있고, 학생들이 할 일은 학습을 통해 교육과정을 충실하게 받아들이는 것이었다.야나기 1장

이런 의미에서 전통적인 학교교육에서는 준비된 교육과정을 아이들이 배우도록 가르쳐야 한다고 요구하며, 설교식 수업을 정당화할지 모른다. 그러나 그것은 두 가지 점에서 잘못되었다. 하나는 어린이는 자신이 욕구를 느끼지 못하는 것에 대해서는 좋아하지 않기에 어린이의 욕구를 고려하지 못했다는 것이고, 다른 하나는 설교식 수업 외에 복수의 수업이 가능하다는 것을 망각한 데 있다.

프레네는 프레네 테크닉으로 설교식 수업을 넘어서려고 한다. 프레네에게 어린이의 욕구에 부응하는 참된 수업이란, "아이가 스스로 하고, 실험하고, 조사하고, 읽고 자료를 선택, 분류하게 하는 식으로 학습을 조직"해

서 "아이는 다소 미심쩍었던 질문을 하"고, 교사는 "이 질문에 대답"하는 식으로 될 때 이루어진다.

어린이는 자신의 생활 노선에 있는,

말하자면 그에게 기능적인 일을 할 때 피곤해하지 않는다.

불변요소 17번은 우리의 일과표 운영에 도발적인 물음을 던진다. 나아가 프레네는 거의 대부분의 일반적인 학교 수업을 스콜라 형식주의의 범주에 넣을지도 모를 높은 수준의 구획 기준을 제시한다.

아이도 어른도 피곤하게 만드는 것, 그것은 부자연스러운 노력이다. 사람들은 강제적으로 하기 때문이다.

스콜라주의는 그 잘못에 너무나 익숙해서 아이는 40분 이상 일할 수 없고, 매 수업이 끝나면 10분 쉬는 시간이 필요하다는 것을 공식적으로 인정하고 있다.

그렇지만 우리는 몇 가지 소수의 예를 제외하면 이 스콜라 형식주의 규칙이 잘못이라는 것을 증명한다.

욕구에 부응하는 살아 있는 학습에 몰두할 때 아이는 결코 힘들지 않다. 자연적인 신체 욕구가 일어나더라도 두세 시간 혹은 그 이상 거기에 몰두할 수 있다.

프레네 학교에서 아이들은 8시 30분에서 11시 30분까지 쉼 없이 공부한다.

아이들의 피곤함은 페다고지의 질을 확인하게 해주는 테스트이다.

Freinet, 1964b, 162

아이들이 일을 할 때 피곤해하지 않기 위해서는 그 일이 어린이의 욕구를 충족시키는 것이어야 한다. 어린이의 욕구를 충족시키는 일은 생활 노선에 따르며, 어린이에게 기능적인 것이다. 프레네는 이렇게 클라파레드의 기능주의교육에 충실하고 있다. 프레네 교육이 아니더라도, 오늘날 대부분의 교사들은 노작이나 활동이 많이 들어 있는 수업에서 그런 경험을 했을 것이다. 우리는 미술 시간에 아이들이 2, 3시간을 쉴 새 없이 활동하는 것을 심심찮게 볼 수 있지 않은가? 프레네의 어린이들이 3시간을 간단없이 공부할 수 있는 것은, 그것이 어린이의 욕구를 고려하는 프레네 테크닉에 충실했기 때문에 가능한 결과이다.

흥미롭게도 어린이는 일을 하면서 지치지 않는다는 프레네의 이 일 개념은 몬테소리의 그것과 흡사하다.

앞서 보았듯이 프레네에게 일은 일-놀이와 놀이-일로 구성되는데, 그 일은 심신의 과로를 야기하는 강제화된 일이 아니다. 그것은 일종의 해방과 폭발과 같은 것이라고 프레네는 말한 바 있다. 그 때문에 프레네의 어린이는 일을 하면서, 수업을 하면서 피곤해하지 않는다. 몬테소리 역시 다음과 같이 말한다.

> 어린이는 일로 피곤해하지 않는다. 어린이는 일을 하면서 자라고, 따라서 일은 어린이의 힘을 키워준다.　　　Montessori, 1936a, 262-263

프레네와 마찬가지로 몬테소리 역시 어린이에게 현실이 아닌 환상을 불러일으킨다는 이유로 놀이를 비판한다. 몬테소리 방법에서 '일lavoro'의 의미와 지위는 정확히 프레네 페다고지에서의 '일travail'에 대응한다. 몬테소리에게 일은 클라파레드와 프레네의 그것이 그러하듯, 단조롭게 반복되는 일도 아니고, 몹시 힘이 드는 일도 아니다. 그것은 어린이에게 만족의 근원이며 건강의 원리로서, 발명가의 노력, 탐험가의 발견, 예술가의 그림 그리기와 같은 특징을 지녔다. 일은 미래의 목적에 도달하기 위한 것이 아니라 일 자체가 목적이며, 그런 의미에서 어린이의 일은 일상에서 생존, 혹은 생활을 위한 어른의 일과는 반대되는 것이다. 몬테소리에게서 어린이는 일에 대한 동력을 가졌는데, 발달 과정에서 정신적 에너지에 의해 자극받는다. 어린이는 홀로 일을 하고, 아무도 어린이의 숙제를 대신할 수 없다. 그런 의미에서 몬테소리 페다고지 역시 일의 교육이라고 할 수 있다.

프레네와 몬테소리 사이에는 유사성이 있지만, 프레네는 몬테소리를 때때로 비판한다. 더 정확히 말하면 프레네는 몬테소리에 대해 양가감정을 가졌다고 해야 한다. 그는 프랑스 유치원 교육의 실천을 구상할 때 모든 페다고그는 몬테소리에게 빚졌다고 기꺼이 인정할 정도로 몬테소리 방법을 높이 평가하였다. 하지만 프레네는 몬테소리 방법의 특정 속성을 비판하는데, 그것은 "지나치게 유사 과학적이고, 형식적"이라는 이유 때문이었다.Freinet, 1957, 27 또 하나 더 지적할 것은 일 개념 차원에서 몬테소리와 프레네가 다른 점은 몬테소리가 놀이를 그의 교육론에서 배제시켰지만, 프레네는 놀이-일을 일의 한 가지 범주로 간주하여, 클라파레드, 드크롤리, 페리에르의 놀이론을 어떻게든 흡수하며, 놀이와 일을 일의 범주로 포괄하고자 했다는 점이다.

아무도, 어린이도 어른도 자신의 존엄을
해칠 수 있는 것으로 간주되는 통제나 처벌을,
특히 이것이 공적으로 수행될 때 좋아하지 않는다.

전통적인 학교에서 아이는 원리상 언제나 잘못을 범한다. 교사는 아이의 학습에서 좋은 것이 아니라 꾸짖을 점을 보는 경향이 있다. 이 점에서 그는 언제나 범죄자를 뒤쫓는 경찰을 닮았다.

잘못을 범하고 열등한 지위에 놓인 상황은 본질적으로 굴욕적이다. 이 상황은 물론 아이가 일찍부터 학교에 대해 겪는 학교 실패와 반감의 주요 원인 중 하나이다. (⋯)

엄마는 아이가 낱말을 잘못 발음하거나 첫발을 뗄 때 넘어졌다고 아이에게 으르렁거리지 않는다. 실패는 아이를 불안하게 하므로 그녀는 직관적으로 본성상 아이는 성공을 위해 가능한 한 모든 노력을 다하리라는 것을 안다. 아이가 잘못했다면 그것은 그가 달리 어찌할 수 없었기 때문이다. 우리 교사의 역할도 이와 비슷하다. 그것은 잘못을 교정해주는 것이 아니라 성공하도록 돕고 실수를 넘어서도록 하는 것이다.

Freinet, 1964b, 163

프레네는 어린이의 실수와 실패를 수정하고, 명령하고, 통제하는 방식으로 처리하지 않는다. 프레네는 어린이의 실패에 대해 보살핌의 태도로 다가간다. 아이의 실책은 달리 어찌할 수 없는 결과이기 때문이다. 프레네는 어린이가 실수할 때 어린이의 존엄을 해치지 않는 선에서 대응하고자 한다. 이는 오늘날의 케어 윤리Ethics of care에 해당하는 돌봄의 정신과 통약 가능한 것이다. 우리의 경우 케어 윤리를 배려 윤리로 번역하기도 하지만, 사실이는 케어의 다양한 함의를 담지 못한 부적절한 역어이다. 엄밀히 말하면케어 윤리의 '케어'에 해당하는 우리말은 존재하지 않는다. 굳이 차선의 낱말을 취하자면 '돌봄'이 그에 가깝다. 프랑스에서는 케어 윤리Ethics of care를 때로는 '염려 윤리Ethique de la sollicitude'로 옮기기도 한다. 그러나 그들은 돌봄을 받는 타자로서의 지위, 자율적인 인간이 아니라 상호 의존적인 존재, 취약성vulnéhabilité으로서의 인간 존재를 성찰하며 '염려 윤리'가 갖는 번역어적 한계 때문에 대개 케어 윤리Ethiqued du care를 그대로 쓰곤 한다. 이는 독일과 일본의 경우에도 마찬가지다. 그것은 케어 윤리의 '케어'가 함의하는 인간존재론, 케어에 뒷받침된 민주주의론을 대신할 자국의 역어를 찾지 못했기 때문이다.

프레네는 실패로 불안해할 어린이를 위해 교사에게 어머니의 돌봄mothering과 같은 자세를 요구한다. 그는 어린이가 실수했을 때 관용적이고, 교정이 아니라 성공을 위해 돕도록 조언한다. 나아가, 프레네는 "도와주는 태도는 페다고지에서 유일하게 가치 있는 것"이라고 했다.Freinet, 1964b, 163 프레네가 아이에 대한 어머니의 역할을 학생에 대한 교사의 역할로서 제시하는 불변요소 18번은 이런 점에서 케어 윤리의 정신과 상통하고 있다.

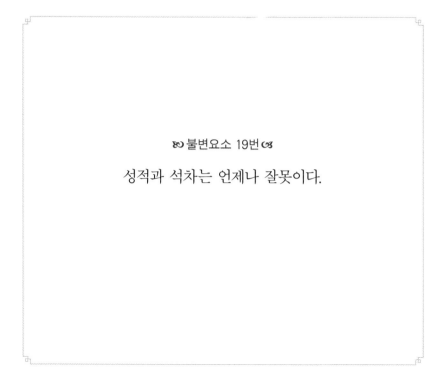

෨ 불변요소 19번 ෬

성적과 석차는 언제나 잘못이다.

불변요소 19번의 'les notes'와 'les classements'을 '성적'과 '분류'로 번역하기도 하지만, 이를 정확히 번역하면 '성적'과 '석차'라고 해야 한다. 프랑스 학교교육은 철저히 서열에 기초해 있다. 필자가 이렇게 말하면, 프랑스 학교에 자녀를 보냈거나, 학교에 다녔던 이들은 프랑스에는 '석차'가 없다고 항변할지도 모른다. 그러한 이의 제기가 타당한 것은 실제 현행의 프랑스 학교는, 점수는 0에서 20점까지로 되어 있고, 거기에 아주 우수, 우수로 시작되는 다섯 등급의 평정만 덧붙여져 있기 때문이다. 그러나 이것은 1968년 5월 혁명 이후, 1969년 1월 6일 공문에 따라 초·중등에서 과거의 것을 폐기하고 새롭게 만든 것이다.2005 rapport, *L'évaluation des acquis des élèves, pierre de touche de la valeur de l'école?*, 11 그 이전까지는 평가évaluation 라는 표현도 사용하지 않고 항상 '성적'과 '석차'라는 표현을 사용했다. 1965년 이전의 상황을 반영하는 『꼬마 니콜라』를 자세히 들여다보면, '뺨을 때리거나' 초등학생인데도 '성적이 ○○등' 등 거친 학교문화를 볼 수 있다. 전통적인 학교는 성적으로 보상과 처벌을 행사하고, 비교하고, 경쟁을 야기했고, 성적으로 학생을 자극하기에 충분하지 않았기 때문에, 석차를 도입했다. 그러던 것이 1960년대에 들어와서는 평가 양상이 자기를 기준으로 자신을 뛰어넘는 것, 협력과 경쟁을 고취하는 식으로 바뀌게 된 것이다.Guimard, 16-17

1968년 5월 혁명 이후 프랑스에는 연구 단위로 분리하는 등 새로운 형태의 대학이 만들어졌고, 고등교육 개혁은 물론, 학부모 참여를 포함하는 초·중등 학교 운영 제도 개혁이 이루어졌다. 그러나 프랑스 학교교육을 주의 깊게 들여다보면 그것은 여전히 서열로 뒷받침되어 있다. 중·고등학교 지역별로 중학교 졸업 자격시험이나 바칼로레아 합격률이 명시되고, 그 순위를 확인할 수도 있다. 프랑스의 그랑제콜과 일반 대학교의 차등적 분류에 대해서는 독자들도 잘 알고 있을 텐데, 일반적으로 우수하다고 일컬어지는 고등학교 졸업생들은 대학교로 진학하지 않는다. 대부분 그랑제콜로 들어간다. 성적이 우수한 학생이 대학교로 간다면, 그것은 대개 의대와 법대로 진학하기 위한 것이다. 왜냐하면 의대와 법대는 그랑제콜에 없기 때문이다. 그랑제콜에 들어가기 위해서는 바칼로레아에 합격한 뒤, 그랑제콜 진학 준비반인 일명 '프레파'에 합격하고, 거기서 2년 동안 준비하여 콩쿠르에 합격해야 한다. 이때 진학에 실패하면 이 학생들은 대학교 졸업반으로 편입할 수 있다.

그러나 이런 사실 외에, 중등 교사 내부에 다시 서열이 있다는 것은 한국에 잘 알려져 있지 않을 것이다. 아이들은 1968년 5월 혁명 이후 석차가 사라지게 되었지만, 초·중등 교사들 내부에는 위계가 여전히 남아 있다. 중등 교사 중에 10여 퍼센트를 차지하는 아그레제로 불리는, 정확히 말하면 '고등교육 교수 자격을 지닌 교사'들이 있다. 이들은 중·고등학교 교육과 함께 고등학교 졸업생 중 그랑제콜 진학 준비반 교육을 아울러 맡는다. 이들은 일반 중등 교사에 비해 수업시수가 적을 뿐만 아니라, 표준 수업시수를 초과할 경우 일반 교사에 비해 수당을 30% 이상 많이 받기도 한다. 공립 고등학교를 일별하면 이른바 명문 학교로 불리는 곳에는 꽤 많은 아그레제 교사가 몰려 있다. 새 학기 초 학생들에게 인사를 할 때 자신이 아그레제일 경우 아그레제라고 밝히는 경우가 대부분이다. 그리고 위계는 초, 중등 교사 사이에도 없지 않다. 중등은 담임으로 학급회의를 주관하거나 매 학기 학생들 성적 평정 회의에 참석할 때 별도의 수당이 제공되지만, 초등은 1학기 1회 이상 의무적으로 실시되어야 하는 학교회의 참석 때 수당이 주어지지 않는다. 프랑스 학교를 자세히 살펴보면 위계와 서열은 고등교육뿐만 아니라, 초·중등학교 곳곳에 그 흔적을 남기고 있다.

어쨌든 프레네가 이 소책자를 낼 시점인 1964년은 프랑스에서 전통적인 평가 방식과 새로운 평가 방식을 추구하는 이들 사이의 대립이 격해져 있을 때였다.

프레네는 성적에 대해서 그 자체가 무의미한 것은 아니라고 보았다. 마치 암기가 실험적 암중모색과 생활을 위해 이루어질 때 의미가 있다고 했듯이, 성적도 객관성과 공정성을 확보할 때에는 가치가 있다고 생각했다. 그러나 단순한 습득, 예를 들면 사칙연산 같은 수준일 때는 문제가 없지만, 지성, 이해력, 행위 개념이 고려되는 복합적 학습에 대해서는 완전한 평가란 있을 수 없다고 보았다. 근대 자연과학이 양화에 토대하듯이, 현대 교육학은 모든 것을 수량화할 수 있다는 양화 가능성에 토대하여 지능도, 학생이 성취한 결과도 양화하는데, 프레네는 이를 비판하고 있는 것이다.

극히 적은 오류로 점수를 책정하기 때문에 사람들은 페다고지에서 측정 가능한 것에 집착한다. 연습, 계산, 문제, 수업 반복, 이 모든 것은 실제 받아들일 만한 성적을 낳을 수 있다. 그러나 이해, 지능의 기능, 창조, 발명, 예술적, 과학적, 역사적 감각은 측정될 수 없다. 우리는 학교에서 그런 능력들은 최소한으로 줄이고 경쟁으로 그것들을 제거한다. 그런 능력은 자격시험과 경쟁시험에서만 아주 조금 고려될 뿐이다.

이것이 실제 상황이다.   Freinet, 1964b, 165

이에 대해 프레네는 성적과 석차를 폐지하고 대안의 평가를 제시한다. 그것은 자기 채점 카드로 요약된다.

일 계획은 성취되어야 한다. 모든 학생은 가장 어린 아이도 가장 뒤처진 아이도 예정된 일을 하는 데 강한 관심을 갖고 있다. 우화에 나오는 토끼처럼 언세나 자기에게 시간이 있다고 생각해서 늦게 되는 아이를 자극시키는 데는 일주일 동안 주의해서 지켜보는 것만으로 충분하다. (…)

토요일 오후 2시 우리는 학습 계획 시험을 시작한다. 먼저 예정대로 다 마친 학생들을 확인한다. 이는 남보다 더 잘했다고 여기는 '사회 속의 자기애l'amour propre'와 다른 아이들이 느낄 수 있는 감수성을 관리하기 위해서이다. 계산과 문법 카드(일주일 동안 학습이 규칙적으로, 성실하게 되었는지 확인하고, 경우에 따라서는 필요한 주의를 준다)는 자기 채점식으로 되어 있기 때문에 연습문제를 전부 다 볼 필요는 없고 형태와 결과를 빠르게 체크하는 것만으로 족하다.

학생은 테이블 위에 그 밖의 일을 준비하고 있다. 글쓰기 텍스트, 역사, 지리 학습, 탐구, 회의 등… 이들 제목의 각각에 전체 평가를, 계획하에 예정된 그래프에 우리가 써두는 평가를 제공해둔다. 여기에는 규율, 청결, 공동체 생활에 대한 평가도 포함된다.

그때 아이는 이 그래프, 1주간 자기 일에 대한 평가에서, 자신이 종합 정리되어 있다는 느낌을 갖는다. 다시 말해 계산은 많이 부족하고, 동료 의식은 조금 부족하다는 식이다. 혹은 그래프가 중간 정도로 안정되어 있는 경우도 있다. 가장 뛰어난 경우, 최고로 우수한 학생은, 그래프가

상단에 안정되어 나타나 있다. 아이는 지난주 그래프와 비교해보면서 다음에 해야 할 일에 대해 결심을 할 수도 한다. 아이는 이런 식으로 하여 부족한 것은 매우고, 전체적으로 고양하며 더 잘할 수 있을 것이다.

아이들은 자발적으로 그래프 사이를 비교한다. 교사는 따라갔으면 하는 그래프 모델을 보여줄 수 있지만, 그 이상은 필요하지 않다.

아이는 자신의 학습 계획을 집에 갖고 가고 부모가 여기에 서명한다. 그래프는 뒤에 잘라서 학생 수첩에 붙여놓는다. Freinet, 1957, 138-139

학생은 자기 채점 카드에, 철자, 문법, 셈하기, 일반 계산, 역사, 지리, 과학, 회의 등에 관한 결과를 남기고, 이에 대해 '아주 우수très bien, 우수 bien, 조금 우수assez bien, 통과passable, 미흡insuffisant' 등 다섯 등급을 그래프로 나타낸 뒤, 부모 사인을 받는다. 교사는 어린이의 학습 성취에 대해 지켜보고, 관리하고, 고무 혹은 주의를 줄 뿐이다.

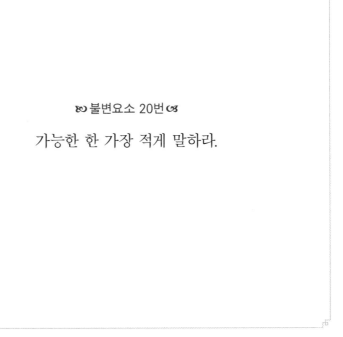

❀ 불변요소 20번 ❀

가능한 한 가장 적게 말하라.

.

프레네 페다고지 불변요소에 관한 임베르논의 강설을 보다 웃음을 터뜨린 적이 있다. 임베르논은 스페인의 대표적인 교수학 교수인데, 그는 불변요소 20번을 설명하면서 노자를 언급하였다. 저자는 "아는 자는 말하지 않고, 말하는 자는 알지 못한다知者不言, 言者不知"로 시작하는 노자 『도덕경』 56장의 구절을 여기서 인용했다.Imbernón, 93 해당 장은 존재와 일체가 되어 있는 상태를 묘사한, 빛을 함축하여 드러내지 않고, 티끌과 같은 세상과 함께하는 화광동진和其光, 同其塵, 그것을 일컬어 '현동'이라고 말하는 구절의 장이다. 임베르논 덕에 프레네는 현동玄同의, 다시 말해 자연과 하나 된 현자가 되었다. 아, 물론 나는 프레네가 '현동'의 현자는 아니나, 페다고지 차원에서 20세기의 현자임에는 틀림없다고 생각한다.

여기서 프레네는 앞서 불변요소 11번에서 말한, 설명하고, 관찰하고, 증명하는 학교의 본질적인 과정을 거부하고, 실험적 암중모색에 기초한 일을 강조하고 있다.

다 써버릴 정도로 모든 소음을 이겨내는 데 익숙한 발성기관을 좀 아껴야 한다.

언제나 다 설명하려고 해서는 안 된다. 이런 설명은 아무 데에도 도움이 되지 않는다. 말을 적게 하면 할수록 여러분은 더 활동할 것이다.

성실하게 일하는 이는 말하지 않는다. 그러나 이런 행동의 변화는 불변요소 13번에 대한 당신의 자각을 전제로 한다. 우리는 설명도, 증명도 아닌 행동 그리고 실험적 암중모색에 의해 형성된다. 여러분은 가장 효과적인 페다고지를 가능하게 하는 테크닉과 재료를 다룰 것을 전제로 한다.

Freinet, 1964b, 166

그런데 프레네는 여기 인용문에서 '불변요소 13'을 들며, 설명, 증명이 아닌 암중모색을 말한다. 그러나 구구단보다 더 빨리 프랑스어 '페다고지 불변요소 30'을 앞뒤로 외우고, 이를 떠올릴 수 있는 나로서는 이 글귀를 볼 때마다 '이런 실수가!' 하는 생각을 감출 수 없다. 눈 밝은 독자는 이미 눈치챘겠지만 이는 불변요소 11번에 해당한다. 프레네의 글을 읽다가 아주 드물지만 그가 동사변화conjugaison를 틀리게 쓰는 경우를 만나는데 그때 드는 것과 같은 유사한 느낌이다. 아쉽게도 별말이 없이 스페인어 해제본도, 독일어 번역본도 모두 '불변요소 13'이라고 옮기고 있다.

❧ 불변요소 21번 ❧

어린이는 로봇처럼 따라야 하는

대규모 무리 떼의 일을 좋아하지 않는다.

그는 협동하는 공동체 속에서

개별적인 일이나 모둠 일을 좋아한다.

이것은 모든 학생이 같은 시간에 정확히 같은 것을 하는 스콜라 형식주의 학습에 대한 결정적인 규탄이다. 학생들을 구획하고 단계로 나누더라도 그들은 결코 같은 욕구도, 같은 적성도 갖지 않는다. 학생들로 하여금 모두 같은 걸음으로 나아가게 하고자 하는 것은 대단히 불합리한 일이다. 일부 아이들은 더 빨리 가고 싶어 하고 실제 더 빨리 갈 수 있지만 답보 상태에 있기 때문에 짜증을 낸다. 다른 아이들은 혼자서는 따라갈 수 없기 때문에 낙담한다. 일부 소수는 수정된 학습을 이용한다. 우리는 아이들에게 살아 있는 공동체에서 자신의 리듬으로 학습할 수 있게 할 가능성을 연구했고 찾았다.

모둠 학습과 협동 학습의 개념은 그 자체가 재고되어야 한다. 모둠 학습이나 협동 학습은 모든 구성원이 꼭 같은 일을 한다는 것을 의미하지 않는다. 오히려 개인이 최대한 자신의 개성을 지키면서 공동체를 위할 수 있어야 한다. 이 새로운 학습 형식은 페다고지 차원에서 그리고 인간적으로 말해서 가장 중요한 것이다. Freinet, 1964b, 166-167

불변요소 21번은 일제수업과 협동 학습에 대한 프레네의 시각을 잘 보여준다. 프레네는 같은 시간에 같은 일을 하는 스콜라 형식주의를 비판할 뿐만 아니라 집단에 함몰된 수동적인 협동수업 역시 경계한다. 프레네의 모둠 학습이나 협동 학습의 원리는 개인과 공동체의 관계를 시사한다. 프레네의 일이 단순한 수작업이 아닌 지적인 일이듯, 프레네의 협동 학습은 집단에 귀속되지 않는 개인의 존재와 의미, '학습 리듬'을 고려하는 학습이다. 다시 말해 "개인이 최대한 자신의 개성을 지키면서 공동체를 위할 수 있"는 학습을 페다고지 차원에서 모색한 것이다. 그 때문에 프레네 페다고지는 교실 공동체를 전제로, 개별 학습과 협동 학습을 오간다.

일반적으로 협동 학습cooperative learning은 소집단 수업에서 보다 더 구조화되어, 교사에게는 보다 더 자세한 조언, 처방을 줄 수 있고 학생들에게도 어떻게 집단으로 함께 작업할지 직접적인 지침을 줄 수 있다. 반면에 인문학 및 사회과학과 연계된 협력 학습collaborative learning은 지식의 본성을 사회적 구성으로 간주하고, 학생들이 이미 맡고 있는 일에서 사회적 기능을 사용하고 있다고 가정하며 결과적으로 학생들은 집단적 상호작용에 덜 구조화되어 있다.Matthews, Cooper, Davidson and Hawkes, 40 존 마이어스는 어원적으로 협력이 함께 일하는 과정을 강조한 반면, 협동은 협동의 산물에 강조점을 두는 차이가 있다고 하고Panitz, 또 다른 사전적 정의에 따르면, 협동은 특정 목적을 위해 함께 일하는 것인 데 반해, 협력은 지적인 본성을 지닌 작업에서 함께 일하는 데서 차이가 있다고 한다.Lexicon, Oxford, p. 453에서 재인용

그렇다면 프레네의 협동 학습은 협력과 협동 중에서 어느 것에 해당되는가? 프레네의 협동 학습은 엄밀하게 말하면 협력과 협동의 의미를 모두 함축한다. 왜냐하면 그것은 덜 구조화되었다는 의미에서, 그리고 지적인 작업을 한다는 의미에서 협력 학습에 가깝지만, 인쇄기를 사용하고, 자유 텍스트를 고르고 편집하며, 신문을 만든다는 특정 목적을 띤다는 점에서는 협동의 의미를 함축하고 있기 때문이다.

 불변요소 22번

질서와 규율은 학급에 필수적이다.

프레네는 스콜라 형식주의의 특징은 규칙과 교과서와 교사에 의해 개개인의 생활에 뿌리내리지 않는, 따라서 많은 경우 _1들의 내면을 건드리지도 못하고 깊은 영향도 주지 못하는 일을 밀어붙이는 것이라고 했다. 이 일이 '기능적'이지 않은 것은 말할 것도 없다.Freinet, 1964a, 24

규칙이 어린이의 생활과 내면을 건드리지 못한다고 하지만, 프레네는 학급에 규율은 필요하다고 보았다. 아니, 규율은 학급에 불가결한 것으로까지 여겼다. 불변요소 4번의 설명에서 우리는 프레네 학교가 무정부주의적 전면적 해방이 아니라, 규율과 교사의 권위를 지지하는 학교임을 확인했다. 그러면 프레네는 어떻게 학교와 학급에 규율을 도입하는가?

기술적인 설명은 후술하기로 하고, 우선 참된 규율discipline은 금지와 제재를 동반하여, 미리 정한 규칙에 따라 밖에서 들여와 세운 것이 아니라는 것을 말해둔다. 규율은 훌륭한 협동 작업 조직과 학급의 도덕적 분위기가 낳은 자연스러운 결과이다. 학급이 잘 조직될 때, 아이들이 홀로 혹은 집단적으로 학급 생활 범주에 들어 있는 흥미로운 일을 할 때, 우리는 거의 완벽한 조화에 도달한다는 것을 경험이 말해주었다. 일의 조직에 단절이 생길 때, 아이의 욕망과 가능성에 부응하는 활동이 주어지지 않을 때, 그때 무질서해진다. 교육적, 인간적 환경을 창조하면서 학교 규율의 문제를 마침내 해결하는 것이 우리 테크닉이 지닌 큰 장점 중 하나이다. Freinet, 1964a, 39

프레네 페다고지는 그 자체가 도덕교육l'éducation의 함의를 띠고 있다. 다만 그 접근은 도덕을 교수하는 직접적인 도덕교육이 아니라, 그 밖의 새교육의 그것과 마찬가지로 생활과 일, 협력과 협동 속에서, 자연스러운 결과로 얻게 되는 간접적인 도덕교육의 성격을 갖는다. 다시 말해 질서와 규율은 외부에서 강제하는 것이 아니라, 프레네 테크닉을 실천하는 과정에, 그리고 그 결과로서 얻게 되는 산물이다. 프레네 페다고지에서도 그러하듯, 프레네 학급에서의 도덕과 규율, 그리고 질서는 일에 의해 형성된다.

❧ 불변요소 23번 ❧

처벌은 항상 잘못된 것이다.

그것은 모두에게 굴욕적이며, 원하는 목적에 이르지 못한다.

그것은 기껏해야 궁여지책의 것이다.

프레네는 불변요소 18번에서 어린이는 자신의 존엄을 해칠 수 있는 것으로 간주되는 통제나 처벌을 좋아하지 않는다고 했다. 자신의 아이가 '엄마'라는 말을 잘못 발음하거나 걷다가 엎어졌다고 해서 어머니가 아이에게 화를 내지 않듯이, 학생에 대한 교사의 관용을 요청했다.

불변요소 23번에서는 좀 더 적극적으로 처벌 문제를 논의하고 있다.

> 그렇지만 사람들은 체벌이 필요하고, 질서를 유지하기 위한 유일한 해결책인 그런 경우가 있다고 우리에게 말할 것이다.
>
> 그것은 정확히 그렇다. 그러나 그 때문에 우리 앞에서, 혹은 우리 밖에서 잘못이 저질러졌고, 우리는 그에 대한 비극적 결과를 갖게 된다. 아이가 집에서 자주 맞으면 그들은 구타와 처벌이 주가 되는 삶의 테크닉이 만들어진다. 그들은 임시적이지만 그 밖의 모든 다른 삶의 테크닉에 무감각해지고 이를 바로잡는 것은 때때로 훨씬 길고 어렵게 될 것이다.
>
> Freinet, 1964b, 168

어린이가 처벌에 익숙해지면 구타와 처벌에 토대한 삶의 테크닉이 생긴다. 그것은 생명의 잠재력을 키우는 것이 아니라 생이 가진 그 밖의 테크닉에 둔감하게 만드는 최악의 것이다. 처벌을 받는 아이를 잘 관찰하면 거기에는 항상 적대, 화, 앙갚음, 증오가 있다. 그러면 처벌 없는 학급은 어떻게 만드는가? 그것은 어린이의 욕구에 부응하는 학급 만들기이다. 불변요소 22번의 통찰처럼, 학급 형성 과정과 결과로 처벌 대신 질서와 규율이 생길 것이다. 물론 쉬운 길은 아니지만 말이다.

우리가 학급에서 아이들에게 학습에 흥미를 느끼게 하고, 창조, 풍성함, 생에 대한 욕구를 만족시키는 한에서, 학급은 조화롭게 되고 제재는 무용하게 될 것이다.

우리는 체벌하지 않는 것이 쉬운 일이라고 말하지 않는다. 질서와 규율은 학급에서 모든 학습 조건의 결과이다.

Freinet, 1964b, 169

학교의 새로운 삶은 학교교육에서의 협동,
다시 말해 생활과 일에 대해 교사를 포함한
이용자들에 의한 자주관리를 전제로 한다.

불변요소 24번은 프레네의 오토제스치옹, 다시 말해 프레네 페다고지의 자주관리의 가능성과 현실성을 시사한다. 앙리 르페브르는 자주관리를 "자신의 사회적 삶을 자기 것으로 만들기 위한 인간의 노력"으로 정의한 바 있다. 그는 "한 집단이, 아주 넓은 의미에서, 다시 말해 기업의 노동자, 마을이나 도시 사람들이 실존 조건을 더 이상 수동적으로 받아들이지 않을 때, 그들이 더 이상 그들에게 부과된 조건에 수동적이지 않을 때, 그들이 이 조건을 지배·통제하고자 할 때, 거기에 자주관리의 시도가 생긴다"고 했다.Ducrot, 32 자주관리 페다고지는 자주관리의 문제의식에 기초해서 학교 구성원 전체가 정회원으로서 학교에서의 생활과 학습에 대해 관리, 유지하고자 하는 페다고지이다. '페다고지 자주관리autogestion pédagogique' 개념을 만든 것은 1962년 조르주 라파사드였다. 그는 『사회계약론』 출간 200주년을 기념하는 루소 학회에서 학회 전체 구성원이 전체 총회에서 조직과 관련된 일반적인 논의 대상을 다룰 수 있도록 제안했다. 총회는 자주 관리해야 할 정치적, 제도적 장을 구성하였다.Hess & Savoye, 14 물론 오토제스치옹이 하나의 분위기로서, 그 정신이 깃든 페다고지 실천은 이미 오래되었다. 함부르크 학교나 서머힐이 그러하고, 새교육 페다고그들, 클라파레드, 쿠지네, 드크롤리, 듀이, 페레르, 페리에르, 프레네, 코르작, 마카렌코, 몬테소리, 페스탈로치에게서도 이런 요소를 찾을 수 있을 것이다.Ducrot, 81 그리고 아마 적지 않은 한국의 교사들도 이미 '학급자치'로서 '페다고지 자주관리'를 실천하고 있을 것이다.

프레네 역시 이 불변요소를 쓸 무렵 자주관리 페다고지를 실천하는 이들을 의식하고 스스로 오토제스치옹을 적극적으로 고려하고 있었다. 불변요소 24번의 '이용자들에 의한 관리la gestion par les usagers'는 1965년 프레네의 「학교에서의 페다고지 자주관리와 행정 자주관리」라는 글에 다시 등장하며 좀 더 발전적으로 전개된다. 프레네는 자주관리를 "이용자들에 의한 관리로, 그것은 협동의 초기 단계라고 말할 수 있다"고 했다. 프레네는 자주관리의 개념을 둘로 나누어 사용하는데, 하나는 학교 밖에서 혹은 학교 안에서 학교 업무나 기금 마련에 공통된 여러 조직의 '행정 자주관리'이고, 다른 하나는 페다고지 조직에서의 자주관리로, 예의 자유 텍스트, 학교 인쇄기, 신문, 학교 간 통신, 학습도서 등을 말한다.Freinet, 1965 프레네는 오토제스치옹이 프레네 페다고지의 과업이 되었고, 시대의 필요에 이런 명칭을 맞춰갈 것이라고 하는데, 이는 프레네 페다고지에서 분화한 제도 페다고지나 자주관리 페다고지를 염두에 둔 것이다.

끝으로 한 가지만 더 덧붙이면 제도 페다고지에서도 그러하듯이, 자주관리 페다고지에서도 '회의'가 가장 중요한 장치 중 하나이다. 라파사드는 베르나르 베시에르와 레이몽 퐁비에유 교실의 '학급회의' 진행을 참관하면서, 이 회의가 공동 생활의 환경을 제도화하는 새로운 제도를 낳는 기제로 보았다. 회의Conseil란 모든 참여자들이, 학생과 교사가 하나가 되는 특별한 시간이다. 프랑스에서 자주관리 페다고지를 실천하는 대표적인 곳 중의 하나가 파리 15구에 있는 파리자주고등학교이다. 이 학교는 미테랑 정부가 들어선 뒤 장 레비가 노르웨이 오슬로의 자주고등학교에 영향을 받아 1981년에 세우고, 1982년에 학생을 처음 받았다. 파리자주고등학교는 '자유로운 수업 참여, 자주관리와 집단평가'를 고유한 특징으로 한다. 필자도 이 학교를 여러 날 참관하면서 정기, 비정기 총회를 지켜보기도 했는데, 전체 교사와 학생이 원형 강당에 모여 안건에 대해 제안하기proposer, 논의하기discuter, 결정하기décider, 적용하기appliquer라는, 자주관리 페다고지의 회의의 네 단계를 거치고 있었다. 회의에서는 학교 특별 행사와 재정, 예산관리까지 논의한다. 물론 자주관리 페다고지는 회의만을 중시하는 것은 아니다. 생활 전체에서 자주관리를 요청하기에 청소나 급식, 설거지도 학생과 교사는 같이(때로는 교사가 더 열심히笑) 관리를 한다. 이렇게 자주관리는 기존의 학생과 교사 사이의 위계적 관계rapports를 극복하고자 한다. 필자는 파리자주고등학교에서 그 실천의 결과를, 다시 말해 학생과 교사 사이의 위계 없는 관계의 삶을 여러 날 흥미롭게 지켜보았다. 프레네 페다고지에는 분명 자주관리 페다고지적인 요소가 있다. 물론 이를 충분히 의식해서 만든 것은 아니지만 말이다.

파리15구에 있는 파리자주고등학교는 전통적인 교육체제에 대한 대안학교이자 실험학교이다. 교문 안으로 들어가는 담 안쪽의 그라피티가 인상적이다.

❧ 불변요소 25번 ☙

과밀 학급은 언제나 잘못된 페다고지의 실책이다.

불변요소 25번은 과밀 학급에 대한 페다고지 차원의 이의 제기이다.

지식 습득은 여전히 학교의 작은 기능으로 남아 있다. 그러나 오히려 중요한 것은 어린이를 내일의 인간으로, 도덕적, 사회적 인간으로, 자신의 권리와 의무를 알고, 그것을 대적할 수 있을 정도로 충분히 용기 있는 노동자로, 지식인, 연구자, 발명가, 저술가, 수학자, 음악가, 예술가로 형성하는 교육이다.

이 기능이 요구하는 장점은 결코 익명 집단에서 얻을 수 있는 것이 아니다. 그 장점은 그 정보가 아무리 그 자체로 훌륭하다 해도 정보에 의해서만 얻어지지는 않는다. 그것은 개별적으로, 사회적으로 일하고, 행동하고, 살아갈 수 있는 유효한 가능성을 가진 때에만 발달할 수 있다. 대장장이 일을 하면서만 비로소 대장장이가 될 수 있는 것은 이 영역에서도 마찬가지이다. 모둠이나 소규모 집단으로 살고 일할 때에만 우리는 집단적으로 사는 것을 배우게 된다.

학교가 익명의 거대한 공간이 되면 이런 조건은 충족되지 않는다.

Freinet, 1964b, 171

과밀 학급은 그 자체가 페다고지의 실책이다. 진지한 듣기, 질문, 대화로 이어지는 대화의 교실 공동체를, 그리고 그 공동체가 주는 따뜻한 보살핌의 공동체를 과밀 학급에서는 경험할 수 없다. 과밀 학급과 같이 페다고지가 없는 교실의 삶에서 의미 있는 사회적, 도덕적 경험과 성장이란 불가능하다.

현재의 거대 학급의 학교 개념은
교사와 학생의 익명성으로 귀착된다.
그 때문에 그 개념은 항상 잘못이고 구속이다.

불변요소 26번은 과밀 학급이 아니라 거대 학급으로 이루어진 학교의 문제를 짚는다. 문제의식은 기본적으로 불변요소 25번과 같으나, 거대 학급의 학교를 병동, 병영으로 보는 시선이 문제의식을 깊게 한다.

거대한 군중이 개인을 위해 조직되지 않을 때, 그것이 정신적이든 심리적이든 어떤 유대에 의해서도 통합되지 않은 단순한 개인의 병렬일 때 그 군중은 항상 이 개인의 파괴자이다. 이는 사람들이 바보를 만드는 군대에서 항상 확인했던 것이다.

5, 6학급 이하의 작은 학교는 사람들이 서로 알고 서로 어울려 살 수 있는, 교사가 공감하고, 그들끼리 논의하고, 모든 학생을 보살필 수 있는 정감이 가는 마을처럼 아직도 존재한다.

이 학급 수를 넘어서면 우리는 익명이 일반화된 대규모 학교, 병영 같은 것으로 떨어지고 만다. 교사들이 언제나 서로 잘 아는 사이도 아니고, 서로를 묶어주고 하나가 되게 하는 어떤 사유도, 어떤 공통된 염려도 없다. 어린이에게 그것은 다소 불길한 병영이다. 왜냐하면 병영 의식은 쫓아낼 수가 없기 때문이다.   Freinet, 1964b, 172

푸코는 『감시와 처벌』에서 권력 메커니즘인 규율이 '신체'의 행동을 통제하고, 시험과 규율로 처벌, 감시, 길들이는 미시권력을 분석한다. 눈 밝은 이들은 이미 프레네와 우리 형제들이 푸코 이전에 규율을 수반하고, 위계의 형태로 미시권력의 작동 방식이 일어나는 곳으로 학교와 병영, 병동을 묶어서 지목하고, 문제를 통찰하고 있다는 것을 알아차렸을 것이다. 다만 이들은 철학자의 분석 작업 대신에, 페다고지를 실천하며 혹은 정신요법을 적용하며 실천적으로 이를 극복하고자 한 데서 이후의 행보를 달리했다. 펠릭스 가타리는 라보르드 병원에서 장 우리와 같이 일하고, 정신요법에 대해 장 우리에게 영향을 받은 바 있다. 그러나 그는 이후 장 우리의 '정신병원'에 국한된 사상적 궤를 벗어나며 질 들뢰즈와 함께 저술한『앙티 오이디푸스』를 거쳐, 특히『분자혁명』에서 욕망의 미시정치를 제시하였다.

아무튼 프레네는 작은 학교를 지향하고 병영과 같은 대규모 학교를 비판하면서, 또 다른 방식으로 우리 시대의 '작은 학교 살리기'의 목소리와 공명하고 있다. 다만 그것은 프레네 페다고지라는 한 가지 실천이론에 기대어 있는 것으로, 그 시각이 그 밖의 모든 상황에서 일반화될 수는 없다. 프레네가 1958년 4월, 현대학교협회 파리회의에서 과밀 학급의 문제를 지적하고 학급 당 학생 수 25명을 요청하고 있었을 때, 제2차 세계대전 이후 프랑스는 인구 증가에 따라 학생 수 역시 급속하게 증가하던 중이었다. 1950~1951년에 초등학생 수는 500만 명에서 1959~1960년에는 750만 명으로 늘었다. 그중 공립학교 학생 수는 200만 명 이상이 늘었다. 이 증가는 인구 이동과 인구 증가에 기인했다.Raymond, 211 우리가 앞서 살펴본 제도 페다고지를 실천하던 파리 외곽 지역의 교사들이, 그리고 대도시 학생들이 불가피하게 맞이할 수밖에 없는 대규모 학교라는 조건과 환경에서 교사들은 또 다른 방식의 페다고지를 창조하고, 새로운 모순에 대처할 수밖에 없었다. 이와 같이 페다고지는 하나가 아니다. n개의 페다고지가 가능하다.

우리는 학교민주주의로 내일의 민주주의를 준비한다.

권위적인 학교체제로는 민주시민을 양성할 수 없을 것이다.

프레네는 내일의 민주주의를 학교민주주의로 준비하겠다고 한다. 프레네의 자주관리가 예·결산 및 행사 심의와 같은 행정의 자주관리뿐만 아니라, 인쇄기, 자유 텍스트, 학교 간 통신으로 요약되는 일의 자주관리에 기초해 있듯이 프레네는 민주주의가 무엇보다 학교민주주의에서 완성된다고 생각했다.

프레네의 민주주의론은 이미 대의제에 기초한 자유민주주의를 넘어섰다. 그것은 앞서 논의한 프레네의 자주관리가 오늘날의 참여민주주의와 심의민주주의의 이념을 함축하고 있기 때문이다. 사실 프레네의 페다고지뿐만 아니라 20세기 새교육을 표방하는 거의 대부분은 참여와 심의의 민주주의를 지향하고 있다.

자유민주주의는 대의제 엘리트주의로서 투표권을 행사한다는 의미에서의 '참여'에 그치는 한계가 있다. 이에 반해 참여민주주의는 정치, 경제, 사회 각 분야로 민주주의의 외연을 넓혀 의사결정 과정에 직접 참여하고, 참여 그 자체가 목적으로, 민주주의 학습 효과를 갖는다.유팔무, 18-19 다른 한편, 심의민주주의는 직접민주주의의 이념을 갖고서, 자유롭고 평등한 조건하에, 공통된 이익과 관련된 공동체 구성원이 공적인 이성을 발휘하는 데 그 특징이 있다.Weithman, 263-265 프레네의 자주관리는 교사를 포함한 모든 구성원이 '회의'를 통해서 학교와 학급의 일을 자주관리 하고, 일의 다양한 테크닉에서 페다고지 차원의 자주관리도 함축한다. 1939년 파시즘이 횡행할 때 프레네는 이를 앞두고 자신의 민주주의의 이상을 다음과 같이 밝힌다.

회의는 자연스럽게 '민주주의의 이상'이 무엇인지 우선 정의해야 할

것이다. 나는 자유와 자율에 대한 이 열망을 체계적으로 파괴하는 전체
주의의 이상에 반대하면서, 회의는 이른바 소극적인 방법로 정의를 아
주 쉽게 내릴 수 있다고 생각한다. (…) 우리는 특히 우리의 주된 관심과
가장 관련된 것으로 보이는 두 가지 의제를 다루고자 한다.

    - 민주주의 원리의 적용을 위한 교사의 권리와 의무.

    - 민주적인 학습 공동체와 그것과 생활과의 만남.   Freinet, 1939, 404

프레네의 민주주의는 학교 민주주의를 지향한다. 보다 더 구체적으로
말해서 그는 교사의 권리와 의무를 환기시키고, 민주주의 원리는 교실과
교육과정에 적용되어야 한다고 역설한다. 프레네는 민주주의 원리를 가정
힌 교육과정을 다음과 같이 고려하고 있다.

a) 교육 문제의 재고는 더 이상 개인이 아니라, 공동체 속의 개인에 중심
   을 두어야 한다.

b) 인간 본성의 가능성에 대한 참다운 믿음 행위여야 한다.

   전체주의 이데올로기는 지도자를 좇는 대중의 열등의 복합성에서 작
   용한다. 우리는 어린이가, 그리고 어른 역시 가능한 한 전체의 최대
   이익을 위해 스스로 자신의 삶과 일을 조직할 수 있다고 말한다.

c) 현재 시행되는 교육은 복합적이고 다양하고, 신성한 생활로 가기 위
   하여 스콜라 형식주의의 애매한 영역을 단호히 포기해야 한다.

d) 당면한 필수적인 것에 맞춘 새로운 조직의 실천적이고 효과적인 일
   을 요청해야 한다.   Freinet, 1939, 405

불변요소 29번에서 다시 언급하겠지만, 프레네가 학교교육에서 실현되는 민주주의 교육에서 참다운 삶의 민주주의가 준비된다고 생각한 것은 '페다고지'에 대한 그의 이해와 실천에서 분명히 나타난다. 페다고지의 실천은 교육의 한 가지 방법이 아니라, 다른 그 무엇보다 긴요하고 절실한, 생활의 민주주의를 준비하는 필수 불가결한 테크닉이었다.

끝으로 프레네가 민주주의 정신에 얼마나 충만해 있는지, 참여, 심의 민주주의 정신 외에도, 오늘날 일상의 파시즘, 미시적 파시즘이라고까지 해야 할 생활 속의 '반'민주주의를 얼마나 강하게 의식하며 넘어서고자 했는지 다음의 인용문을 통해서 확인하고 불변요소 28번으로 넘어가자.

> 단순한 상식이 모두에게 이 불변요소를 받아들이게 할 것으로 생각이 드는 것은 아주 자연스러운 일이다. 안타깝게도 권위적인 습관이 부모와 교사의 삶에 완전히 뿌리내려 있기 때문에 거의 대부분의 학급과 가족에서의 아이들은 본질적으로 미성년자로, 대항할 수 없는 어른들의 권위에 복종하고 있다.
>
> 아버지는 조합원이고 자연스럽게 진보적인 정당 가입자 혹은 활동가이다. 그러나 그가 집으로 돌아오면 종종 중세 시대처럼 자신의 질서에 어떤 반발도 허용하지 않는 교사가 된다.
>
> 교사는 사회적으로, 노동조합 차원에서, 정치적으로 아주 진보적이라고 일컬어지지만 그는 학급에서 학생들이 자신의 권위에 반하는 것을 참지 못한다.
>
> Freinet, 1964b, 173

조합원이자 활동가로서 진보적이지만, 교실에서, 그리고 가정에서 민주주의 삶의 방식을 확보하지 못한 일상의 파시즘을 프레네는 문제로서 지적한다. 그 때문에 프레네는 교사가 정치적, 사회적 차원의 참여에 그치는 데 만족하지 않는다. 프레네는 일상생활에서 민주주의의 삶의 방식을 요구한다. 프레네가 모든 실천은 궁극적으로 페다고지 실천으로 수렴되어야 한다고 한 것은 그런 의미에서이다.

우리는 존엄성 속에서만 교육할 수 있다.

아이들은 자신의 선생님을 존경해야 하지만,

이 아이들을 존중하는 것이

학교 혁신의 제일 조건 중 하나이다.

불변요소 28번은 어린이에 대한 존중을 다룬다. 프레네는 그것이 학교 혁신의 제일 조건 중 하나라고 한다. 프레네에게 교실 속에서의 존엄성의 관계 구축은 진보의 척도이다. 그 방법은 매우 오래된, 동서를 가리지 않은 격언에 충실한 것이다.

우리 학급에서 만들어지는 이 새로운 관계의 존엄성이야말로 우리가 실현시킬 참된 진보를 측정하게 할 것이다.

어른들에게 권하는 오래된 속담은 우리 학급에서 완전히 가치 있는 것이다.

"그들이 당신에게 하지 말았으면 하는 것을 다른 사람에게 하지 마시오. 그들이 당신에게 해주기를 바라는 것을 다른 사람에게 하시오."

Freinet, 1964b, 174

프레네는 불변요소 28번에 대해서 설명을 아낀다. 그만큼 자명한 것으로 간주해서일 것이다. 불변요소 1번과, 10번, 11번, 17번 등 어린이의 존재론과 관련된 내용을 정리하면 그것은 어린이는 어른과 기능적으로 동일할 뿐만 아니라 실험적 암중모색으로 일의 세계에 들어가는 존재로 프레네에게 어린이와 본질적으로 어른과 다르지 않다는 성찰일 터인데, 이러한 존재론적 성찰이 불변요소 28번의 윤리적 강령을 뒷받침하고 있다.

프레네에게서 어린이와 어른 사이의 간극은 크지 않다. 프레네는 어린이가 언제부터 일의 교육으로 들어갈 수 있다고 보았을까? 프레네는 4, 5세면 어린이는 일의 욕구를 가지고, 적절한 환경이 충족되지 않을 때는 일-놀이 대신, 놀이-일을 한다고 적시했다.Freinet, 1957, 33 충분히 배려하여 준비하면 유아도 일의 교육에 들어간다. 프레네 학교의 어린이들은 초등학교 학생이 되면 인쇄기를 조작하고, 편집하고, 인쇄하고, 통신하는 주체로서, 그 밖의 학교에 관한 자주관리의 정회원으로서 역할을 다한다. 이미 어린이는 정회원이 되었는데, 어떻게 학급과 사회의 구성원인 정회원을 존중하지 않을 수 있겠는가? 프레네 학급에서는 모두 정회원으로서로 존중하는 데서 시작해야 한다.

끝으로 어린이의 존재와 행위에 관해 한 가지만 더 언급하면, 이는 아동기의 철학에 관련된 것인데 그 대체적인 결론만 말하면, 결국 아동기 자체가 사회적 구성의 결과로서 어린이와 어른 사이의 그 현실적 연령 구획은 점차 낮아질 것이라는 점이다. 적어도 고등학생이면 정회원으로 간주하기에 부족하지 않은 시기이다. 우리의 현실은 종종 학생이 정회원이 될 수 있을지 그 삶의 방식을 의심하고 대하지만, 청소년기의 그늘은 성인의 경우도 매한가지이기에 본질적인 문제는 아니다. 청소년을 미성년으로 간주하는 어른 중심의 배타적인 시선은, 정회원이 될 수 있도록 충분한 경험을 제공하지 않은, 성인의 삶의 방식을 허여하지 않은 오래된 습관일 뿐이다. 한편으로 미적분을 풀고, 동서양 고대에서 현대까지의 윤리 사상까지 익히는 학생들에게 사회, 정치, 경제, 노동 문제에 관한 그들의 견해를 미성숙한 것으로 간주하며, '성년'에 이르지 않았다고 으르는 논거는 얼마나 모순적인가? 그러나 이런 시선과 태도는 우리 사회가 청소년을 정회원으로 간주하고 대하지 못한 사회적 구성의 결과일 뿐이다. 이를 재구축하려면 적지 않은 연습이, 이들을 정회원으로 간주할 수 있을 시선 방식의 변화가, 무엇보다 학교에서는 새로운 페다고지가 필요할 것이다.

사회적·정치적 반응의 구성 요소인 페다고지 반응에서의
저항은, 안타깝지만 우리가 그것을 피하거나 교정하지 않으면
우리가 가질 수밖에 없는 한 가지 불변요소이다.

불변요소 29번을 시작하면서 프레네는, 진보의 이름으로 개혁을 시도할 때 거친 저항이 나타나는 것은 기이한 일이 아니라고 설명한다. 인간이 원래 그렇게 되어 먹었기에, 최선을 다해서 자신의 페다고지를 실천하고, 그 실천 과정 속에 만나게 될 학부모나 주변 동료 교사들의 반발을 잘 이겨내도록 당부한다. 쉽지 않은 주문을, 프레네는 그 어느 불변요소에서보다 강하게 요구한다. 이는 페다고지 차원에서 학교와 생활, 사람들의 인식을 바꾸기가 그만큼 녹록하지 않다는 방증일 것이다. 생폴에서 그 역시 페다고지를 실천할 때 때로는 좌초를 겪지 않았던가!

이 30개 불변요소의 진실성을 잘 알고 있을 터이기에 당신은 이 수업에 일과 학급 조직을 일치시키려고 할 것이다. 특히 당신의 실천 사례가 성공한다면, 당신 주위의 교사와 부모에게 행동을 조금씩 바꿔보라고 요구할 것이다. 반대, 비평, 불만과 욕설을 가로질러 천천히 그렇게 도달하는 것이 당신의 미덕이 될 것이다.

우리 중 몇몇이 비판받고, 무시되고, 중상모략을 당할 때, 때때로 복지부동과 보수주의의 연합을 동요시키는 데 성공할 때, 바로 거기에 학교의 진보와 사회의 진보의 불변요소가 있다.

놀라지들 말길 바란다. 먼저 기억해둘 것은, 그것은 성취에 뒤따르는 대가로, 그와 같은 어려움과 고통은 언제나 앞으로 나아가고자 하는 이들의 길에 놓여 있다는 것이다. 왜냐하면 그들은 참교사, 관대한 인간 교육자가 되려고 노력하기 때문이다. Freinet, 1964b, 175

프레네는 이 불변요소에 대한 자평란에, '당신은 이런 반발을 다스리게 되었다'고 생각하면 초록(상), '이런 반대와 싸우고 있지만 성공에 대한 희망을 갖고 있다'고 하면, 주황(중), '나아가기 위해 너무 많은 반발을 마주친다'고 스스로를 평가하면 빨강(하)으로 자기점검을 하도록 했다. 변혁에는 역경이 따르니, 희망을 갖고 이를 이겨내라는 당부의 메시지이다.

⮾ 불변요소 30번 ⮿

우리의 모든 암중모색을 정당화해주고,

우리 행위의 정당성을 인정해주는 한 가지 불변요소가 있다.

그것은 삶에 대한 낙천적인 희망이다.

페다고지 불변요소는 프레네가 의도적으로 배치한 흔적이 군데군데 있다. 불변요소 30번은 프레네 페다고지 전체를 관통하는 불변요소 11번과 상응한다. 불변요소 11번은 실험적 암중모색에 관한 것이다. 이 실험직 암중모색은 프레네 페다고지의 교육 원리일 뿐만 아니라, 프레네의 생명과 생활 논리 또한 뒷받침해주고 있다. 그러면서, 다시 불변요소 30번은 처음의 불변요소 1번의 내용과 또한 서로 비추고 있다.

> 한 개체가 젊고 어리면 어릴수록 대담하게 앞으로 나아가고자 하는 욕구를 느낀다. 거친 당국이 개체가 도약할 때 그를 막았다고 생각할 때, 바로 그 개체는 슬그머니 우회해서, 장애물을 넘어 앞으로 계속 가려고 한다.
> Freinet, 1964b, 176-177

어린이는 어른과 같이 기능적이다. 행위의 법칙인 암중모색은 어린이나 어른이나 동일하다. 다만 어른들은 종종 생명의 잠재력이 타격을 입지만 어린이는 그렇지 않다. 어린 개체를 제약하더라도 어린이는 우회하며 다시 생의 도약에 선다. 프레네에게서 생명의 제일의 법칙은 '존재하는 생명' 현상이다. 다시 말해 '생명이 있다'는 사실에서 출발한다. 그러나 여기서 '있다'는 하나의 상태로 있는 것이 아니라 생성으로 존재한다. 그 때문에 인간의 생명은 격류에 비교될 수 있다.Freinet, 1966, 17-18 존재하는 생명은 '생명의 잠재력'을 갖는데, 이는 "자신의 운명의 강한 실현을 향해 앞으로 나아가게 한다." 그러나 때때로 어른들은 이 생명의 잠재력이 손상되는 경우가 있다. 이것은 기능적으로 동일하지만, 때때로 생명 현상으로서 어린이와 어른을 구별해주는 준거 중 하나이다. 프레네는 현실에서 어린이가 어른보다 더 많은 삶의 에너지, 생명력을 발휘한다고 보았다. 생명 활동은 본능에서 교육까지 다양하게 나타난다. 개체가 생명 활동을 하며 환경에 잘 적응해서 잘 살기 위해 모색하는 방법이 '생명의 테크닉'이다. 그 과정 중에 개체는 암중모색을 하게 되고, 이것이 성공하게 될 때 그 실험은 '생의 규칙'이 된다.Freinet, 1966, 46

앞서 말했듯이 칼 포퍼는 아메바도 아인슈타인도 모두 암중모색을 한다고 했다. 아메바는 암중모색의 실패를 싫어하는 데 반해 아인슈타인은 실패에서 호기심을 끌어내는 차이가 있다고 하였다. 프레네는 포퍼의 해석에 비해 좀 더 심리적인, 좀 더 현실적인 가정을 제시한다. 생명 활동인 실험적 암중모색은 생명을 가진 개체의 활동이지만, 그것을 정당화해주는 것은, 그리고 우리 행위의 정당성을 제공하는 것은 '삶에 대한 낙천적인 희망'이라고 했다. 프레네는 생명체의 생물학적 기능을 심리적인 것으로, 다시 말해 낙천적 희망으로 정당화하려고 한다. 프레네는 이런 심리적인 낙천적 기대가 우리를 암중모색하며 환경에 적응하며 잘 살게 하고, 암중모색 이후에 궁극적인 교육 목표, 어린이 교육도 가능하게 해줄 것으로 보았다.

그러고 보면 프레네는 생에 대한 낙천적인 희망을 잃어본 적이 없다. 그를 일찍부터 페다고지 실험으로 암중모색하게 한 것도, 그 후 실패와 낙담에도 지치지 않은 삶의 암중모색으로 그를 20세기의 가장 탁월한 페다고그로 만들어준 것도 남프랑스인의 낙천적 삶의 희망이었는지 모른다. 프레네 테크닉은 낙천적인 페다고그의 페다고지 실천 과정에서 나온 보석 같은 산물이었다.

요약

『페다고지 불변요소』

[불변요소 1번]
아이는 어른과 본성이 같다

[불변요소 2번]
더 크다는 것이 그렇지 않은 이들의 위에 있다는 것을 의미하는 것은 아니다.

[불변요소 3번]
어린이의 학습 행동은 그의 생리적, 유기체적, 체질적인 상태에 달려 있다.

[불변요소 4번]
아무도, 성인은 물론 어린이도 권위적인 명령을 듣고 싶어 하지 않는다.

[불변요소 5번]
아무도 줄 서는 것을 좋아하지 않는다. 왜냐하면 줄 서는 것은 외부 규율에 수동적으로 복종하는 것이기 때문이다.

[불변요소 6번]
아무도 어떤 일을 억지로 하는 것을 좋아하지 않는다. 비록 그 일이 딱히 마음에 안 드는 것은 아니라도 말이다. 강제는 마비시키는 것이다.

[불변요소 7번]
아이들은 누구나 그 선택이 유익하지 않다 하더라도 자기 일을 선택하고 싶어 한다.

[불변요소 8번]
어떤 누구도 목적 없이 일하고 로봇처럼 행동하는 것을, 다시 말해 그저 행동하고 자신이 참여하지 않은 판에 박힌 틀에 새겨진 사고에 복종하는 것을 좋아하지 않는다.

[불변요소 9번]
우리는 일에 대한 동기를 부여해야 한다.

[불변요소 10번]
더 이상 스콜라 형식주의는 필요 없다.

[불변요소 10-1번]
모든 이들은 성공하기를 원한다. 실패는 활기와 열정의 억제자, 파괴자다.

[불변요소 10-2번]
어린이에게 자연스러운 것은 놀이가 아니라 일이다.

[불변요소 11번]
습득의 일반적인 길은 학교의 필수적인 과정인 관찰, 설명, 증명이 아니라 자연적이고 보편적인 방법, 즉 실험적 암중모색이다.

[불변요소 12번]
학교에서 그토록 많이 시키는 암기는 그것이 실험적 암중모색에 통합되어 있을 때, 그리고 참으로 어린이의 생활을 위할 때에만 가치가 있고 유효하다.

[불변요소 13번]
습득은 때때로 사람들이 생각하듯이 규칙이나 법칙 학습으로 이루어지는 것이 아니라, 실험에 의해 이루어진다. 먼저 프랑스어 시간, 미술 시간, 수학 시간, 과학 시간에 이 규칙이나 법칙부터 먼저 익히면 그것은 소 앞에 쟁기를 두는 것과 같다.

[불변요소 14번]
지능은 스콜라 형식주의가 가르치듯이 닫힌회로처럼 기능하는, 개인의 그 밖의 중요한 요소들과 무관한 특정 능력이 아니다.

[불변요소 15번]
학교는 생생한 현실 밖에서 낱말과, 기억에 의해 고정된 관념의 매개로 작동하는, 단지 지능의 추상적인 형식만을 키운다.

[불변요소 16번]
어린이는 설교식 수업을 듣는 것을 좋아하지 않는다.

[불변요소 17번]
어린이는 자신의 생활 노선에 있는, 말하자면 그에게 기능적인 일을 할 때 피곤해하지 않는다.

[불변요소 18번]
아무도, 어린이도 어른도 자신의 존엄을 해칠 수 있는 것으로 간주되는 통제나 처벌을, 특히 이것이 공적으로 수행될 때 좋아하지 않는다.

[불변요소 19번]
성적과 석차는 언제나 잘못이다.

[불변요소 20번]
가능한 한 가장 적게 말하라.

[불변요소 21번]
어린이는 로봇처럼 따라야 하는 대규모 무리 떼의 일을 좋아하지 않는다. 그는 협동하는 공동체 속에서 개별적인 일이나 모둠 일을 좋아한다.

[불변요소 22번]
질서와 규율은 학급에 필수적이다.

[불변요소 23번]
처벌은 항상 잘못된 것이다. 그것은 모두에게 굴욕적이며, 원하는 목적에 이르지 못한다. 그것은 기껏해야 궁여지책의 것이다.

[불변요소 24번]
학교의 새로운 삶은 학교교육에서의 협동, 다시 말해 생활과 일에 대해 교사를 포함한 이용자들에 의한 자주관리를 전제로 한다.

[불변요소 25번]
과밀 학급은 언제나 잘못된 페다고지의 실책이다.

[불변요소 26번]
현재의 거대 학급의 학교 개념은 교사와 학생의 익명성으로 귀착된다. 그 때문에 그 개념은 항상 잘못이고 구속이다.

[불변요소 27번]
우리는 학교민주주의로 내일의 민주주의를 준비한다. 권위적인 학교체제로는 민주시민을 양성할 수 없을 것이다.

[불변요소 28번]
우리는 존엄성 속에서만 교육할 수 있다. 아이들은 자신의 선생님을 존경해야 하지만, 이 아이들을 존중하는 것이 학교 혁신의 제일 조건 중 하나이다.

[불변요소 29번]
사회적·정치적 반응의 구성 요소인 페다고지 반응에서의 저항은, 안타깝지만 우리가 그것을 피하거나 교정하지 않으면 우리가 가질 수밖에 없는 한 가지 불변요소이다.

[불변요소 30번]
우리의 모든 암중모색을 정당화해주고, 우리 행위의 정당성을 인정해주는 한 가지 불변요소가 있다. 그것은 삶에 대한 낙천적인 희망이다.

교사들의, 교사들을 위한, 교사들에 의한 페다고지를 위하여

1

'어린이를 위한 철학Philosophy for Children'이라는 철학교육 프로그램이 있다. 이는 어린이로 하여금 '사물, 인간, 세계에 대한 자신의 사고 방식을 개발시키는 것'을 목적으로 하는 일종의 혁신교육이다. 아동기에 대한 새로운 이해를 전제로 '철학적 탐구공동체'와 '어린이용 철학소설', '읽기'와 '변증법적 대화'라는 테크닉을 갖추고, 그 실천 과정과 결과에서 민주주의 공동체를 수립하고자 하였다. 지금은 전 세계 60개국 이상에서 실천되고 있는, 20세기 후반의 가장 영향력 있는 대안 교육 중 하나로 간주되고 있다. 필자는 오래도록 이 분야의 저서와 논문을 읽어왔고, 연구서와 논문을 쓰기도 했다. 그러나 우리나라에서는 이 프로그램이 그렇게 활성화되지는 않았는데, 필자는 이 프로그램의 정체성이 확보되지 못한 것도 그 한 가지 이유라고 생각한다. 이 프로그램을 실천하는 교사나 탐구하는 일부 연구자들은 이를 하나의 철학으로 볼 것인지, 아니면 교육으로 간주할 것인지 규정하지 못한 채, 대체로 그 사이를 오가는 것처럼 보인다. 물론 철학과 교육 중에 하나의 선택지를 고르라면 그것은 철학이라기보다는 하나의 교육이고, 또한 그렇게 논하는 것이 틀린 것은 아니다. 그러나 그것은 엄밀히 말하면 하나의 철학도, 특정 과목의 교육도 아니다.

특정 교과 교육(도덕, 윤리, 철학, 혹은 사회과)으로 환원시킬 수 없는, 아동기의 이론과 새로운 테크닉을 수반한 '이 교육'을 우리는 무엇으로 명명해야 할 것인가? 이 책을 주의 깊게 읽으며 따라온 독자라면 이미 그 답을 알고 있을 것이다. 그것은 바로 '페다고지'이다. '어린이를 위한 철학'을 창시한 립맨은 비로소 만년이 되었을 때에야 자신의 교육 프로그램을 '페다고지'로서 명명할 수 있었다. 그는 '어린이를 위한 철학'이 "우리의 어린이를 위해 그리고 거기서 살 그 아이의 아이들을 위해 보다 나은 그리고 보다 합리적인 세계를 만들 하나의 페다고지"로서 받아들여졌으면 한다고 소망했다.Lipman, 170

우리 현대 교육사에서 페다고지 담론과 실천이 그 자체로 숙고되고 논의된 바가 없었던 것을 먼저 상기해야 한다. 페다고지는 현장 교사가 가질 수 있는 교육 실천에서의 거의 특권적인 권리임에도, 대다수 교사들은 학교행사와 행정업무로 교수 활동을 제약받고, 결과적으로 가르치고 배우는 활동을 포괄하는 '학'이 이차적, 부수적인 것으로 간주되면서 페다고지 담론과 실천의 현장 개입이 원천 봉쇄되어왔다. 대부분의 현장 교사들은(물론 교사 양성 기관의 연구자들조차) '페다고지'라는 언어를 갖지 못한 채 가르치고 있었던 것이 현실이다. 이는 역사적 차원에서, 메이지 시대의 교육에 충실하고, 해방 후에는 일률적인 국가 중심의 교육과정 전개 속에서 그렇게 가르치도록 종용된 결과였다고 볼 수 있다. 게다가 예비

교사 시절부터 페다고지 담론과 실천에 소외되어 있으니(유감이지만 우리나라 연구자들 중에서 페다고지 철학 혹은 '페다고지에 관한 학'을 하는 이는 거의 없다), 이 문제는 이미 교사 양성 과정에서부터 예견된 것이기도 하다. 그러나 이는 우리만의 문제는 아니다. 페다고지 자체가 상대적으로 논의되지 않았던 영미 교육계는 말할 것도 없고, 페다고지에 관한 근현대의 역사를 가진 유럽 대륙의 경우, 이를테면, 우리보다 적극적으로 페다고지를 연구하고 실천해온 프랑스 교사들도 현장에서 페다고지 실천과 연구가 부진한 한 가지 원인으로 페다고지 강좌가 없는 프랑스 교사양성대학 IUFM을 들고 있다.

2

우리는 페다고지 논의를 풀어가기 위해서 이중으로 묶인 매듭을 먼저 풀어내야 한다. 하나는 페다고지 실천이 가능할 수 있는, 페다고지를 가로막는 메이지 교육의 유산과 결별하는 것이고, 다른 하나는 폐제된 페다고지 담론과 실천을 여는 논의와 배움의 장을 마련하는 것이다. 이 두 매듭이 우리 교육에 얽혀 있기에 여러 페다고지가 쟁명하는 프랑스어권의 페다고지를 수입하고 추수하는 것만으로는 우리 교육 문제에 관한 해법이 될 수 없다. 페다고지를 실천하고 논의하기 위한 우리의 교육 실천 조건을 고려하지 않을 수 없기 때문이다. 이 책에서 페다고지에 관한 우리의 논의가, 우리 교육이 '메이지'의 그것에서 벗어나지 못하고 있다는 것을 밝히는 데서 시작할 수밖에 없었던 것은 그 때문이다. 어린이 없는 어린이 교육, 그리고 교수 활동이 일차적, 본질적으로 취급되지 않는 학교에서는 재래의, 전통적 페다고지가 온존될 수밖에 없다. 물론 이는 개별 교사만의 잘못은 아니다. 그러나 공교육 교사에게 학교행사와 행정업무를 당연한 의무로서, 그리고 교사 고유의 일로서 부과해온 지금의 교육 시스템의 전면적인 변화 없이는 페다고지 차원에서의 출발점 확보는 요원해 보인다.

혁신교육을 표방하는 학교의 경우도 상황은 크게 다르지 않을 것이다. 우리 학교가 메이지 교육의 영향사 속에 놓여 있다는 통찰을 하지 못할 때, 아무리 혁신학교 기치를 내세우더라도 우리는 그곳에서 일어나는 교육의 문제점을 어렵지 않게 예측할 수 있기 때문이다. 혁신학교를 실천하는 곳은 추측건대 그 어느 곳보다 다망할 것이다. 비혁신학교도 일상은 분주하겠지만, 혁신학교 역시 그만큼, 때로는 그 이상으로 바쁠 것이다. 그것은 혁신학교든 비혁신학교든 그곳 교사들의 의식과 무의식에 기초한 실천은 모두 메이지 교육의 영향 속에서 진행되고 있기 때문이다.

혁신학교 이전에 우리는 먼저 지금의, 그리고 그간의 우리 학교교육이 비정상이었음을 인정하고, 그것이 일본이 구축한 메이지 교육의 유산임을 자각하는 데서 논의를 시작해야 한다. 다시 말해 혁신학교 이전에 정상학교가 선결 과제이다. 나 역시 교사들이 자발적으로 학교문화를 창조해 가는 것에 대해서는 찬성하지만 그것은 무엇보다 좋은 교육에 대한 강박을 제쳐둔 데에서 시작해야 한다. 좋은 교육은 소극적으로도, 적극적으로도 가능한데 지금의 우리에게 더 필요한 것은 공교육 교사의 위대한 소극적 교육, 수업을 제외한 연·월중 학교행사와 행정보고에서 자유로워지는 데서 시작하는 교육이어야 한다.

우리의 학교교육은 외현상 세계 교육사상 유래를 찾기 힘들 정도로 독특하게 운영되고 있지만, 그 고고학적 연원을 찾아 거슬러 가면 결국 메이지 교육과 만난다. 한편으로 위안부 문제를 알리고 문제 해결을 촉구하며 독도 교육까지 법령으로 학교현장에 요구하면서, 다른 한편으로 교사들로 하여금 메이지 교육이라는 유구한 역사와 전통에 성실하게 따르도록 하는 말도 안 되는 일로 지난 세월을 보내왔다. 지금 이대로의 교육이라면 앞으로 유치원생들이 이후 교사가 될 20년 후에도 교사의 삶은 크게 달라지지 않을 것이다. 문제는 교사의 덕만 저하되는 데에 그치지 않는다는 것이다. 학교가 할 수 있는 것과 해야 하는 것, 그리고 할 수 없는 것과 해서는 안 되는 것 사이의 구획 기준이 무너지면서, 결과적으로 학교에 대한 기대치 역시 조악한 상태로 떨어져 학교에 대한 학부모의 왜곡된 기대와 그 결과에 대한 불신과 염려는 더 커질 것이고, 궁극적으로 수업을 통해서 만들어가야 할 어린이의 삶은 깊고 넓어지는 것이 아니라 공교육을 통해 낮고 얇게(천박하게) 형성되어갈 것이라는 점이다. 메이지 교육의 유산 속에서는 어린이를 위한 좋은 교육에 대한 학부모의 기대는 계속해서 배신당할 것이고, 다망한 학교의 삶 속에서 교사는 결코 의미 있는 성장을 하지 못할 것이다. 그 피해는 고스란히 우리 아이들의 교육으로 돌아가게 될 것임은 말할 것도 없다.

3

페다고지를 탐구하고 실천하기 위해서는 페다고지 담론에 대한 논의와 페다고지를 실천할 교사의 확보가 요청된다. 물론 페다고지 실천 이전에, 적어도 실천과 병행하며 페다고지 담론에 대한 천착이 필수적이다. 그러나 학교에 어떤 페다고지를 들고 오든, 그것은 실천하는 교사에 의해 검토, 평가되어야 한다. 우리가 페다고지를 이론과 실천이 서로를 요청하는 실천적 교육이론으로 정의할 때, 방점은 '실천'에 있음을 명심해야 한다. 그 때문에 우리는 실천 세계에 들어서 있지 않은, 혹은 들어선 적이 없었던 이를 두고 페다고그라 부르지 않는다. 유감스럽게도, 유·초·중등을 막론하고 페다고지의 전통이 없는 곳에서 어린이와 삶을 보내는 교사들은 어린이 교육에 관한 자신의 목소리와 시선을 갖추고 있는 경우가 많지 않다. 다음은 미국의 한 철학자가 페다고지를 실천하기 위해 학교를 방문하면서 겪었던 일화이다.

선생님들과 어린이가 함께 철학 할 수 있는지에 대해 선생님들과 이야기하기 위해 나는 언젠가 아주 훌륭한 중학교를 방문한 적이 있었다. 토론 도중에 한 선생님은 내게 4학년의 사고가 어떠한지 물었다. 처음에 나는 이 선생님이 나를 시험하고 있다고 생각했다. 그 스스로는 4학년 학생들을 잘 알고 있기 때문에 나 역시 알고 있는지 확인하고 싶었기 때문이라고 생각했다. 그러나 나는 곧 그런 가정들을 거부해야 했다.

내가 한두 가지 잠정적인 논평을 한 후, 갑자기 상황이 아주 우습게 되었다. 질문을 했던 그 선생님은 4학년 어린이에 대해 아주 경험이 많은 이였다. 반면 나는 평생 4학년을, 아니 초등학교의 어떤 학년도 가르쳐본 적이 없다. 물론 그 당시 내 딸들은 4학년을 마쳤고, 나는 때때로 4학년을 포함한 초등학교 어린이와 철학적 토론을 했던 적은 있었다.

그러나 합리적인 척도로 볼 때 나는 이 경험 있는 4학년 선생님이 질문했던 어린이에 대해 상대적으로 거의 경험이 없었다. 오히려 그는 숙련자이며 확실한 전문가이고, 나는 초보자이며 비전문가이다. 나는 어린이들을 단지 아주 가끔 볼 따름인데, 왜 대학교수인 내가 그가 하루 종일 보내는 바로 그 어린이들의 사고에 대해 그에게 말해줄 수 있어야 하는가?

Matthews, 21

물론 위 교사는 어린이들이 어떻게 생각하고, 어떻게 행동하는지 연구자들의 이론에 대해 물었던 것일 수도 있다. 그러나 간과해서 안 되는 것은 어린이를 가르치고, 어린이의 삶을 주의 깊게 관찰해온 페다고그의 의견은 그 자체로 귀한 교육적, 실천적 자료라는 것이다. 그러나 현실의 교사는 대개 자신과 마주하는 어린이에 대한 관찰과 평가에서 그 고유한 지위를 지니고 있지 않다. 이는 페다고지 없는 학교에서 일반적으로 일어나는 현상이다. 그러나 기억해야 할 것은 클라파레드, 드크롤리가 쓴 심리학 저술에서 어린이의 행동과 사고에 관한 페다고그의 관찰과 의견은 항상 경청해야 할 사안이었다는 점이다. 클라파레드의 '루소 연구소'에서 일하게 된 피아제 역시 거기서 이미 활동하고 있었던 유치원 교사들이 기록한 유아의 말과 행동의 기술을 참고했음에 틀림없을 것으로 보인다. 그이들의 보고서와 이후 피아제가 제시한 인지발달 단계 사이의 유사성을 미루어보면 그러하다(그 유치원 동료 교사들 중 한 명이 이후 피아제의 아내가 된 발렌틴 샤트네Valentine Châtenay이다). 몬테소리와 프레네는 유아와 어린이의 행동과 사고, 정동 처리 방식을 어린이 가까이에서 관찰하면서 통찰한 바에 따라 페다고지의 중심 개념을 길어 올렸다.

이제 페다고지를 위한 적극적인 또 다른 조건인 페다고지 담론에 대해 한두 가지 언급하고자 한다. 프레네 페다고지에 국한해서 말하면, 우리나라 일부에서 프레네 페다고지를 실천한다고 하지만 그것이 어떤 의미에서 프레네 페다고지의 실천인지 의심스러울 때가 있다. 왜냐하면 프레네의 원서 중 단 한 권도 번역되지 않은 우리의 상황에, 게다가 충실한 연구서도 없이, 1980년대 초 프레네 소개서나 입문서적인 페다고지 논의에 크게 벗어나지 못한 수준에서 실천이 이루어지고 있기 때문이다. 어떤 의미에서 오늘날의 프레네 페다고지의 실천은 1930년대 우에누마 큐노죠上沼久之丞의 후지소학교 실천보다 더 양질의 것으로 보이지 않는다. 우에누마는 1930년 유네스코의 전신인 새교육연맹The New Education Fellowship 일본지부를 만든 이다. 그는 1920년대 드크롤리 페다고지를 실천하던 유럽의 에르미타주학교를 참관한 뒤, 이후 그와 뜻을 같이한 젊은 교사들과 영역서 『드크롤리 방법』을 번역하면서 이를 토대로 후지소학교 교육과정을 만들고 새교육을 실천했다. 이처럼 페다고지 실천을 위한 토대로서 연구는 필수적이다.

또 하나 지적하고 싶은 것은 앞서 지적한 페다고지의 특징과 관련된다. 페다고지는 속되게 표현하면 각각 충성스럽고 열성적인 신도들을 거느리고 있다. 르불이 지적한 것처럼 이를 이데올로기적 측면으로도 읽을 수 있다. 페다고지는 교육(과)학이 아니라는 점에서, 그것들 사이에는 때로는 양립 불가능한 지점들의 충돌이 일어날 수도 있다(물론 교육과학일 때에도 예외는 아니다). 그러나 이는 페다고지의 단점이 아니라 오히려 장점이 될 수 있다. 보편타당한(것으로 가정된) 과학으로서의 교육과학이 아니라, 실천이론으로서의 페다고지는 교사와 어린이의 만남의 상황과 조건을 하나가 아니라 n개의 것으로 가정하고 다양한 아동기 이론에 기초하여 이를 특화시켜 실천적으로 설득해나가기 때문이다. 다만, 모든 페다고지는 그 나름의 장점이 있는 만큼 제한적인 측면이 있다는 것도 인정해야 할 것이다. 이를테면 우리나라에 활발하게 소개되는 비고츠키의 페다고지 역시 그러하다. 비고츠키는 인간과 침팬지의 차이를 도구, 기호로서의 언어에서 찾고, 이를 사고, 의지와 관련지어 언어 발달을 숙고하고 통찰을 제시한다. 그러나 그것이 지닌 실천적·이론적 성취에도 불구하고, 우리는 그것을 완성된 페다고지로 볼 수만은 없다(오해하지 말 것은 나는 특히 비고츠키 주저를 우리말로 옮기는 수고를 마다하지 않는 이들의 노력에 대해, 가능하면 러시아어 원서에 충실한 번역을 기대하지만, 진심으로 성원하는 바이다. 그리고 필자 역시 가라타니 고진의 표현을 원용하면, 비고츠키 심리학에서 '페다고지 가능성의 중심'을 읽고 있으며 그런 관점에서 연구를 계속해오고 있다). 비고츠키의 논법은 대체로 기존 연구 영역의 가장 탁월한 성취를 타고 가며 그것을 비판하면서 자신의 통찰과 연구에 기초하여 변증법적으로 전개하는 것이 특징이다. 우리는 정동에 관한 비고츠키의 논의를 일별할 때 비고츠키의, 아니 그 시대의 한계를 목격하게 된다. 2년 전 파리에서 스피노자 국제학회에 참관할 때, 필자가 주목한 것은 스피노자도 스피노자였지만, 평소 관심을 가지고 있던 비고츠키와 스피노자의 만남을 다루던 부분이었다.

우리나라에는 소개되지 않았지만, 필자가 특히 흥미를 갖고 살피고 있는 것은 1931년에서 1934년 사이에 집필한 비고츠키의 유고, 『정동이론 Учение об змоциях, Théorie des émotions』이다. 이 유고는 정동론을 생물학주의로 끌고 가는 제임스W. James와 랑게C. Lange에 대한 비판 속에서 데카르트의 심신이원론의 한계를 적시하고 스피노자 『에티카』의 논의를 다시 읽어내는 비고츠키의 철학적 능력을 보여주고 있다. 그러나 그런 탁월한 독해에도, 그의 언어와 사고에 관한 연구들을 상기하면, 기존의 정동이론들이 여타 분야에 비해 지나치게 뒤처져 있어 결과적으로 비고츠키의 정동론이 체계적으로 전개되지 못했다는 것을 알 수 있다. 정동론에서는 딛고 일어설 선행 연구가 부재 혹은 낙후되어 『생각과 말』의 논의를 보충해주는 스피노자 정동론에 관한 에세이에 그치고 만다. 그런 의미에서 비고츠키의 정동론은 1930년대의 시대 한계를 그대로 반영하고 있다. 이러한 기성 연구의 한계를 염두에 두면 비고츠키 페다고지는 그것이 보여준 이론적, 실천적 의의와는 별개로, 어떤 의미에서 그것은 완성된 페다고지가 아니라 앞으로 만들어가야 할 페다고지의 지위에 있는 것으로 상정하는 것이 옳다.

특정 페다고지를 지나치게 이상적인 것으로 간주하여 비판적 성찰과 정당화 작업 이전에 보편적인 것으로, 마치 신앙에 준하는 것처럼 받아들일 경우, 그것은 페다고지가 본성상 갖는 문제, 곧 이념적 독단과 같은 한계를 노정할 수 있다. 그 때문에 특정 페다고지에 대한 함몰에 앞서, 페다고지 철학 혹은 페다고지에 관한 학이 선결 과제가 되어야 한다. 물론 우리에게 페다고지에 관한 학은 부재하기에, 방편적으로 선호하는 하나의 페다고지 연구에서 시작하는 것이 그나마 나은 권장할 만한 방법이다. 그러면서 비판적 성찰을 통해 자신이 다루는 페다고지의 소외된 영역을 확인하고, 이를 포괄하는, 혹은 보충하는 페다고지로 넘나들며 페다고지에 관한 인식 지평을 확장하고, 궁극적으로 자신의 페다고지를 만들라는 것이 내 제언의 거친 요지이다. 우리는 이 책에서 프레네 페다고지의 논의를 시작했지만, '배움의 공동체'에서, 혹은 '프레네 페다고지'나 '제도 페다고지'에서, 혹은 '비고츠키 페다고지'나 '몬테소리 방법', 혹은 '어린이 철학' 혹은 구소련의 마카렌코 페다고지에서 자신의 페다고지를 시작할 수도 있다. 물론 앞서 말했듯이, 언제나 그렇듯 이들을 타고 넘어가야 한다.

4

실천 세계에 몸담고 있는 교사들에게 페다고지는 현장 교사의 권리이자 의무이다. 이는 페다고지 자체의 본성이 함축하는 바이다. 같은 맥락에서 교대, 사대 학생들에게 페다고지에 관한 학은 필수여야 한다. 그러나 현실은 이에 대한 논의가 전무하다. "졸업해서 초등 교사가 안 되면 고등학교 졸업자와 다르지 않다"_{김현희, 134}고 한탄하는 교대생들의 문제의식은 페다고지가 부재한 교대(그리고 사대)의 교육과정을, 그리고 전공으로서 기대하는 학문과 실천의 요청을 정확하게 반영하고 있다. 교대·사대생뿐만 아니라 현직의 교사들의 존재 근거가 넓은 의미의 수업에 있다고 할 때, 페다고지는 그 어떤 것보다 교사를 위한 이론이자 실천이다.

이제 필요한 것은 페다고지 '학'에 토대한 페다고지 '하기'이다. 페다고지 담론과 실천의 최종 심급은 결국 현장 교사에게로 향한다.

사범학교 2학년 과정이 제도권 교육의 전부였던 프레네가 기성의 페다고지를 수용하고 그것을 자기 것으로 만들면서 평생에 걸쳐 프레네 페다고지를 창조한 것처럼, 우리 역시 n개의 페다고지가 일어날 수 있는, 무수한 페다고그가 가능하다. 사범과정을 거치지 않았지만 '글쓰기'를 중심으로 자신의 페다고지를 만들어갔던 이오덕의 경우처럼 말이다. 그러나 위대한 페다고그의 우연한 탄생이 아닌, 어린이를 가르치고 자신의 영혼을 살피며 교사로서 성장해가는 예측 가능한 페다고그의 탄생은 페다고지를 실천하고 연구할 때에야 비로소 가능하다고 필자는 생각한다.

*

이 책은 페다고지를 위한 서설이다. 그리고 무엇보다 페다고그로서 성장해간 프레네의 삶을 지근거리에서 조망하듯 살피고, 프레네 페다고지의 테제를 밝히고자 한 시론이기도 하다. 실천이론으로서의 페다고지를 위해 우리는 프레네 페다고지를 하나의 페다고지 범형으로 삼고자 했다. 어떤 부분은 더 많은 논의가 필요하고, 또 다른 정당화가 필요한 부분도 있다. 이 책을 통해 우리 교육에서도 페다고지에 관한 논의가 일어나, 교사들이 페다고지에 대한 문제의식과 실천의지가 고양되고, 머지않아 우리에게도 래디컬한 여러 '프레네'를 가능하게 할 페다고지 담론이 시작되기를 기원한다. 프레네 페다고지를 위시한 '페다고지' 연구와 실천을 통해서, 그리고 메이지 교육의 영향사와의 진정한 단절을 통해서 말이다.

참고 문헌

『김교신 전집 5, 6, 7』, 노평구 엮음, 2002, 부키.

김성학, 『서구교육학 도입의 기원과 전개』, 문음사, 1996.

김세희, 『현대 프랑스 교육운동의 관점에서 본 '페다고지 프레네'』, 고려대학교 박사학위논문, 2013.

김현희, 『왜 학교에는 이상한 선생이 많은가?』, 생각비행, 2017.

박균섭, 「일제 강점기의 듀이 교육론 이해 향상에 관한 고찰」, 『교육철학』 제25집, 2004, Vol. 25.

박찬영, 「주자의 敬: 일상의 철학을 위한 공부론」, 『철학논총』 제45집 3권, 2006.

박찬영, 『어린이 철학: 도덕교육에 대한 또 다른 목소리』, 한국학술정보, 2008.

송순재, 「셀레스탱 프레네와 프레네 교육학」, 『우리교육』, 2011.

오성철, 「운동회의 기억: 해방 이후 초등학교 운동회를 중심으로」, 『아시아교육연구』 12권 1호, 2011.

유팔무, 「참여민주주의와 대안적 교육체제의 모색」, 『동향과전망』 여름호, 제38호, 1998.

이오덕, 『민주교육으로 가는 길』, 고인돌, 2011.

이윤미, 「1920년대 말 미국 남감리회 선교사가 본 식민지 조선에서의 선교교육과 민주주의」, 『한국교육사학』 제34권 제1호, 2012. 3, Vol 34, No. 1.

정훈, 『셀레스탱 프레네의 일을 통한 학교교육론』, 고려대학교 박사학위논문, 2006.

정동준, 『프랑스 대혁명기의 공교육 계획』, 국학자료원, 2003.

황성원, 「'에뒤카시옹 누벨'의 전개」, 『새로운 학교교육문화운동: 대안교육의 뿌리를 찾아서』, 오인탁·양은주·황성원·최재정·박용석·윤재홍 공저, 학지사, 2006.

황성원, 『표현과 소통의 교육, 셀레스탱 프레네』, 창지사, 2010.

『孟子』, 『經書』, 대동문화연구원, 1993.

日本教育方法学編, 『日本の授業研究』(上卷), 学文社, 2011.

安彦忠彦, 「カリキュラム研究と授業研究」, 日本教育方法学会編, 『日本の授業研究』(下卷), 学文社, 2011.

沼田裕之·増淵幸男, 『「問い」としての教育学』, 福村出版, 1997.

白川静, 『字統』, 平凡社, 2004.

靑木孝賴·城南小学校, 『小学校行学校行事等の計劃と實際』, 文敎書院, 1967.

山住正己(1987), 『日本敎育小史』, 岩波新書, 2007.

柳治男, 『〈学校〉の歷史学-自明視された空間を疑う』, 東京: 講談社, 2005(야나기 하루오, 박찬영 옮김, 『학급의 역사학』, 살림터, 근간).

山本信良, 今野敏彦, 『大正·昭和敎育の天皇制イデオロギ_II·学校行事の軍事的·擬似自治的性格』, 新泉社, 1986.

吉見俊哉(1999), 「국민 의례로서의 운동회ネ_ションの儀 としての運動会」, 白幡洋三郎, 平田宗史, 木村吉次, 入江克己, 紙透雅子, 『運動会と日本近代』, 靑弓社(이태문 옮김, 『운동회: 근대의 신체』, 논형, 2007).

藤井ニエメラ みどり(著), 高橋 睦子(著), 全國私立保育園連盟保育國際交流運 委員会(編集), 『安心·平等·社の育み フィンランドの子育てと保育』, 明石書店, 2007(박찬영·김영희 옮김, 『핀란드에서 배우는 행복한 아이 키우기』, 아침이슬, 2011).

王智新, 『近代中日敎育思想の比較研究』, 勁草書房, 1995.

木村元, 『学校の戰後史』, 岩波新書, 2015(기무라 하지메, 박찬영 옮김, 『일본 근현대 학교의 역사』, 케포이북스, 근간).

Acker, Victor. *Célestin Freinet (1896-1966): L'histoire d'un jeune intellectuel*, L'Harmattan, 2006.

Acker, Victor. *The French Educator Célestin Freinet*, Lexington Books, 2007.

Archard, David. *Children Rights and childhood*, Routledge, 1993.

Baillet, Dietlinde. *Freinet-praktisch: Beispiel und Berichte aus Grundschule und Sekundarstufe*(『프레네 교육학에 기초한 학교 만들기』), 내일을여는책, 2002.

Barnard, Howard Clive. *Education and the French revolution*(『프랑스 혁명과 교육개혁』), 삼지원, 1996.

Barré, Michel. *Célestin FREINET: un éducateur pour notre temps: 1896-1936 Les années fondatrices*, tome I, PEMF, 1995.

Barré, Michel. *Célestin FREINET: un éducateur pour notre temps: 1936-1966 Vers une alternative pédagogique de masse*, tome II, PEMF, 1996.

Bernard, Claude. *Introduction à l'étude de la médecine expérimentale*, Paris, J.-B. Baillière & Fils, 1865.

Boutan, Pierre. 《Entretien avec Georges Snyders》, 1er janvier 1997. http://www.regards.fr/acces-payant/archives-web/l-ecole-ne-peut-imiter-la-vie-si, 308.

Canguilhem, Georges, Lapassade, Georges, Piquemal, Jacques, Ulmann, Jacques. *Du développement à l'évolution au XIXe siècle*, puf, 1962.

Claparède, Edouard (1912). 《J.-J. Rousseau et la conception fonctionnelle de l'enfance》, in *L'éducation fonctionnelle* (1968), *Éditions Fabert*, 2003.

Claparède, Edouard. 《La psychologie de l'intelligence》, Scientia (Bologne), vol. XXII, novembre 1917, In *L'education fonctionnelle*, Paris: Éditions Fabert, 2003.

Claparède, Edouard (1922). 《La conception fonctionnelle de l'éducation》, in *L'éducation fonctionnelle*.

Claparède, Edouard (1931). 《L'éducation fonctionnelle》, *Psychologie de l'enfant et pédagogie expérimentale I*, 11e édition posthume, Neuchâtel, Paris: Delachaux et Niestlé, 1964.

Claparède, Edouard (1931). 《Introduction: psychologie, biologie, éducation》, In *L'education fonctionnelle*, Neuchâtel: Delachaux et Niestlé, (1968).

Condorcet, Marquis de Jean-Antoine-Nicolas de Caritat (1791). *Cinq mémoires sur l'instruction publique, consulté sur* http://classiques.uqac.ca/classiques/condorcet/cinq_memoires_instruction/cinq_memoires.html. 장세룡 옮김, 『인간 정신의 진보에 관한 역사적 개요』, 책세상, 2002.

Conna, Sylvain. 《Freinet, Profit, Oury, Collot: quelles différences?》, *Spirale* 45 2010.

Crampe-Casnabet, Michèle. *Condorcet lecteur des Lumières*, Presses Universitaires de France, 1985.

Decroly, Ovide. 《Enquête sur la notion de l'enfant et ses conséquences pédagogiques. XI. L'enfant et l'adulte》, *L'éducation*, 1931.

Decroly, Ovide. 《L'éducation de l'enfant avant 6 ans》, conférence du Dr O. Decroly aux parents de l'Ecole de l'Ermitage, mars 1923, in Valérie Decordes, *Le jardin d'enfants à l'École Decroly*, 3e édition, Bruxelles: Editions Decroly, 1952.

Decroly et Monchamp. *L'initiation à l'activité intellectuelle et motrice par les jeux éducatifs*, 7e éd., Neuchâtel, Paris: Delachaux et Niestlé, 1978.

Ducrot, Thiery. *L'autogestion pédagogique: Entre utopie et possible*, Chronique Sociale, 2012.

Durkheim, Émile. *Éducation et sociologie* (1922), http://www.uqac.uquebec.ca/zone30/Classiques_des_sciences_sociales/index.html.

Fonvieille, Raymond. *L'aventure du mouvement Freinet vécue par un praticien-militant (1947-1961)*, Edition: France, Méridiens-Klincksieck, 1989.

Freinet, Célestin (1924). 《Vers l'école du prolétariat: la dernière étape de l'école capitaliste》, Clarté, *Pédagogie: éducation ou mis en condition?*, Paris: Maspéro, 1974.

Freinet, Célestin. 《La technique Freinet》, *Brochures d'Education Nouvelle*

Populaire n° 1, Septembre 1937.

Freinet, Célestin. 《L'Ecole au service de l'idéal démocratique》, *L'Educateur prolétarien, 18*, 15 juin 1939.

Freinet, Célestin. 《Le texte libre》, *Brochures d'Education Nouvelle Populaire* n° 25, janvier 1947a. Page consulté le 27 mars 2016 sur: http://www.icem-pedagogie-freinet.org/node/11154.

Freinet, Célestin (1943). *L'École moderne française*, rééd. Pour l'école du peuple, Paris: Maspéro, 1957.

Freinet, Célestin (1950). *Essai de psychologie sensible appliquée à l'éducation I*, Neuchâtel: Delachaux et Niestlé, deuxième édition, 1968.

Freinet, Célestin (1950). *Essai de psychologie sensible II: rééducation des techniques de vie ersats*, Neuchâtel: Delachaux et Niestlé, 1971.

Freinet, Célestin. *L'éducation du travail* (1947b), Neuchâtel, Paris: Delachaux et Niestlé, 1960.

Freinet, Célestin & R. Salengros. 《Moderniser l'Ecole》, *Bibliotheque de l'Ecole Moderne*, 1960.

Freinet, Célestin (1957). *Les Dits de Mathieu, Neuchâtel*: Delachaux et Niestlé, 2 édition, 1967.

Freinet, Célestin. *L'éducation du travail, Les œuvres pédagogiques* (Tome I), éd. établie par Madeleine Freinet, Paris: Seuil, 1994.

Freinet, Célestin (1947c). *Méthode naturelle de lecture, Les œuvres pédagogiques* (Tome II), éd. établie par Madeleine Freinet, Paris: Seuil, 1994.

Freinet, Célestin (1964a). *Les techniques Freinet de l'école moderne*, Paris: Colin-Bourrelier, 6e édition, 1973.

Freinet, Célestin (1964b). *Bibliothèque de l'Ecole Moderne n° 25-Les invariants pédagogiques* dans Pour l'école du peuple, Paris, Maspéro, 1969.

Freinet, Célestin. 《Autogestion pédagogique et autogestion administrative à l'école》, L'Éducateur, 1965.

Freinet, Élise. *Naissance d'une pédagogie populaire*, Paris, Maspéro, 1969.

Freire, Paulo, *Pedagogy of Freedom: Ethics, Democracy, and Civic Courage*, 『자유의 교육학』, 아침이슬, 2007.

Guattari, Félix. *De Leros à La Borde*, Lignes, 2012.

Guimard, Philippe. *L'évaluation des compétences scolaires*, Presses universitaires de Rennes, 2010.

Hamaïde (A.). *La méthode Decroly*, 1922, Neuchâtel, Paris: Delachaux et Niestlé, 8e éd., 1976.

Hameline, Daniel. 《Edouard Claparède(1873-1940)》, *Perspectives: revue trimestrielle d'éducation comparée*, vol. XXIII, n° 1-2, mars-juin 1993, (Paris, UNESCO: Bureau international d'éducation).

Hess, Remi & Savoye, Antoine. *L'Analyse institutionnelle*, Presses Universitaire de France, 1993.

Houssaye, J. (1993). 《Le triangle pédagogique ou comment comprendre la situation pédagogique》. in J. Houssaye, *La pédagogie: une encyclopédie pour aujourd'hui*, Paris: ESF.

IGEN/IGAEN (2005). *Les acquis des élèves: pierre de touche de la valeur de l'école?* Paris, La documentation française. Téléchargeable à: http://www.ladocumentationfrancaise.fr/rapports-publics/054000632/index.shtml

Imbert, Francis. *Vocabulaire pour la pédagogie institutionnelle*, Matrice, 2010.

Imbernón, Francisco. *Las invariantes pedagógicas y la pedagogía Freinet cincuenta añs después*, Editorial GRAÓ, 2010.

Jörg, Hans. 《Freinet vu par un pédagogue allemand par Hans Jörg》, traduit par Meyer, Amis de Freinet, N°9, Janvier 1972. Page consulté le 5 mars 2017 sur: http://www.amisdefreinet.org/bulletin/009/009p15jorg-hans.html.

Kiuchi, Yoichi. "Unrequited Love for Germany?: Paradigm and Ideology in Educational Research in Japan until 1945", *Educational Studies in Japan: Internation Yearbook* No.2, December, 2007.

Langevin et Wallon (1947), *Le Plan Langevin-Wallon*, Presses Universitaires de France, 1964.

Leach, Jenny & Moon, Bob. "Recreating Pedagogy", in *Learners Pedagogy*, edited by Leach, Jenny & Moon, Bob, The Open University, 1999.

Léon, Antoine (1967). *Histoire de l'enseignement en France*, Presses Universitaires de France, 2012.

Lepeletier de Saint Fargeau, Michel (1793). *Plan d'éducation nationale*, Page consulté sur https://archive.org/details/plandeduca00unse_0.

Jacomino, Baptiste. 《Sortir de l'enfance? Un dialogue entre Alain et Freinet》, in *Repenser l'enfance?* (sous la direction de Alain Kerlan et Laurence Loeffel), Editions Hermann, 2012.

Lipman, Matthew. *A Life Teaching Thinking*, The Institute for the Advanecment of

Philosophy for Children, 2008.

Makarenko, Anton. *Makarenko, l'homme et l'éducateur*, traduit du russe par J. Champenois, Moscou, Editions du Progrès, 1960.

Matthews, Garetth B. *The Philosophy of Childhood*, Harvard University Press, 1994.

Matthews, Roberta S., Cooper, James L., Davidson, Neil and Hawkes, Peter. "Building Bridges between Cooperative and Collaborative Learning", *Change*, Vol. 27, No. 4 (Jul.-Aug., 1995).

Mialaret, Gaston (dir.). *Vocabulaire de L'éducation*, Presses Universitaires de France, 1979.

Montessori, Maria. 《XLIII. L'istinto des lavoro》, *Il segreto dell'infanzia* (1936a), Garzanti, 2015.; "Chapter 26. The instinct to work", *The Secret of Childhood* (1936b), traduit par M. Joseph Costelloe, Ballantine Books, 1972.

Oxford, Rebecca L. "Cooperative Learning, Collaborative Learning, and Interaction: Three Communicative Strands in the Language Classroom", *The Modern Language Journal*, Vol. 81, No. 4, Winter 1997.

Oury, Jean. 《Quelques problèmes de groupes en pratique psychiatrique et pédagogique》, *Pédagogie: éducation ou mis en condition?*, Paris: Maspéro, 1974.

Pain, Jacques. 《Pédagogie Freinet et Pédagogie institutionnelle⋯》, dans *La pédagogie Freinet*, sous la direction de P. Clanché, Éric Debarbieux et J. Testanière, Bordeaux: Presses universitaires de Bordeaux, 1999.

Panitz, Theodore. "Collaborative versus Cooperative Learning: A Comparison of the Two Concepts Which Will Help Us Understand the Underlying Nature of Interactive Learning", sur: https://eric.ed.gov/?id=ED448443.

Popper, Karl. *Objective Knowledge*, Oxford: Clarendon Press, 1972.

Postman, Neil. *Il n'y a plus d'enfance*, traduit par J. Chambert et J. Piveteau, insep éditions, 1983.

Pourtois, Jean-Pierre & Desmet, Huguette (1997). *L'éducation postmoderne*, Paris: Presses Universitaires de France, 2002 (2e éd).

Raisky, Claude. *Joseph Jacotot: Le pédagogue paradoxal*, Editions Raison et Passion, 2012.

Raymond, Poignant. 《La planification de l'expansion de l'enseignement en France》. In: *Tiers-Monde*, tome 1, n°1-2, 1960. La planification de l'éducation et ses facteurs économiques et sociaux. Colloque international de Paris (9-18 décembre 1959).

Renard, Florence. "Quel est le véritable temps de travail des enseignants?", LesEchos.fr Page consulté le 18/10/2016. https://www.lesechos.fr/18/10/2016/lesechos.fr/0211404829136_quel-est-le-veritable-temps-de-travail-des-enseignants--.htm.

Rolland M-C. et al, *Dictionnaire de Pédagogie*, Bordas, 2000.

Rousseau, J.-J. *Emile ou de l'éducation*, livre III, dans œuvres complètes, Bibliothèque de la Pléiade, Paris, Gallimard, t. IV, 1969.

Reboul, Olivier (1989). *La philosophie de l'éducation*, puf, 2012.

Simon, Brain. "Why No Pedagogy in England", in *Learners Pedagogy*, edited by Leach, Jenny & Moon, Bob, The Open University, 1999.

Smith, M. K. (2012). 'What is pedagogy?', the encyclopaedia of informal education. [http://infed.org/mobi/what-is-pedagogy/. Retrieved: 2017.3.19].

Snyders, J. 《On va la pédagogie "nouvelle?"》 A propos de la méthode Freinet, *Nouvelle critique no.* 15, avril 1950.

Teilhard de Chardin. *Le phénomène humain*, Éditions du Seuil, 1955.

Testanière, Jacques. 《Le P.C.F. et la pédagogie Freinet(1950-1954)》, dans *Actualité de la Pédagogie Freinet*, sous la direction de P. Clanché et J. Testanière, Bordeaux: Presses universitaires de Bordeaux, 1989.

Vasquez, Aïda & Oury, Fernand. *Vers une pédagogie institutionnelle*, Paris: Maspero, 1967.

Vergnioux, Alain. *Cinq études sur Célestin Freinet*, Presses universitaires de Caen, 2005.

Wagnon, Sylvain, Christophe, Nicole et Watigny, Claudine. *La pédagogie Decroly: Une éducation pour la vie, par la vie*, Sipayat, 2011.

Weithman, Paul. "Deliberative Character", *The Journal of Political Philosophy*, Vol. 13, No. 3, 2005.

BT. 『Le village Kabyle』, 1948.

찾아보기

삶의 행복을 꿈꾸는 교육은
어디에서 오는가?

미래 100년을 향한 새로운 교육

▶ 교육혁명을 앞당기는 배움책 이야기
혁신교육의 철학과 잉걸진 미래를 만나다!

한국교육연구네트워크 총서

 01 핀란드 교육혁명
한국교육연구네트워크 엮음 | 320쪽 | 값 15,000원

 02 일제고사를 넘어서
한국교육연구네트워크 엮음 | 284쪽 | 값 13,000원

 03 새로운 사회를 여는 교육혁명
한국교육연구네트워크 엮음 | 380쪽 | 값 17,000원

 04 교장제도 혁명
한국교육연구네트워크 엮음 | 268쪽 | 값 14,000원

 05 새로운 사회를 여는 교육자치 혁명
한국교육연구네트워크 엮음 | 312쪽 | 값 15,000원

 06 혁신학교에 대한 교육학적 성찰
한국교육연구네트워크 엮음 | 308쪽 | 값 15,000원

 혁신학교
성열관·이순철 지음 | 224쪽 | 값 12,000원

 행복한 혁신학교 만들기
초등교육과정연구모임 지음 | 264쪽 | 값 13,000원

 서울형 혁신학교 이야기
이부영 지음 | 320쪽 | 값 15,000원

 혁신교육, 철학을 만나다
브렌트 데이비스·데니스 수마라 지음
현인철·서용선 옮김 | 304쪽 | 값 15,000원

 혁신교육 존 듀이에게 묻다
서용선 지음 | 292쪽 | 값 14,000원

 다시 읽는 조선 교육사
이만규 지음 | 750쪽 | 값 33,000원

 대한민국 교육혁명
교육혁명공동행동 연구위원회 지음 | 224쪽 | 값 12,000원

한국교육연구네트워크 번역 총서

 01 프레이리와 교육
존 엘리아스 지음 | 한국교육연구네트워크 옮김
276쪽 | 값 14,000원

 02 교육은 사회를 바꿀 수 있을까?
마이클 애플 지음 | 강희룡·김선우·박원순·이형빈 옮김
352쪽 | 값 16,000원

 03 비판적 페다고지는
세상을 변화시킬 수 있는가?
Seewha Cho 지음 | 심성보·조시화 옮김 | 280쪽 | 값 14,000원

 04 마이클 애플의 민주학교
마이클 애플·제임스 빈 엮음 | 강희룡 옮김 | 276쪽 | 값 14,000원

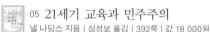 05 21세기 교육과 민주주의
넬 나딩스 지음 | 심성보 옮김 | 392쪽 | 값 18,000원

 06 세계교육개혁:
민영화 우선인가 공적 투자 강화인가?
린다 달링-해먼드 외 지음 | 심성보 외 옮김 | 408쪽 | 값 21,000원

 대한민국 교사, 어떻게 가르칠 것인가?
윤성관 지음 | 320쪽 | 값 15,000원

 아이들을 어떻게 가르칠 것인가
사토 마나부 지음 | 박찬영 옮김 | 232쪽 | 값 13,000원

 아이들의 배움은 어떻게 깊어지는가
이시이 준지 지음 | 방지현·이창희 옮김 | 200쪽 | 값 11,000원

 모두를 위한 국제이해교육
한국국제이해교육학회 지음 | 364쪽 | 값 16,000원

 경쟁을 넘어 발달 교육으로
현광일 지음 | 288쪽 | 값 14,000원

 독일 교육, 왜 강한가?
박성희 지음 | 324쪽 | 값 15,000원

 핀란드 교육의 기적
한넬레 니에미 외 엮음 | 장수명 외 옮김 | 452쪽 | 값 23,000원

▶ 비고츠키 선집 시리즈
발달과 협력의 교육학 어떻게 읽을 것인가?

 생각과 말
레프 세묘노비치 비고츠키 지음 |
배희철·김용호·D. 켈로그 옮김 | 690쪽 | 값 33,000원

 성장과 분화
L.S. 비고츠키 지음 | 비고츠키 연구회 옮김
308쪽 | 값 15,000원

 도구와 기호
비고츠키·루리야 지음 | 비고츠키 연구회 옮김
336쪽 | 값 16,000원

 의식과 숙달
L.S 비고츠키 | 비고츠키 연구회 옮김
348쪽 | 값 17,000원

 어린이 자기행동숙달의 역사와 발달 I
L.S. 비고츠키 지음 | 비고츠키 연구회 옮김
564쪽 | 값 28,000원

 관계의 교육학, 비고츠키
진보교육연구소 비고츠키교육학실천연구모임 지음
300쪽 | 값 15,000원

 어린이 자기행동숙달의 역사와 발달 II
L.S. 비고츠키 지음 | 비고츠키 연구회 옮김
552쪽 | 값 28,000원

 비고츠키 생각과 말 쉽게 읽기
진보교육연구소 비고츠키교육학실천연구모임 지음
316쪽 | 값 15,000원

 어린이의 상상과 창조
L.S. 비고츠키 지음 | 비고츠키 연구회 옮김
280쪽 | 값 15,000원

 비고츠키와 인지 발달의 비밀
A.R. 루리야 지음 | 배희철 옮김 | 280쪽 | 값 15,000원

 연령과 위기
L.S. 비고츠키 지음 | 비고츠키 연구회 옮김
336쪽 | 값 17,000원

 수업과 수업 사이
비고츠키 연구회 지음 | 196쪽 | 값 12,000원

▶ 창의적인 협력수업을 지향하는 삶이 있는 국어 교실
우리말 글을 배우며 세상을 배운다

 중학교 국어 수업 어떻게 할 것인가?
김미경 지음 | 340쪽 | 값 15,000원

 이야기 꽃 1
박용성 엮어 지음 | 276쪽 | 값 9,800원

 토론의 숲에서 나를 만나다
명혜정 엮음 | 312쪽 | 값 15,000원

 이야기 꽃 2
박용성 엮어 지음 | 294쪽 | 값 13,000원

 토닥토닥 토론해요
명혜정·이명선·조선미 엮음 | 288쪽 | 값 15,000원

 인문학의 숲을 거니는 토론 수업
순천국어교사모임 엮음 | 308쪽 | 값 15,000원

 어린이와 시
오인태 지음 | 192쪽 | 값 12,000원

 수업, 슬로리딩과 함께
박경숙·강슬기·김정욱·장소현·강민정·전혜림·이혜민 지음
268쪽 | 값 15,000원

▶ 평화샘 프로젝트 매뉴얼 시리즈
학교 폭력에 대한 근본적인 예방과 대책을 찾는다

 학교 폭력 어떻게 만들어지는가
문재현 외 지음 | 300쪽 | 값 14,000원

 아이들을 살리는 동네
문재현·신동명·김수동 지음 | 204쪽 | 값 10,000원

 학교 폭력, 멈춰!
문재현 외 지음 | 348쪽 | 값 15,000원

 평화! 행복한 학교의 시작
문재현 외 지음 | 252쪽 | 값 12,000원

 왕따, 이렇게 해결할 수 있다
문재현 외 지음 | 236쪽 | 값 12,000원

 마을에 배움의 길이 있다
문재현 지음 | 208쪽 | 값 10,000원

 젊은 부모를 위한 백만 년의 육아 슬기
문재현 지음 | 248쪽 | 값 13,000원

 별자리, 인류의 이야기 주머니
문재현·문한뫼 지음 | 444쪽 | 값 20,000원

▶ 4·16, 질문이 있는 교실 마주이야기

통합수업으로 혁신교육과정을 재구성하다!

통하는 공부
김태호·김형우·이경석·심우근·허진만 지음
324쪽 | 값 15,000원

내일 수업 어떻게 하지?
아이함께 지음 | 300쪽 | 값 15,000원
2015 세종도서 교양부문

인간 회복의 교육
성래운 지음 | 260쪽 | 값 13,000원

교과서 너머 교육과정 마주하기
이윤미 외 지음 | 368쪽 | 값 17,000원

수업 고수들 수업·교육과정·평가를 말하다
박현숙 외 지음 | 368쪽 | 값 17,000원

도덕 수업, 책으로 묻고 윤리로 답하다
울산도덕교사모임 지음 | 320쪽 | 값 15,000원

체육 교사, 수업을 말하다
전용진 지음 | 304쪽 | 값 15,000원

교실을 위한 프레이리
아이러 쇼어 엮음 | 사람대사람 옮김 | 412쪽 | 값 18,000원

마을교육공동체란 무엇인가?
서용선 외 지음 | 360쪽 | 값 17,000원

학교생활기록부를 디자인하라
박용성 지음 | 268쪽 | 값 14,000원

교사, 학교를 바꾸다
정진화 지음 | 372쪽 | 값 17,000원

함께 배움
학생 주도 배움 중심 수업 이렇게 한다
니시카와 준 지음 | 백경석 옮김 | 280쪽 | 값 15,000원

공교육은 왜?
홍섭근 지음 | 352쪽 | 값 16,000원

자기혁신과 공동의 성장을 위한
교사들의 필리버스터
윤양수·원종희·장군·조경삼 지음 | 280쪽 | 값 14,000원

함께 배움 이렇게 시작한다
니시카와 준 지음 | 백경석 옮김 | 196쪽 | 값 12,000원

함께 배움 교사의 말하기
니시카와 준 지음 | 백경석 옮김 | 188쪽 | 값 12,000원

미래교육의 열쇠, 창의적 문화교육
심광현·노명우·강정석 지음 | 368쪽 | 값 16,000원

주제통합수업, 아이들을 수업의 주인공으로!
이윤미 외 지음 | 392쪽 | 값 17,000원

수업과 교육의 지평을 확장하는 수업 비평
윤양수 지음 | 316쪽 | 값 15,000원
2014 문화체육관광부 우수교양도서

교사, 선생이 되다
김태은 외 지음 | 260쪽 | 값 13,000원

교사의 전문성, 어떻게 만들어지나
국제교원노조연맹 보고서 | 김석규 옮김 392쪽 | 값 17,000원

수업의 정치
윤양수·원종희·장군 지음 | 280쪽 | 값 14,000원

학교협동조합,
현장체험학습과 마을교육공동체를 잇다
주수원 외 지음 | 296쪽 | 값 15,000원

거꾸로교실,
잠자는 아이들을 깨우는 수업의 비밀
이민경 지음 | 280쪽 | 값 14,000원

교사는 무엇으로 사는가
정은균 지음 | 292쪽 | 값 15,000원

마음의 힘을 기르는 감성수업
조선미 외 지음 | 300쪽 | 값 15,000원

작은 학교 아이들
지경준 엮음 | 376쪽 | 값 17,000원

감성 지휘자, 우리 선생님
박종국 지음 | 308쪽 | 값 15,000원

대한민국 입시혁명
참교육연구소 입시연구팀 지음 | 220쪽 | 값 12,000원

교사를 세우는 교육과정
박승열 지음 | 312쪽 | 값 15,000원

전국 17명 교육감들과 나눈
교육 대담
최창의 대담·기록 | 272쪽 | 값 15,000원

들뢰즈와 가타리를 통해
유아교육 읽기
리세롯 마리엣 올슨 지음 | 이연선 외 옮김 | 328쪽 | 값 17,000원

교육과정 통합, 어떻게 할 것인가?
성열관 외 지음 | 192쪽 | 값 13,000원

 동양사상에게 인공지능 시대를 묻다
홍승표 외 지음 | 260쪽 | 값 15,000원

 학교 혁신의 길, 아이들에게 묻다
남궁상운 외 지음 | 268쪽 | 값 15,000원

 프레이리의 사상과 실천
사람대사람 지음 | 352쪽 | 값 18,000원

 혁신학교, 한국 교육의 미래를 열다
송순재 외 지음 | 608쪽 | 값 30,000원

 페다고지를 위하여
프레네의 『페다고지 불변요소』 읽기
박찬영 지음 | 296쪽 | 값 15,000원

 학교 민주주의의 불한당들
정은균 지음 | 276쪽 | 값 14,000원

 교육과정, 수업, 평가의 일체화
리사 카터 지음 | 박승열 외 옮김 | 196쪽 | 값 13,000원

 학교를 개선하는 교장
지속가능한 학교 혁신을 위한 실천 전략
마이클 풀란 지음 | 서동연·정효준 옮김 | 216쪽 | 값 13,000원

 공자뎐, 논어는 이것이다
유문상 지음 | 392쪽 | 값 18,000원

 교사와 부모를 위한
발달교육이란 무엇인가?
현광일 지음 | 380쪽 | 값 18,000원

 교사, 이오덕에게 길을 묻다
이무완 지음 | 328쪽 | 값 15,000원

▶ 교과서 밖에서 만나는 역사 교실
상식이 통하는 살아 있는 역사를 만나다

 전봉준과 동학농민혁명
조광환 지음 | 336쪽 | 값 15,000원

 남도의 기억을 걷다
노성태 지음 | 344쪽 | 값 14,000원

 응답하라 한국사 1·2
김은석 지음 | 356쪽·368쪽 | 각권 값 15,000원

 즐거운 국사수업 32강
김남선 지음 | 280쪽 | 값 11,000원

 즐거운 세계사 수업
김은석 지음 | 328쪽 | 값 13,000원

 강화도의 기억을 걷다
최보길 지음 | 276쪽 | 값 14,000원

 광주의 기억을 걷다
노성태 지음 | 348쪽 | 값 15,000원

 선생님도 궁금해하는
한국사의 비밀 20가지
김은석 지음 | 312쪽 | 값 15,000원

 교과서 밖에서 배우는 역사 공부
정은교 지음 | 292쪽 | 값 14,000원

 팔만대장경도 모르면 빨래판이다
전병철 지음 | 360쪽 | 값 16,000원

 빨래판도 잘 보면 팔만대장경이다
전병철 지음 | 360쪽 | 값 16,000원

 영화는 역사다
강성률 지음 | 288쪽 | 값 13,000원

 친일 영화의 해부학
강성률 지음 | 264쪽 | 값 15,000원

 한국 고대사의 비밀
김은석 지음 | 304쪽 | 값 13,000원

 조선족 근현대 교육사
정미량 지음 | 320쪽 | 값 15,000원

 다시 읽는 조선근대교육의 사상과 운동
윤건차 지음 | 이명실·심성보 옮김 | 516쪽 | 값 25,000원

걸림돌
키르스텐 세룹-빌펠트 지음 | 문봉애 옮김
248쪽 | 값 13,000원

역사수업을 부탁해
열 사람의 한 걸음 지음 | 388쪽 | 값 18,000원

진실과 거짓, 인물 한국사
하성환 지음 | 400쪽 | 값 18,000원

음악과 함께 떠나는 세계의 혁명 이야기
조광환 지음 | 292쪽 | 값 15,000원

논쟁으로 보는 일본 근대교육의 역사
이명실 지음 | 324쪽 | 값 17,000원

▶ 더불어 사는 정의로운 세상을 여는 인문사회과학
사람의 존엄과 평등의 가치를 배운다

밥상혁명
강양구·강이현 지음 | 298쪽 | 값 13,800원

도덕 교과서 무엇이 문제인가?
김대용 지음 | 272쪽 | 값 14,000원

자율주의와 진보교육
조엘 스프링 지음 | 심성보 옮김 | 320쪽 | 값 15,000원

민주화 이후의 공동체 교육
심성보 지음 | 392쪽 | 값 15,000원
2009 문화체육관광부 우수학술도서

갈등을 넘어 협력 사회로
이창언·오수길·유문종·신윤관 지음 | 280쪽 | 값 15,000원

동양사상과 마음교육
정재걸 외 지음 | 356쪽 | 값 16,000원
2015 세종도서 학술부문

교과서 밖에서 배우는 철학 공부
정은교 지음 | 280쪽 | 값 14,000원

교과서 밖에서 배우는 사회 공부
정은교 지음 | 304쪽 | 값 15,000원

교과서 밖에서 배우는 윤리 공부
정은교 지음 | 292쪽 | 값 15,000원

한글 혁명
김슬옹 지음 | 388쪽 | 값 18,000원

좌우지간 인권이다
안경환 지음 | 288쪽 | 값 13,000원

민주시민교육
심성보 지음 | 544쪽 | 값 25,000원

민주시민을 위한 도덕교육
심성보 지음 | 500쪽 | 값 25,000원
2015 세종도서 학술부문

교과서 밖에서 배우는 인문학 공부
정은교 지음 | 280쪽 | 값 13,000원

오래된 미래교육
정재걸 지음 | 392쪽 | 값 18,000원

대한민국 의료혁명
전국보건의료산업노동조합 엮음 | 548쪽 | 값 25,000원

교과서 밖에서 배우는 고전 공부
정은교 지음 | 288쪽 | 값 14,000원

전체 안의 전체 사고 속의 사고
김우창의 인문학을 읽다
현광일 지음 | 320쪽 | 값 15,000원

카스트로, 종교를 말하다
피델 카스트로·프레이 베토 대담 | 조세종 옮김
420쪽 | 값 21,000원

교사와 부모를 위한 비고츠키 교육학
카르포프 지음 | 실천교사번역팀 옮김 | 308쪽 | 값 15,000원

▶ 살림터 참교육 문예 시리즈
영혼이 있는 삶을 가르치는 온 선생님을 만나다!

꽃보다 귀한 우리 아이는
조재도 지음 | 244쪽 | 값 12,000원

선생님이 먼저 때렸는데요
강병철 지음 | 248쪽 | 값 12,000원

성깔 있는 나무들
최은숙 지음 | 244쪽 | 값 12,000원

서울 여자, 시골 선생님 되다
조경선 지음 | 252쪽 | 값 12,000원

아이들에게 세상을 배웠네
명혜정 지음 | 240쪽 | 값 12,000원

행복한 창의 교육
최창의 지음 | 328쪽 | 값 15,000원

밥상에서 세상으로
김흥숙 지음 | 280쪽 | 값 13,000원

북유럽 교육 기행
정애경 외 14인 지음 | 288쪽 | 값 14,000원

▶ 남북이 하나 되는 두물머리 평화교육
분단 극복을 위한 치열한 배움과 실천을 만나다

10년 후 통일
정동영·지승호 지음 | 328쪽 | 값 15,000원

선생님, 통일이 뭐예요?
정경호 지음 | 252쪽 | 값 13,000원

분단시대의 통일교육
성래운 지음 | 428쪽 | 값 18,000원

김창환 교수의 DMZ 지리 이야기
김창환 지음 | 264쪽 | 값 15,000원

▶ 출간 예정

참된 삶과 교육에 관한 생각 줍기